World Chinese Dishesの文化人類学

世界の中華料理

川口幸大 編

WORLD CHINESE DISHES

昭和堂

はじめに

——中華料理はお好きですか？

改まって聞かれると戸惑ってしまうかもしれません。「まあ、好き」、「嫌いではない」などいろいろな答えはあると思いますが、一度も食べたことがないという人は多分いないのではないでしょうか。中華料理のなかで好きなメニューは何ですか？と聞かれたら、誰しも、一つや二つの料理が頭の中に浮かぶはずです。実際に、日本の「好きな料理」調査によると、不動の一位は寿司ですが、ベストテンに、ラーメン、鶏のから揚げ、餃子が入っています。でも、ちょっと待ってください、これらは果たして中華料理なのでしょうか!?

ラーメンは、なんとなくルーツは中国にあるようには思えますが、日本で独自の展開を遂げた、もはや日本を代表する食文化と言ってもよいですよね。から揚げは、漢字で「唐揚げ」と書くことから、「唐」すなわち中国のものであることが示されていますが、今やコンビニやテイクアウト店舗や屋台での必須のアイテムとなり、かなり日本食寄りの存在になっていると思いませんか。餃子は、多くの人がご存じの通り、中国ではゆでて主食にする水餃子が一般的ですが、日本では焼いてご飯のおかずにするという独自の定着を遂げました。

このように、私たちの身近では、かくもたくさんの中国に由来する食べ物が、大きくかたちを変えながら、親しまれているのです。こうした日本流の中華料理を「町中華」と呼ぶのもすっかり定着して、最近ではたくさんの書籍やテレビ番組で取り上げられていますし、コンビニでは「町中華フェア」も行われています。一方で、都市圏では、あえて日本風にアレンジせず、本場の雰囲気や味を忠実に提供する「ガチ中華」も広がりを見せています。中国出身の人には慣れ親しんだ料理ですが、日本で生まれ育った人にはハードルが高い、あるいは興味をそそられて挑戦してみたくなるジャンルでしょう。

実は、こうした現地流の町中華と本場流のガチ中華がともに賑わいを見せているのは、日本だけでなく、世界の多くの地域で共通する現象なのです。韓国でも、インドでも、ナイジェリアでも、オランダでも、ペルーでも、その地で独自に定着した町中華と、あえて現地化せず本場流を再現したガチ中華が、様々な人々のニーズに応えながら胃袋を満たしているのです。考えてみれば、これはすごいことだと思いませんか。例えば、日本でフランス料理は常に高級な存在で、身近で気軽に楽しめる「町フレンチ」といったものは想像がつかないですよね。当たり前ですが、フランスの人がいつも高級なものばかり食べているわけではないのに、これは不思議なことです。逆に、海外の日本料理を考えると、現地化した「トンデモ日本食」（これは「町和食」？）のような話題には事欠きませんが、日本出身の人が「普通においしい」と思えるような料理に出会うのは簡単ではない、つまり「ガチ和食」は実現していないのです。さらに言えば、そもそも私たちにとって、その国の料理自体どんなものなのかよく知らないことは珍しくありません。アメリカ料理やオランダ料理と聞いても、はっきりとしたイメージは浮かばないでしょう。つまり、世界中で食べられているのは、ファーストフードを除けば、中華料理だけと言っても過言ではありません。しかも、マクドナルドがない国は実はいくつかあるのですが、そうした国にも中華料理店はあります（本書で言うとナイジェリアがそうです）。さらに、ファーストフード的な中華料理チェーン店もあります。つまり、中華料理だけが、現地流から本場流まで、安く大衆的なものから高級なものまで、かくも多種多様に世界中に展開しているのです。そう、世界は中華を食べている！のです。

それはなぜでしょうか。どうして中華料理にだけそんなことが可能なのでしょうか。本書はこの問いに、世界各地の中華料理を食べながら、いや、現地に精通した人類学者の報告を読みながら、迫っていきたいと思います。ひろく食に興味のある方はもちろん、研究者の方や、卒業論文で食文化を取り上げたいと思っている学生の皆さんにも興味をもって読んでいただけるよう、シェフならぬ、人類学者たちが腕によりをかけて仕上げました。切り口として、やはり世界に広がっている英語――World Englishes――との類似性と、中華料理という食ならではの特異性に焦点を当てるところから始めています。そして、最後には、食べるという人間の営みの特質に、中華料理の世界的展開から迫ります。

さあ、前置きはこれくらいにして、せっかくの料理が冷めないうちに、味わってみてください。食レポならぬ、読みレポ、お待ちしております！

世界の中華料理——World Chinese Dishes の文化人類学　目次

はじめに　i

序章　世界は中華を食べている……川口幸大　1

第I部　東アジア

第1章　日本——卓袱・普茶料理から町/ガチ中華に至るまで……川口幸大　10

一、日本における中国の人、もの、食　10
二、日本的中華料理の定番と展開　14
三、生活の中の中華料理　20
四、中華料理はどこへ向かうか——町中華とガチ中華　22
おわりに　27

第2章　韓　国——韓国中華の多様な担い手と中国へのまなざし……中村八重　30
一、韓国社会と中華料理・中華料理店　30
二、韓国で中華料理はだれが作ってきたか　34
三、中華料理の定番　36
四、中華料理の展開とブーム　41
おわりに　43

第3章　ベトナム——現代「ハノイ中華」を創りだす人々……伊藤まり子　46
一、ベトナム・キン人社会における「中華」・「華人」・「中国」　46
二、ドイモイ期ベトナムにおけるハノイの外食文化の発展　50
三、中越国交正常化と中越国際結婚　55
四、ハノイ中華の行方　60
おわりに——ハノイ中華の今後の可能性　62

第Ⅱ部　東南アジア・南アジア

第4章　マレーシア／インドネシア――多文化社会で生み出される食文化、チャンプルの魅力！……66
櫻田涼子・西川慧
一、マレーシアとインドネシアの食と華人　68
二、マレー半島――誰がいつどのように食べる？　69
三、西スマトラ――パダン料理とのミクスチャー　75
おわりに――東南アジア島嶼部の中華料理の展開　80

第5章　タ　イ――「タイになる」：分かち難く定着したタイにおける中国……83
プッティダ　キッダヌーン
一、不離一体の中国　83
二、歴史的な視野から見たタイにおける中国の食　84
三、「タイになる」――国民食としての中国由来のタイ料理の創造と確立　89
四、中国本土からの新たな中華料理の波　94
おわりに　96

第6章　インド——インド中華からデーシーチャイニーズへ……小磯千尋　101
一、インド料理と中華料理——その親和性　102
二、インドの中華料理の歴史概観　104
三、中華料理受容のプロセス　108
四、中華料理の家庭への普及　113
おわりに　116

第III部　中東・アフリカ

第7章　サウジアラビア——「厳しいイスラーム社会」で生まれた柔軟性……高尾賢一郎　120
一、イスラームと中華料理　121
二、ムスリム社会と中華料理　122
三、サウジアラビアの特殊性　125
四、サウジアラビアの中華料理　127
おわりに——町でも、ガチでもなく　132

第8章　ナイジェリア――植民地時代の遺産と活性化する人の移動の中で……松本尚之・川口幸大　134
一、アフリカと中国関係、そして中華料理　134
二、「アフリカの巨人」と中国　135
三、中華レストランの三類型　136
四、ナイジェリア料理のなかの中華　142
おわりに――交流／反目、脱領域化、再領域化と中華料理　145

第9章　南アフリカ共和国――移民とアパルトヘイトの爪痕……シゲンギン　148
一、南アフリカの華人歴史　149
二、ケープタウンの中華料理　151
三、クラシックな欧米的広東料理　152
四、オーセンティックな庶民的東北料理　155
五、現地化した中華料理　158
おわりに　161

第Ⅳ部　ヨーロッパ

第10章　ドイツ――異国風高級料理から汎アジア料理へ……陳玨勳　166
一、ドイツの中華とは　166
二、高級料理店で異国情緒を味わう　167
三、軽食屋の炒麺（チャオミェン）　170
四、スーパーのアジアキャンペーンにおける中華料理　174
五、新たな中華料理の多様性　178
おわりに――ドイツ中華料理とは　180

第11章　オランダ――異国情緒と食文化が融合するシニーズ料理……艾煜　184
一、オランダの植民地統治、移民と料理　185
二、変貌しつつあるシニーズ・インデシュ料理店　189
三、現地の人々が語るシニーズ料理　193
四、中華系移民による飲食業界の新たな展開　196
おわりに――多様なオランダ食文化を牽引する中華料理　199

第12章　スロヴァキア／ハンガリー――アジア系移民と曖昧な存在の中華料理……神原ゆうこ　202
一、スロヴァキアとハンガリーのアジア系住民　202
二、スロヴァキアにおけるアジア料理と中華料理　206
三、ハンガリーにおける中華料理とアジア料理　209
四、中華料理／アジア料理の位置づけ　211
おわりに　212

第Ⅴ部　南北アメリカ

第13章　グアテマラ――混淆と受容の国にみる北米と「チノ」……津川千加子　216
一、グアテマラの味の形成　216
二、「中華‐チノ」をめぐる印象　220
三、グアテマラの中華料理チェーン店　223
四、混淆の国の中華料理　227

第14章　ペルー――街にとけこみ、あふれるチーファ……山本睦　230
一、ペルーにおける中華料理　231
二、街にあふれるチーファ　235
三、街にあふれる中華料理とあふれはじめた中国料理　240
おわりに　244

第15章　米　国――多様な社会をつなぐサブスタンス……太田心平・山﨑由理・川口幸大　247
一、米国の食の成り立ちと中華料理　247
二、それぞれの中華料理　250
三、「私」の中華料理　255
おわりに――米国にとっての中華料理、中華料理にとっての米国　261

終　章　中華の融通無碍な応用力が世界の人々の欲求を満たす　川口幸大
おわりに　277
索　引　*i*

序章

世界は中華を食べている

川口幸大

「海水の至る所に華僑あり」という言葉がある。世界中に多くの中国系の人々が暮らしていることをたとえたものだ。しかし、もちろん海を渡っての移動だけでなく、陸路で国境を越える人々は昔からいたし、二〇世紀半ば過ぎから国際移動の手段はもっぱら飛行機だろうから、実際には「海水の至る所」よりもっと広範囲に中国系の人々が暮らしていることになるだろう（cf.鈴木 二〇一八）。さらに、その料理となると、最初期には人々の移動にともなって各所にもたらされるとしても、次第にそれらは個人の身体的領域を超えて広がっていくだろう。おそらく中国系の人が住んでいそうにない日本の地方の小さな町にも、ラーメンや餃子などを出す簡易な中華料理店ならばあるに違いない。

食は伝えられ、模倣され、学ばれ、広がっていく。そこにはいくつかの意味が込められ、何らかのイメージが結びつき、ある種の文化的あるいは政治的なメッセージが提示される。餃子はスタミナ満点のソウルフード、ラーメンはクールな日本文化だ、ベジタリアン・ビーガン食を選択する人は環境やアニマルウェルフェアネスへの意識が高い（日本にはあまりなく、よって日本の消費者はそうした意識が低い!?）、などなど。また、地域を代表する食べものや、国の象徴となる料理など、自己表象やアイデンティティのよりどころともされるし、同じものを食べることで家族や集団の結束と我々意識が高まってゆくということもある。こうして見ると、食はメディアでもあり、自己と他者を隔てる指標ともなる。「食は、言語に次いで、ナショナル・アイデンティティを支えるものだといっても過言ではない」(Rogers 2004: 3)とされるゆえんであり、この点でまさに食と言語とは類似している。そういえば、両者ともに口を起点としているのは偶然ではないのかもしれない。ヒエログリフでは、「話す」と「食べる」はいずれも同じ、口に手を当てる人間のかたちで示されるという(ブレッシャー二〇〇六:七)。口は、個人の身体が外界から物質を摂取し＝食事、他者とコミュニケーションするために音に意味を込めて放つ＝発話のまさに口――食べ物の入口であり、言葉の出口／糸口――である。

この食と言語の相似性についてもう少し考えを進めていくと、世界中に広まり食べられている中華料理は、やはり世界中に広まって話されている言語、すなわち英語を連想させはしないだろうか。英語は文字通り、英国の言語であったものが、その帝国主義による世界各地への勢力拡大によって、そしてその後は米国の力によって、世界中に広まっている。ただし、どこでも同じ英語が話されているわけではない。例えばシンガポールの英語は、公用語であるマレー語、英語、標準中国語、タミル語に、広東語・福建語という中国語の方言が影響しているという特徴を持ち、「シングリッシュ」と呼ばれている(田中・田中二〇一二:一二五)。他にもインドの「ヒングリッシュ」、マレーシアの「マングリッシュ」、フィリピンの「タングリッシュ」など、各地で多様な英語が話されている。もちろん日本の英語も、lとrを区別しない、外来語や和製英語を用いてしまう等、日本ならではの特徴が数多くある(田中・田中二〇一二:一九〇―一九一)。世界各地の様々な英語が、単数形ではなく、複数形で「World Englishes」と称されるゆえんである。

こうして考えてみると、世界各地で食べられ、様々に変化を遂げた中華料理は、まさに「World Chinese Dishes」、すなわち「世界の中華料理」としてとらえることができるだろう。加えて、英語には、各地の多様なあり方を尊重していこうとする立場や、意思疎通に十分な程度の英語として「グロービッシュ(Globish)」を推進する考えもある一方で、より正しくエレガントな英語を決めるヘゲモニーは依然として英米が握っている面も否定できない。同じように中華料理についても、日本の「町中華」／「ガチ中華」や、インドの「デーシーチャイニーズ」、オランダの「シニーズ」、ペルーの「チーファ」など各地で独自に定着し親しまれている一方で、常にどれが本物で、どれがそうではないかを語ろうとする動きもある。またどれだけ異なった食材／単語や、料理の仕方／話し方やアクセントが用いられたとしても、中華として／英語としての枠を保つ文法のようなものはあるのか、あるとすれば何なのかといったところに議論が及びうる点からも、中華料理の世界的展開は世界の英語 = World Englishes に通じるところが多々あるだろう。

本書はこうした発想のもとに、『世界の中華料理――World Chinese Dishes の文化人類学』として編まれた。ここで改めて本書が目指すところをより具体的に述べておこう。それはすなわち、中華料理は世界にいかにして広まり、人々の日常生活においていかに調理され、買われ、食べられているのか、それらはどう変わり、またどの点で持続性が認められるのかを明らかにしてゆくということである。

本書の新しい特徴

世界各地の中華料理を扱った研究は、実はこれまでにも数多くなされている。書籍として刊行されているだけでも、北米を筆頭に（Coe 2009, Cho 2010, Jung 2010, Chen 2014, Liu 2015, Liu 2016）、英国（Roberts 2002）、アジア（Wu and Tan（eds.）2001, Tan（ed.）2011）、日本（岩間編 二〇一九）、そしてグローバルあるいは世界史的展開（Wu and Cheung（eds.）2004; Holm（ed.）2009; Wu（ed.）2011; Farrer（ed.）2015; 岩間 二〇二一）などを対象とした優れた成果が刊行されている。本書は、これらの研究を踏まえ、かつ高く評価しつつも、そこでは大きく取り上げられなかった以下の点にも注目し、従来になかったかたちで世界の中華料理を描いていきたいと考えている。

一つ目は、上に記した通り、これまでは対象地域として北米と、日本も含めたアジアが主とされてきたが、本書ではヨーロッパ、中東、中南米、アフリカなど従来の研究ではほとんど取り上げられなかった地域も視野に入れ、より広範なフィールドの知見から世界の中華料理の特徴を明らかにしてゆくという点である。

二つ目は、世界的なパワーバランスにおける中国と中国系の人々の立ち位置の劇的な上昇を踏まえながら、各地域における中華料理のより新しい展開も描くことである。上述の先行研究が対象とするタイムスパンは主として一九世紀半ば過ぎから二〇世紀末までで、それは中国の清朝末から中華民国期を経て改革開放に入ってまだ間もない期間、すなわち列強諸国による侵食、日中戦争、国共内戦、共産党による革命とその後の政治的混乱などによって社会が不安定で国力は低下していた時期にあった。よって世界各地に暮らす中国系の人々は、発展途上で困難の多い中国から豊かで生活条件の良い新天地へ渡ってきたという趣が強かった。これに対して、本書では中国が世界第二位の経済大国となって人々の食生活も著しく向上した近年の動向も視野に入れながら、各地で中国系の人々が中華料理のスタイルと消費にイニシアティブをとるようになった最新の状況も踏まえた記述と分析を行っていく。

三つ目は、従来の研究の対象はレストランに代表される外食としての中華料理が中心だったが、本書では、家庭料理や、調味料、調理キット、あるいは学校給食やスーパーの食材売り場なども含めた中華料理のあり方にも着目することで、それぞれの社会における中華料理の展開を人々の日常レベルから明らかにしていくという点である。

四つ目は、各地の中華料理を、いわば中華料理のみから論じていたこれまでの研究を省みて、本書では中華料理をその社会の食の文脈に位置づけながら描いていくという点である。人類学における食研究のパイオニアであるシドニー・ミンツも言っているように、「人々があるときに食べているものについての真のインパクトは、その他の大半のときに食べているもののコンテクストで評価されなければならない」(Mintz 2009: 27)。本書ではミンツのこの見解に従い、各地域の食の体系をまずは踏まえたうえで、そこで中華料理がいかに受け入れられているか/いないか、どのように変化しているか/いないかを明らかにし、ひいては当該社会において中華料理がどのように位置づけられ消費されているのかを論じていく。

これらをまとめるなら、①より広範な地域を視野に捉え、②現在までの状況を射程に収めつつ、③現地の社会と人々の生活、および④食環境に分け入って、中華料理のありようを描き出していくということになる。そのためには、今この現場の状況についての豊富な経験と深い知見が不可欠である。つまり人類学者の出番である。

本書の各章は、それぞれの地域で長年フィールドワークを行ってきた人類学者が筆を執っている。みな、食を含めた各地の実情に通じているのはもちろん、中華料理とは日常的な食として、あるいは海外での生活においてほっとできる馴染みの味として深いかかわりを持ち、あるいはそれゆえに意識的に遠ざけるなどしてきた。各執筆者にとって中華料理は研究の主要テーマとして、あるいはその傍らで、大いなる思考の対象だったのであり、それゆえ当該社会に暮らす人々の側から見た中華料理を鮮やかに描き出すことができるだろう。

それら熟達の、あるいは若い人類学者たちが中華料理のフィールドとして取り上げる地域、および本書の構成は次の通りである。すなわち、第Ⅰ部：東アジア［日本、韓国、ベトナム］、第Ⅱ部：東南アジア・南アジア［マレーシア／インドネシア、タイ、インド］、第Ⅲ部：中東・アフリカ［サウジアラビア、ナイジェリア、南アフリカ］、第Ⅳ部：ヨーロッパ［オランダ、ドイツ、スロヴァキア／ハンガリー］、第Ⅴ部：南北アメリカ［グアテマラ、ペルー、米国］の五つのエリア、計一七の国にわたっている。これら各地において中華料理はいかに展開し消費されているのか、それは当該社会においてどのように意味づけられ現地の食生活を構成しているのかを個別具体的に明らかにしていく。なお、各部・エリアごとの内容の紹介は、それぞれの扉ページをご覧いただきたい。

本書の視点

次に、こうした目的のために、本書ではどのような視点を取るのかを示しておこう。そもそも中華料理とは何か。日本では、この「中華料理」という語と、「中国料理」という語がともに使われていて、日本で現地化した大衆的なものを「中華料理」、本場かつ高級路線のものを「中国料理」として区別する向きもあるが、特に今日では一般的にいずれも「中華料理」という言い方が定着している（岩間 二〇二一：一五）。加えて、各地におけるその特有のありようを描いていくという本書の趣旨からしても、「中華料理」がより適っているという意図のもとに、全体としてはこの語を使っている。ただし、各章においては、それぞれの社会での呼ばれ方を踏まえた語が用いられている。

先ほど、食と言語、中華料理と英語の相同性について述べたが、両者はもちろん大きく異なる点もある。それは、食が、見た目（視覚）、におい（嗅覚）、味（味覚）、歯ざわり（触覚）、調理音や咀嚼音（聴覚）といった五感すべてと密接に関連し、私たちの身体を形作っているという点である。一日じゅう、誰とも会わずに何も話さなかったということはあっても、何も食べなかったということはほとんどないだろうし、英語圏で生活している人が英語を話さずとも暮らせなくはないだろうが（実際、中華料理店の従業員にはそれは珍しくない）、中国系の人であれば中華料理を食べずに済ますことはまずできないだろう。食は、五感に訴えかけ、胃袋にしみわたり、生物としての基本的な欲求を満たして満足感をもたらしてくれる。メディアや言語が意味を運びナショナリズムやアイデンティティの構築に深く関わる点では食と共通しても、この身体への不可避的な関連性は食ならではの特質であり、他には代替されえない食の唯一無二性である。その意味で、本書は食を、それを通して何か——歴史なり社会なり——を見る窓としてだけではなく、食としての関心を向けて扱っていく（Abbots 2017: 2–3）。つまり、他でもない食、中華料理という食は、いかなる特徴ゆえに、その社会とそこに生きる人々に何をもたらすのかについて一貫して考えてゆくということである。本書では、こうした方針のもと、各地の多様な中華料理＝World Chinese Dishes の具体的で詳細なありようを示すことで、中華料理という食文化について、ひいては食べるという人類の営みの特徴を示したい。

［付記］本書作成のための調査および執筆に際して、筆者は人間文化研究機構グローバル地域研究事業による東ユーラシア研究プロジェクトの支援を受けた。関係者各位に感謝したい。

参考文献

岩間一弘 二〇一九「日本の中国料理はどこから来たのか」岩間一弘編『中国料理と近現代日本——食と嗜好の文化交流史』慶應

義塾大学出版会、一―二四頁。

――編 二〇一九『中国料理と近現代日本――食と嗜好の文化交流史』慶應義塾大学出版会。

―― 二〇二一『中国料理の世界史――美食のナショナリズムをこえて』慶應義塾大学出版会。

鈴木佑記 二〇一八「移民が形作るタイ――華僑・華人に着目して」『国士舘大学政治研究』一〇:一五九―一七一。

田中春美・田中幸子編 二〇一二『World Englishes――世界の英語への招待』昭和堂。

ブレッシャーニ、エッダ 二〇〇六「古代エジプトの食文化」北代美和子・鶴田知佳子訳、J-L・フランドラン、M・モンタナーリ編『食の歴史I』藤原書店、七三―八六頁。

Abbots, E.-J. 2017. *The Agency of Eating: Mediation, Food and the Body*. Bloomsbury Academic.

Chen, Y. 2014. *Chop Suey, USA: The Story of Chinese Food in America*. New York: Columbia University Press.

Cho, L. 2010. *Eating Chinese: Culture on the Menu in Small Town Canada*. University of Toronto Press.

Coe, A. 2009. *Chop Suey: A Cultural History of Chinese Food in the United States*. Oxford: Oxford University Press.

Farrer, J. (ed.) 2015. *The Globalization of Asian Cuisines: Transnational Networks and Culinary Contact Zones*. Palgrave Macmillan.

Holm, D. (ed.) 2009. *Regionalism and Globalism of Chinese Culinary Culture*. Taipei: Foundation of Chinese Dietary Culture, Taiwan.

Jung, J. 2010. *Sweet and Sour: Life in Chinese Family Restaurants*. Cypress, CA: Yin & Yang Press.

Liu, H. 2015. *From Canton Restaurant to Panda Express: A History of Chinese Food in the United States*. New Brunswick, New Jersey, and London: Rutgers University Press.

Liu, X. 2016. *Foodscapes of Chinese America: The Transformation of Chinese Culinary Culture in the U.S. since 1965*. Frankfurt am Main: P. Lang.

Mintz, S. W. 2009. Core, Fringe and Legume: Agrarian Societies and the Concept of the Meal. In D. Holm (ed.) *Regionalism and Globalism of Chinese Culinary Culture*. Taipei: Foundation of Chinese Dietary Culture, Taiwan, pp. 17–29.

Roberts, J.A.G. 2002. *China to Chinatown: Chinese Food in the West*. London: Reaktion Books.

Rogers, B. 2004. *Beef and Liberty: Roast Beef, John Bull and the English Nation*. London: Chatto & Windus.

Tan, C.-B. (ed.) 2011. *Chinese Food and Foodways in Southeast Asia and Beyond*. Singapore: NUS Press.

D.Y.H. Wu (ed.) *Overseas March: How the Chinese Cuisine Spread ?*. Taipei: Foundation of Chinese Dietary Culture, Taiwan.

Wu, D.Y.H. and Tan, C.-B. (eds.) 2001. *Changing Chinese Foodways in Asia*. Chinese University Press.

Wu, D.Y.H. and Cheung S.C.H. (eds.) 2004. *The Globalization of Chinese Food*. Routledge Curzon.

第 I 部

東アジア

ここからはいよいよ各地の具体的な中華料理をご賞味いただきたい。まず第一の皿は、東アジア—日本、韓国、ベトナム—の中華料理である。この地域の特徴は、なんといっても、歴史上、中国から多大な影響を受けてきたことである。いやむしろ、言語や思想などの面で中国文化の強い影響下にあった地域を東アジアとして、他のアジア諸地域と分け隔てて分類しているというのが正確なところであろう。食の面でも、箸の使用に代表されるように、中国からの影響は深く大きい。しかしながら、料理自体と、その認識については、三者三様の特徴を見出すことができ、同時に、いずれも中国との関係性が強く働いている。

米やみそや豆腐など個別の食材は受容しつつも、獣肉と油脂とを排除した日本の食体系は中国から最も遠かったのであるが、明治以降には中国進出の機運も相まって、洋食に続いて中国の食が日本風に大きく改変されながら徐々に人口に膾炙していった。戦後も、世界情勢下での対中関係や、両国間の人の往来の所産としてもたらされた中国の食は、常に日本の文脈の中に対象化されてきた。近年の町中華とガチ中華の対称性は、そうした文脈化と対象化の昇華と言えよう。

韓国もまた、チャジャンミョンに代表されるように、韓国中華として広く人々に親しまれている品が多数ありつつも、「赤いちゃんぽん」ともいうべきチャムポン、そのおともの韓国風たくあんであるタンジムなど、植民地時代に日本を経由したことによる混淆性も見出される。さらに興味深いことに、そうした韓国中華は、世界に発信される韓国ポップカルチャーにおいて、大衆的かつ、時にダークな演出に使われ、それは韓国社会においてあまりよいとは言えない中国イメージを形づくってもいる。中国は、これまでのところその料理ほどには、韓国社会とは親密にはなりえていないのである。

対照的に、ベトナムの食は、実体としては中国の食との分かち難い連続性の上にあるが、人々の認識としては、中国との断絶と独自性が強調される点に大きな特徴がある。とりわけ首都ハノイでは政治的な軋轢から反中感情が渦巻くが、ビジネスチャンスを狙うホーチミンの華人たちや、ベトナム人女性と中国人男性のカップルらが新たに新規店舗を開拓し、「ハノイ中華」とも呼びうるローカル化した新しい中華料理の萌芽を見ることができる。そこでは中華料理が中越を架橋する可能性を胚胎しているかのようで、韓国とは異なる状況、あるいは解釈が見いだされている点が興味深い。

いずれにせよ、この東アジア地域においては、中華料理を料理として純粋に楽しむのは容易ではなさそうである。

第1章

日本 Japan

卓袱《しっぽく》・普茶《ふちゃ》料理から町／ガチ中華に至るまで

川口幸大

一、日本における中国の人、もの、食

一衣帯水。近く密接であるさまを意味する言葉である。日本の中華料理を考えるという試みは、日本にとっての中国について思考すること抜きにはなしえないだろう。なぜなら、その程度に変動はあれ、中国は日本に対してほぼ有史以来、常に特別な存在であり続けており、日本の人々は中国由来の食べ物を前にするときには中国を意識し、それをどう日本の文脈に位置づけるかを模索してきたからだ。これは、しばしば日本にブームを巻き起こす食の類、例えば最近のものではカヌレなどと比較するとわかりやすい。多くの人はカヌレのいずるところや日本との関係性、そしてそれをどう日本に位置づけて咀嚼するかなど考慮することなく、それはそれとして消費し、しばらくしてブームが去ると、その存在自体すら忘却してしまうだろう。対照的に中国の食は、それに触れ、受け入れるにせよ、拒絶するにせよ、改変するにせよ、日本にとっての中国の存在と、そして日本自身についての思考を否が応にも惹起させ、毀誉褒貶の入り組んだ複雑な感覚を抱かせずにはおれない。よって本稿では、日本が中国をどのような存在としてとらえ、いかに対象化し

てきたかという視点を導きに、日本の中華料理についての理解を試みる。

中華料理前史

「日本における中華料理の始まりはいつか」といった問いは、そもそも「日本」や「中華料理」とは何を指し、それらは一体いつ成立したのか、何をもって「始まり」とするのか――遣唐使が持ち帰ったものを一部の上層の人々が食べたことか、あるいは広く庶民に普及したことか――など、本質的には確定しようのない問いを入れ子状に内包していて、絶対の解答に至るのは難しいだろう。確実なのは、今日の日本は、その枠組みさえまだ確固として存立していなかった時期より中国から渡来した多くの人やものの上に成り立っているということである。日本で多くの人が店で注文したり家で作ったりして食べる中華料理にとどまらず、日本の食事体系の骨格とも言える箸と米から、日本食の代表として想起されるであろう豆腐やみそや麺のような食品に至るまで、中国由来あるいは経由でないものはほぼ存在しない。しかし私たちは、白いご飯と味噌汁の朝食や、あるいは暑い夏の日の昼にするそうめんを中華料理とは思わないし、中国と結びつけることすらなく、むしろ典型的な日本の食として認識しているだろう。そう考えると、中国由来であるというコンセンサスが提供する側と消費する側の双方に成立しているという意味での日本の中華料理のあけぼのは、卓袱《しっぽく》料理と普茶《ふちゃ》料理と見なしてよいだろう。

卓袱料理とは、中国とオランダとの交易が行われていた長崎ではぐくまれてきたハイブリッドな料理で、刺身など日本の懐石を軸に、中国の豚の角煮、オランダのパスティ（パイ焼き）、エビのすり身とトーストを揚げたハトシ（蝦多士。なお「多士」は「トースト」を意味する広東語の外来語）などを大皿に盛って円卓で食するという特色を持つ。一方、普茶料理は、江戸初期の一六五四年に福建福清から長崎に至って後に京都に黄檗山萬福寺を開いた隠元禅師が伝えたとされる精進料理で、揚げ物など油を多目に用い、やはり大皿に盛って食する点を特色とし、今日も各地の黄檗宗の禅寺で提供されている。これら普茶料理と卓袱料理は江戸時代に出版された料理本の中で中国からの特色ある料理文化として言及されていて（竹貫 二〇二〇：三二三―三二四）、中国由来の食が日本の文脈に位置づけられて対象化されていたことがうかがわれる。時代が明治に移った後の最初期に代表的な中華料理店であった偕楽園は長崎出身の有力者が発起人となり、渋沢栄一ら財界人が出資して建てた日中親善のためのクラブで、その料理は卓袱を引き継いだものであったから（岩間 二〇一九：一、二〇二一：五〇二―五〇四）、江戸時代に対外に向けた唯一の公的な窓口であった長崎からの中国の強い流れを一貫してうかがうことができる。

日本化されて消費される中国の食

こうして歩みを追っていくと、日本において料理としての中国の食は江戸期に長崎を経て徐々に広まっていったかに思われるが、文明開化に沸く明治以降の展開を同じく外来の西洋の食と比べると、そのペースはかなり遅かった。例えば、明治期に西洋料理の本が一三〇冊も出版されているのに対して、中華料理の本は八冊にとどまっており（田中 一九八七：一八三―一八四）、外来料理の受容に関しては完全に「西高東低」であった。それは脱亜入欧を掲げて西洋化にまい進する日本が、肉を中心とした西洋の食を文明的で進歩的だとして大いに奨励していたのに対して、中国に対しては特に日清戦争の勝利によって軽視感が強まり、また料理は脂っこいというネガティブな印象から敬遠されていたからである。逆に言えば、中国の食の普及にあたっては、これら否定的な要素の好転、すなわち中国は日本が向き合うべき重要な対象であり、かつ料理は日本向けに調理すれば食するに値するとの新たな認識への刷新が求められたのである。

一つ目の中国へのいま一度の着目は、明治以前の模範と憧憬の文明の雄としてではなく、全く逆に、いち早く近代化を成し遂げた日本がその上に立ち導いてゆくべき対象として、関与と関心を高めていくという方策のもとになされた。さらにこの時期には、欧米経由の中国趣味も高まりを見せていた（岩間 二〇二一：五〇六―五一二）。一九二〇～三〇年代にかけて日本の帝国主義が中国へ拡大するにともなって、デパートの高島屋や洋品店の明治屋が中国酒の販促キャンペーンを行うなど、中国製品への注目と消費欲が煽られるブームの中、特に東京で中国の食べ物を出すレストランが急増していった（Cwiertka 2006: 144–147）。その大半が当時の中国で食の都となっていた上海を経由して来日した料理人による上海風の料理を出しており（岩間二〇一九：三）、この趨勢は長崎―上海間の定期船の就航を機に日本から上海への渡航者が目覚ましく増加する当時の状況とシンクロしているし、さらに長崎と中国東南沿岸の連携は冒頭で挙げた隠元ら明僧の渡来から出島での唐人との交易までの連続性の中にあると見てよいだろう。日本が中国への進出の度合いを強める中で、両国の間では人や物が激しく往来していたのである。

こうした状況のもとで、一九三〇年に東京の中華料理店の数は二二二四軒を数えて戦前のピークを迎えていた（草野二〇一九：六五）。また一九一三年に刊行された料理雑誌である『料理の友』で取り上げられた中華料理の一冊当たりの平均数は、一九一〇年代が〇・八、一九二〇年代が三・一、一九三〇年代が一三・七と大幅に増加してゆき、やはり一九三〇年代にピークを迎えている（川口二〇二一：三―四）。一九三一年の満州事変に続き、一九三二年には満州国建国の宣言と、日本が中国への支配を強めていく時期に日本における中国の食も広がりを見せ、まるで食の面からも日本が中国を飲みこもうとしているかのようであった。

二つ目の中国の食への肯定的な評価と日本向けのアレンジについては、同じく『料理の友』で明確に示されていて、例えばコーナーの見出しに「日本人向けの上品な支那料理」（一九一五年三月）、「あっさりと食べられる支那料理」（一九一六年一〇月）、「夕飯の総菜にさっぱりとした支那料理」（一九一九年四月）（いずれも傍点は筆者）など、軽い料理であることを示す修飾語がちりばめられ、しかも次のような文章が添えられている。

> 支那料理はどれもこれもひつこいものとは限りますまい、夏によい料理もあれば春秋にふさはしいものもあります。次に春のお野菜を取り合わした日本人のお口に叶ふあっさりとしたお惣菜向きのものをご紹介してお夕飯の献立の御参考に供しましょう（一九一九年四月）。

また、実際に使われる油脂の頻度を比較したところ、『料理の友』（一九一三〜一九四三年）では一七三二のレシピに対して油脂が九三九回使われており、使用率五四・二％だったのに対して、中国を代表する料理を中国政府自らが集成・編纂した《中国名菜譜》（一九五七〜一九六五年［なお本稿では中山時子監訳による日本語翻訳版（一九七三〜一九七六）を使用した］）では一二五二のレシピに対して油脂の使用は一四七四回で、使用率一一七・七％であった。つまり、中国では一つの料理につき油脂を一回以上は使用しているが、日本では約半分の料理で油脂を全く使っておらず、初期の中華料理がいかに油を使わずあっさりとした日本向けの料理に改変されていたかが分かる。

さらにテキストで取り上げられた料理の種類を見てみると、『料理の友』では肉類を主材料とした料理と魚介類を主材料とした料理がちょうど五七〇件ずつで同数だったのに対して、《中国名菜譜》では肉類四五・八％、魚介類二七・〇％と、圧倒的に肉類が多い（川口二〇二一：五）。また、『料理の友』で実際に紹介された料理の回数については、一位が紅焼魚（魚の醤油煮込み）で一六回登場し、以下、二位：炒飯（一四回）、三位：粥（一三回）、四位：炒麺、餃子、青豆蝦仁（青豆と蝦の炒め物）（いずれも九回で同数）であり、魚介か炭水化物を主とした料理が上位を占め、肉をメインとした料理は含まれていない。すなわち、まだ油脂と獣肉に十分なじんでおらず、動物性たんぱく質としては魚を主体とした軽い味付けの料理が好まれていた二〇世紀初頭の日本において、本来は油脂を多用し肉をメインとする中国の料理は、油脂を減らし魚と炭水化物を主体とした、あっさりとした日本の中華料理へとアレンジされて定着が図られていたのである。

二、日本的中華料理の定着と展開

このように、日本が中国への関与と関心を強めていった時期に中国の食が外食でも家庭においても広まりを見せていたのは間違いないのだが、しかし戦前の中華料理のこうした普及は一部の首都圏や料理テキストを購入して調理するような家庭に限られていたことは注記しておくべきである。例えば、東北などの地方では戦後生まれのいわゆる団塊の世代の高齢者であっても、「子どものころ、自分の住んでいるところに中華料理店はなかった。近くの街にラーメン屋があって、お祭りの日の帰りにだけラーメンを食べさせてもらえるのが楽しみだった」、「まともな中華料理と言えるものを初めて食べたのは、一九七二年に仙台で就職してからかな」などと話してくれることは珍しくない。日本で多くの人が外食や家庭で日常的に中華料理を食べるようになったのは戦後、さらに高度経済成長期が終わり昭和も末期になるころである。そこには戦後の、いや様々な関係性という点で言えば戦前から続く輻輳した流れがありつつも、それらが大枠では日本的な中華料理へと収斂してゆく過程と軌を一にしていた。そして、この日本的な中華料理の確立に至るまでには、常に戦前戦後から続く中国との関わり合いがあり、さらに中国由来の食べ物と、それを食べることをいかに日本の文脈にかなうように変えていくかという試行錯誤があったのである。

大衆中華の勃興――ラーメンと餃子

社会と料理の階層化について着目したのは、文化人類学における食文化研究のパイオニアと言えるジャック・グッディ（Goody 1982）であった。従来その社会で馴染みのなかった海外由来の食はとりわけ、一部の特権階級の人たちのみが享受できる高級路線と、ストリートフードのような安価で気軽に腹を満たせる大衆路線の双方から、かつ両者は互いに影響を与えあいながら親しまれるようになっていくことが多い。

大衆路線で言うと、戦後の食糧難の時期に人々の胃袋を満たし、隆盛を見たのはラーメンを含めた中華料理系の店であった（ソルト 二〇一五、クシュナー 二〇一八、草野 二〇一九）。その背景には、アメリカ産の小麦が闇へ横流しされたこと（ソルト 二〇一五：六〇―六一）、米国から中国への小麦をはじめとする生活必需品の配給が在日華僑にも及んだこと（松尾 二〇一七：四七七）、中国人名義の物件は接収を免れこと（草野 二〇一九：六九）、飲食業や輸出入への食料統制が及ばなかったこと（岩間二〇一九：七）等があり、これらが複合的に作用しあって中華系の料理やラーメンを扱う飲食業が各地で盛んとなっていったのである。例えば、仙台市内に三店舗ある老舗中華料理店の泰陽楼は、現在はそれぞれ別経営であるが、もとは戦前に呉服の行商をしていた福建福清出身の初代が戦後にラーメン屋台を始め、そこから実店舗を持つ中華料理店へと展開して今に至っているという歴史を持つ（川口二〇二三）。各地にはこのように戦後にラーメンと手軽な数品を扱う簡易な飲食店から始めて後に老舗や名店と称されるようになった店が、すでに閉店したケースも含めれば、いくつもある。ラーメン専門店がしのぎを削るようになる以前の一九八〇年代までは、今では「町中華」としてカテゴライズされている近所の大衆的な中華料理店は「ラーメン屋」と呼ばれていたことも珍しくなかった。ラーメンを出し、炒飯や野菜炒めや唐揚げなど数種類の品と、それに餃子も出すような身近で気軽な店が多くの人たちにとっての中華料理店であった時期は短くはないのである。

　その餃子もまた戦後間もない時期に広く普及していった中国由来の食の代表であり、かつ戦前からの日本による中国への関与の所産である。例えば、餃子の街として有名な宇都宮の有名店である「みんみん」と大阪のチェーン店である「珉珉」は別系統であるが、それぞれ北京と大連からの引き上げ者をルーツとしているし（岩間二〇一九：九）、福島餃子や博多餃子も発祥の物語として満州からの引き上げ者が語られる（ふくしま餃子の会二〇二三、大鹿二〇二二）。

　ラーメンと餃子はそれぞれ専門化が進んだ今日でも双方を提供している店は多く、ともに戦後の大衆食路線の王道を進み続けている。同時に、米を絶対的な主食とする日本においては、ラーメンと白いご飯や炒飯を一緒に食べる人は少なくないし、餃子もまた、白いご飯のおかずに合うように、中国で一般的な茹でた水餃子から焼き餃子へと転換され、おかずとして、あるいはビールのあてとして、ラーメンとともに日本独自の展開を遂げている。加えて、ラーメンと餃子、それにおなじみの数品を主体とした大衆的な中華料理店を我々はよく知っていたが、これも実は日本独自の展開であった。それが、デフレ下の低価格路線を背景としたチェーン店や郊外店の進出によって表舞台から降り始めた時に、「町中華」としてノスタルジーをまとわされて発見されたのはつい最近のことである。

高級中華と中華アンバサダー

一方、まだ戦後間もない時期に、ＧＨＱやＮＨＫ、三井物産や日比谷公会堂、帝国ホテルなどが近接し、ハイクラスの人士が集いやすい地理的条件下にあった東京西新橋の田村町に高級中華店が立ち並んでいた事実はよく指摘される（木村　一九九五ａ：一一六―一一七、岩間二〇一九：一〇―一二）。まだ食うや食わずのこの時代に東京都心の一角にあった高級店などは、広く日本全体から見ればごく例外的な存在だったのは間違いないが、中国の存在を日本に文脈化するという本稿の視点に鑑みて重要な点が二つある。一つは、田村町に軒を連ねたこうした高級中華料理店のほとんどは、戦前から日本とのつながりの深い中国系のセレブリティたちが経営していたことである。例えば、並外れた品格と豪華さを誇ったレストラン留園は、近代日本の官営製鉄所に鉄鉱石を提供していた盛宣懐《せいせんかい》の孫で自身も京都大学を卒業した盛毓度《せいいくど》の手によるものだし、後に日本の広東料理を牽引する料理人を多く輩出した中国飯店は、味の素の東南アジア方面の総代理店を経営していた霍然起《かくぜんき》がオーナーであった（木村　一九九五ａ：一一七―一一八、一九九五ｂ：一三九―一四〇）。共産党政権下に入った中国において、こうした名士たちとその富は行き先を求めており、自身と強い紐帯のある日本の戦後復興期に活路を見出そうとしたのであった。

もう一つは、単に高級レストラン業界にとどまらず、日本の中華料理界に大きな影響を与えた料理人たちが、この時期、あるいはしばらく後の田村町から現れたということである。とりわけ一九五八年に四川飯店を開いた陳建民は、それまで日本に知られていなかった麻婆豆腐やエビチリに代表される四川料理を紹介し、さらにＮＨＫの料理番組『きょうの料理』のスターとして一般家庭にも大きな影響を与えたという意味で、中華料理のアンバサダーと形容するにふさわしい人物である。一九一九年に四川省東南部の宜賓《ぎひん》に生まれた陳は、料理人をはじめ様々な職を転々とした後に台湾、香港を経て一九五二年に来日した。陳自身はそれまで日本との直接的な関係はなかったが、同じ四川出身で彼の日本行きの世話をした女性が戦前の上海で高級ホステスをしていたことから日本の政財界人に人脈があり、そこで陳の料理の腕が評判となるとともに日本滞在の便宜も図られたという点で（陳 一九九六：一一四―一一九）、戦争を介した日中関係は陳の日本での成功に大きな意味を持っていた。

陳は、四川料理はおろか、辛いものにさえまだなじみがなかった当時の日本の人々がおいしく食べられるように、料理をかなりアレンジしていたこともまた重要である。一九五八年の創刊号から二〇一九年四月（平成最後の月）までの『きょうの料理』のレシピを見ると、陳は当時の日本で新奇だった豆板醤を用い、唐辛子による辛さは出しているが、一方で四川料理のもう一つの特色である「麻」、すなわち花椒《ホワジャオ》のしびれる刺激は用いていないことが分かる。陳は、「日本人のお客様の好みに合わせて料理を作ってるんです。一般のお客様にはうす味にしています……わたしの四川料理少し嘘あります。でも、いい嘘。ニセモノと違います」（陳 一九九六：二〇四―二〇六）と、日本向けのアレンジをてらいもなく語りさえしている。その花椒が『きょうの料理』において麻婆豆腐に用いられるのは、二〇〇八年一月に陳建民の弟子である中川優が紹介しているレシピが最初であり、その後は陳建民の孫である陳建太郎も自身のレシピにおいてたびたび花椒を用いている。日本における四川料理は半世紀以上の歳月をかけて中国での従来のかたちに近い、いわば「源地化」（中林 二〇二一：一四）を果たしたことになる。そして料理バラエティ番組『料理の鉄人』で一世を風靡した建民の子の陳建一（二〇二三年三月逝去）とともに、陳家三代の料理人は日本における中華料理、とりわけ四川料理のアンバサダーとして、レストラン、家庭料理、メディアと多方面にわたって大きな影響を果たし続けたのである。

このように、戦後日本の中華料理、とりわけその高級路線の創成期を牽引したのは、中国出身で、かつ日本と戦前・戦中からのつながりを持つ人物たちであった。日本による中国支配の野望を大きな背景としつつ、続く国共内戦、共産党政権の樹立、米国の対中・対日政策などをマクロな状況と、実業家としての富や料理人として腕に活路を見出そうというそのエージェンシーが相関し、一時期ではあれ、東京に世界の中華料理の粋が集まった。そうしたハイキュイジーヌは大衆的な食のシーンにも影響を及ぼしたし、レストランにとどまらず積極的にメディアに登場して一般家庭への中華料理の普及に大きく貢献したアンバサダーたちの存在も大きかった。

表1－1　『きょうの料理』に頻出する中華料理（年代別、上位５）

	1960年代（N＝450）	回数	1970年代（N＝1011）	回数	1980年代（N＝1257）	回数	1990年代（N＝1189）	回数	2000年代（N＝1163）	回数	2010年代（N＝1097）	回数
料理名	冷やしそば	5	シューマイ	18	チャーハン	22	チャーハン	49	餃子	62	餃子	67
	餃子	5	餃子	16	餃子	20	餃子	32	チャーハン	53	チャーハン	48
	酥魚	5	チャーハン	11	シューマイ	19	ワンタン	26	春巻	34	麻婆豆腐	32
	チャーハン	4	ワンタン	10	ワンタン	11	春巻	24	シューマイ	26	春巻き	29
	酢豚ほか	3	焼きビーフン	9	春巻	9	シューマイ	23	麻婆豆腐	23	酢豚	21
							（6 麻婆豆腐	13）	（6 酢豚	20）		
							（7 酢豚	10）				

出所：川口（2021：5）より

定番化する日本の中華料理

興味深いのは、そうした過程を経て、中華料理のメニューが外食でも家庭でも次第に定番化していったということである。一九六〇年代から二〇一〇年代の『きょうの料理』を見ると、年を追うごとに扱われる中華料理が固定化してゆき、表に明らかな通り、餃子、チャーハン、シューマイ、春巻き、麻婆豆腐、酢豚といった定番の品々が特に一九九〇年代以降に高頻度で登場するようになる。

これらは料理雑誌を購入するような料理リテラシーの高い層に限らず、広く家庭においてもおなじみの中華料理であるし、かつ大衆店でもよく頼まれ、さらに仮に高級店に行ったとしても、よほどの食通でもないかぎり、これに加えてエビチリ、青椒肉絲《チンジャオロース》、回鍋肉《ホイコーロー》などと、いくつかの点心を注文するくらいであろう。考えてみればこれは不思議なことで、私たちがフレンチレストランで食べる品、例えばパテ・ド・カンパーニュや鴨のコンフィなどは家庭では気軽に作らない、というより、普通は作れないだろうし、むしろだからこそレストランで高い料金を払って食べるのであろう。では、なぜこうした中華料理は、料理雑誌を買うような熱心な人々だけでなく、広く一般にも作られて食卓に上るのだろうか。次節では家庭と生活の中での中華料理について明らかにしていく。

三、生活の中の中華料理

家庭料理における合わせ調味料

一九八〇年代末から一九九〇年代初頭だったろう、中国語がけたたましく飛び交う厨房で料理人が豪快に鍋をふるい、鍋から立ち上がる火煙とジュワッという調理音とともに料理ができあがる、本場の豪快さとスピード感に満ちたテレビCMが強く印象に残っている。中国についてほぼ何も知らず、もちろん中国へ行ったこともなかった一〇代の私は、その中国語の響きとダイナミックな雰囲気に魅せられ、CMの商品であるCook Doの中華合わせ調味料を買って作ってくれるよう、母親に頼んだのであった。

先述のように、高級店と大衆店ともによく頼まれるメニューが固定化し、また陳建民らによってテレビ番組や料理テキストで中華の作り方が紹介されたとは言っても、実際に家庭で中華料理が気軽に作られるようになったのはこの合わせ調味料の登場が大きい。先駆けとなったのは一九七一年に発売された丸美屋の「麻婆豆腐の素」であり、一九八〇年代に小学生だった私の家でも麻婆豆腐と言えば、完全にこの丸美屋の素を使ったもので、残念ながら陳建民のレシピによるものは一度も食卓に上がったことはなかった。これは私の母が特に料理嫌いであったとか手抜きをしていたということではなく、外ではたまに食べるが家では作らない／作れないという、当時の一般家庭における中華料理のリテラシーの程度を示していよう。

丸美屋の麻婆豆腐の素に次いで、さらに多くの品を本場の中国色を出して提供したのが上述の味の素Cook Doシリーズである。開発チームの杉田博司氏によれば、一九七八年の発売当初は「本格中華」を謳い、黒柳徹子が中国の調度品を背景にチャイナドレスに身を包み、あるいは香港や中国の現地に出向いて撮影したCMや、冒頭で挙げたような中国語が飛び交う臨場感あふれる調理場の様子をCMで流して、とにかく本場の中華のイメージを強調していた。しかし、二〇〇〇年代からはタレントの木梨憲武や山口智充らを起用して日本の家庭料理の一つとして食卓の団らんの場で食べられる品、あるいは俳優の神木隆之介によって男性も気軽に調理できる商品としての身近で親しみやすいコンセプトを打ち出すようになっていったという。また、近年では、それまでの中国語そのままの商品名ではなく、「もやしと豚肉の四川香味炒め」など、イメージとしての本場中国から日本の中華料理への転換を図っているとのことである。一方で、味については、回鍋肉と麻婆豆腐には従来の商品に加え、「特選豆板醬」・「特選辣油」の使用を前面に押し出した「四川式」を新たに発売するなど、CMや商品名での脱中国化の流れとは対照的に、より本物志向を追求するようになっている。同時に興味深いことには、ご飯に合う主菜という商品のコンセプトは一貫していて、商品開発の現場では常に白いご飯を片手に試食が行われるという。Cook Do は発売四〇周年の二〇一八年に過去最高の売り上げを記録した(味の素 二〇二〇)。この間、イメージは本場中国から身近な日本の中華料理へ、味は日本風から本場風へという逆ベクトルに展開しているのであるが、言い換えると、そこにはより中国のかたちに近い日本の中華料理の確立を見ることができ、かつ、そのいずれにおいても日本の絶対的な主食である米に合うおかずを追求してきたという点で、まさに合わせ調味料は中国の食の日本への文脈化を家庭料理において完遂させたと言えるだろう。

冷凍食品と弁当

合わせ調味料とともに、家庭の食卓において日々重要性が高まってきているのが冷凍食品である。伊藤忠グループの調査によれば、冷凍食品を利用する頻度が週に一回以上という人は五一・六%と半数以上にのぼり、週二、三回以上も三四・五%を数えていて(マイボイスコム 二〇二二)、私たちの食卓に冷凍食品が不可欠な存在となっているのは間違いない。なかでも中華系の食品はよく利用されており、「利用する冷凍食品の種類」では「中華系の軽食・おかず」が五四・一%でトップを占めていて、二〇一〇年の同調査では三五・三%の四位だったから、この一〇年余りで大きく飛躍していることが分かる（マイボイスコム二〇一〇、二〇二二）。とりわけ冷凍食品が頻繁に使われるのは弁当であり、今の二〇代の人々の高校生時代、すなわち二〇一〇年代以降には、弁当に毎日少なくとも一品は入っていた／入れていたという声を聞くことが多い。そうした人たちによると、ドリアやエビフライやコロッケに並んで、中華の定番は唐揚げ、春巻、エビチリ、焼売などであるという。他方で、炒飯は休日の昼など簡単にすませたいとき、餃子は夕食によく利用し、中華は作るのに手間がかかるので、冷食と言えば中華というイメージがあるという声も聞かれた。

外食だけでなく、日本の食卓において中華料理は確実に普及している。料理番組やテキスト、あるいはウエブサイトを見ながらの調理のみならず、合わせ調味料や冷凍食品も大いに活用しながら、昼食に、夕食に、弁当にと、中華料理が調理され食されている。そしてそのいずれもが、日本の中華料理として定番化された品々であり、白いご飯のおかずとして日本の食の大系に文脈化されているのである。

四、中華料理はどこへ向かうか――町中華とガチ中華

大陸系中華

多くの日本の人々にとっては、こうして定着した中華料理、すなわち外食で、家庭で、弁当で広く食べている中華料理こそが中華料理であり、長らくそこに疑問を挟む余地はなかったはずだ。それが変わってくるのは一九九〇年代の半ばを過ぎたころであろう。香港、後に中国本土に出かける人が増え、「日本みたいなラーメンってないんだね」とか、「天津飯って中国にはない」とか、「エビチリを食べたかったけど、メニューになかったんだよね」とかいう声が聞かれるようになった。それらの特徴は概して「ない」という言葉に集約でき、全体的な印象としても、「油が独特なにおいがして、あんまり……」、「醤油とかが日本と違ってて」、「香辛料かな、けっこう入ってて……」というネガティブなも

のが大半で、逆にこういうものが「あった」、「やっぱり本場の中華はすごくおいしかった」という評価はほとんど聞かれなかった。これは言い換えると、日本の中華がいかに日本独自のかたちで人々の間に浸透していたかを示しており、よほどの食通の人を除けば、多くの日本の人々にとって中華料理と言えば、上に見てきたような、家や職場の近くにあるラーメンと餃子とおなじみの数品を主体とした店や、家庭で合わせ調味料を用いたり、冷凍食品を挟んだりしながら、弁当も含め、日常的に食べていたものに他ならなかったのである。

同時に、「中国にはなかった／中国では違っていた」という知見は、日本で自分たちが食べていた中華はどうやら中国のものとはかなり違うらしいという気付きをもたらした。折しも一九九〇年代は中国本土からのニューカマー系の人たちが飲食店を開き始めた時期で、そうした店は聞き慣れない語感の店名を見慣れない字体で記した看板、食品サンプルではなく写真を多用したメニュー、ホールに中国語が飛び交うサウンドスケープ、量が多くダイナミックな盛り付けと配膳など、従来の日本の中華料理店にはなかったネイティブによる本場感を醸し出しはじめていた。ただし、主たる客層は依然として従来通り地元の人々であり、よって料理そのものも、油と辛みや香辛料がやや多目に使われている他は、ほぼ従来の中華料理店の様式を踏襲していた。

現時点で振り返るなら、一九九〇年代後半のこの時期は、中華料理のみならず、戦後の日本で確立されてきた社会システムや価値観などが徐々に立ち行かなくなり、海外との日常レベルでの関係性は深まりつつも、まだ旧態がドラスティックな転換には至らずに慣性によって保たれている部分も依然大きいという過渡期であったのだろう。中国本土からのニューカマーたちが開いた中華料理店も多くは日本の中華料理の枠組みの中で展開し、いずれもが未だ取り立てて対象化されることのないままに、依然として日本の日常の食を形づくっていたのである。

町中華

そして、日常はそれが本来の意味で日常である際には取り立てて意識されることはなく、失われつつある段階になっ

写真１－１　町中華のショーケースに並んだ食品サンプルと店先の暖簾が日本の中華を強く印象付ける（2019年）

て初めて日常であったことが意識され注目される。「町中華」が「発見」されたのは、それを対象化して人口に膾炙させた立役者であるライターの北尾トロがなじみの中華料理店の閉店を知って、「ああいう町中華はどんどんなくなるね」とつぶやいたことを発端としているように（北尾二〇一九：四）、まさにその消失を契機としていたのであった。町中華は、北尾らによって番組化や書籍化がなされ、その後も類似の番組が放送されたり、各地でムック本が相次いで出されたりするなど、ちょっとしたブームとなっているが、なんと言うことはない、実際には上に述べてきたように日本で定着していた、人々が日常で利用していた近所の中華料理店のことである。

改めてその特徴を挙げれば、店の入り口のショーケースに並べられた食品サンプル、写真よりは文字を用いたメニュー、店内の書棚に置かれたスポーツ紙や週刊誌、餃子・ラーメン・唐揚げ・酢豚といった馴染みある品とご飯とスープと小鉢がついたセットに、オムライスやどんぶりものといった通常の中華料理の範疇には含まれない品も含んだメニュー構成、平日は会社員、週末は家族連れという、いずれもある程度の常連で固定された客層、二代、三代にわたって家族で経営される近所の店である。一九九〇年代の初めくらいまで、多くの日本の人々にとって中華料理とはこうしたものであり、いや、こうしたものしか知らなかったので、そこに何か特別な思いを巡らせることなどなかったと言ってよい。しかし、後継の不在から代替わりのタイミグでの閉店、チェーン店やニューカマーの中国系ネイティブの店の増加などで、今やどの店も、むしろその雰囲気と味を求めてやって来る常連層を主たる客層とした経営を行うようになっている。一方、消費者の側では、こうした日常の喪失に直面して初めて、その雰囲気や味に慣れて親しんでいた自分が確かにいることに気が付き、改めて目を向けるようになった。これが町中華の「発見」である。もっとも、これらの店の多くはなじみ客に支持されており、双方とも町中華が注目されようがされまいが、その雰囲気や味を特に意識することなく提供し消費していただろう。興味深いことに、町中華とされる店の多くは、自らを「町中華」とは名乗っていないし、歴史や物語をことさら主張したりしないし、ホームページすら持っていない店も少なくない（川口 二〇二三）。しかし、そうした自己対象化などなされなかった時代の何気ない日常性も今や町中華の魅力として対象化されるわけであるから、現代はこの対象化の営為から逃れられないのであろう。

ガチ中華

町中華と並んでここ数年のうちによく耳にするようになった「ガチ中華」もまた対象化の産物である。ガチ中華とは、端的にその特徴を言えば、中国にある店の雰囲気や味を忠実に中国系ネイティブ向けに提供する飲食店のことである。例えば、高田馬場にある馬記蒙古肉餅は、肉餅《ロウビン》という料理名を店名としているが、多くの人にとっては「蒙古」以外は何を指しているかイメージできないだろう。この店を経営するのはともに内蒙古出身の夫婦で、夫は回族、妻は漢族であり、日本語は「ほとんど話せない」と言い、妻が接客に必要な最低限のやり取りができるくらいである。メニューもまず中国語が書かれていて、日本語と英語表記が続くが、蒙古肚包肉（羊ハチノスの羊肉包み）、醤羊蹄（羊蹄の醤油煮込み）など、これまで日本では見かけなかった、写真がなければどんなものが想像もつかない料理が並ぶ。おかみさんは、「日本には正宗《ゼンゾォン》（本物）の中国の料理店がないから開こうと思った」と言い、日本向けのアレンジは特にしておらず、「もし日本人が来なくても、中国や内蒙古の同郷の人たちが来ればいいと思った」と話してくれた。実際に店をやってみると、やはり客は中国人の、特に留学生が多く、こうした若者は昔と違って豊かで飲食にお金を使うようになっているという。ただし、中国での経験があり中国語も話せるような日本の客もよく来て、特に「羊肉はここ二年ほどの間によく食べられるようになった」とのことである（川口・包 二〇二四）。必ずしもホスト社会向けに現地化アレンジしないこうした店が目立つようになった背景はおかみさんの言葉に集約されており、消費力の旺盛なネイティブの増加と、本場のものを食べてみたいという現地の人の食リテラシーの高まりとが前提となっている。

ただし、重要なのは通時的な視野を通して捉えることで明らかにしうるその意味である。ホスト社会ではなく、その料理が由来する国や地域の人々を主たるターゲットにした飲食店が営まれるのは今に始まったことではない。日本における中国ということで言えば、二〇世紀初頭に中国からの留学生が数多く住んでいた神田神保町には彼らに向けた飲食店が軒を連ねていたし、その約一世紀後の一九九〇年代にも池袋に留学生が多く住んでレストランの他にも食品店や書店など多くの中国系の店ができ、チャイナタウン構想に結びつくほど中国色を強めた。チャイナタウンで言えば、横浜も神戸も長崎もホスト社会向けの観光地色を強めて久しいが、そもそもは中国系の人々の生活の場としてスタートしたのであるから、当初の飲食店も畢竟、彼らのためのものであった。

しかし、それらはいずれも「ガチ中華」と呼ばれることはなかっただろう。もちろんそうした時代に「ガチ」という言葉がなかったので当然ではあるが、問題はむしろ、ことさらにそれらを対象化して語るという営為がなされなかったということである。先にも記した通り、最近まで中華料理は中華料理であり、高級店か大衆店かという価格帯の違いはあれども、そのうち特定のものを分別してカテゴライズするという発想は人々にはなかった。その意味で、「町中華」の発見は、日本的中華料理をあらためて明確に対象化した点で画期的であった。そして町中華とは対照的に、日本化しない、ネイティブ向けの中華料理が当初は「ディープチャイナ」とも称されていたが、ほどなく「ガチ中華」が市民権を得たのは、その語呂の良さに加え、「町中華」の対極にある存在として、「マチ」と「ガチ」という押韻も無関係ではあるまい。その意味で、ガチ中華の対象化は、それに先行する日本的な中華料理の確立と「町中華」としての対象化あってのものであり、言い換えると、日本に特有の中華料理がいかにこの社会に敷衍していたかを物語ってもいる。同時に、こうした現地人向けの中華料理と、ネイティブ向けの中華料理の相律は、オランダ（第11章）でも、米国（第15章）でも、中国系の人々が多い都市や地区では生じているのだが、「町」と「ガチ」の様にそれらをカテゴライズする語彙は生まれていない。この点では、日本において食を対象化して語る営為がことさら盛んになされているといえよう。

おわりに

日本における中華料理は、常に中国との関係を背景にした中国へのイメージとまなざしのもとで、中国由来の食をいかに日本の食の文脈に位置づけて咀嚼するかの試行錯誤によって展開してきた。米を絶対的な主食として獣肉、油脂、香辛料をほぼ使わない明治以前の日本の食の文脈に合うように調整された中国の食は、とりわけ戦後からラーメン、やや後に餃子といった簡易でボリュームのある品を軸に普及し、昭和が終わり平成に移る一九八〇年代から一九九〇年代にかけてすっかり定番のメニューが固定化した。それらはレストランだけでなく、料理番組やテキストを通して、あるいは合わせ調味料や冷凍食品によって家庭の食卓にも大いに定着した。これほどごく当たり前に、外食だけでなく家庭や給食や弁当に至るまで中華料理が調理され食されているケースは、中華圏を除けば他に存在しないであろう。その中で注目すべきは、とりわけここ一〇年あまりの間に、豆板醤等の調味料や辛みと刺激のある食材も好まれるようになり、味は徐々に中国のあり方に近づきつつあるが、それらはやはり米を中心にあっさりとした従来の日本の食の枠組みに位置づけられて、日本の中華の確立さえもそこに見通されている点である。そうした日本的中華料理のいわば古典として、消失の語りとともに対象化されたものが町中華であり、人々が日本の中華を自覚的に認識した意味は大きい。

本章の後に続く他の地域の例で見る通り、程度やかたちは一様でなくても、どこであれ中華料理は現地化する。外来の食がその土地で受け入れられるためには、現地の環境や嗜好に合わせるのは不可避だからである。インドでも、南アフリカでも、オランダでも、米国でも、主として中国系の担い手たちが、その土地の人々に好まれるように中華をアレンジしてきた。すなわち、中華料理の側が現地に寄せていくのである。対照的に日本の場合は、現地の側が中国の料理を現地、つまり日本の枠組みに適合させていくという傾向が顕著である。この現地側の主導性と主体性がより強いために、時の中国との関係やイメージが中華料理に大きく作用し、そこには常に解釈と意味づけがほどこされる。今、大きな経済力をともなった中国系ネイティブたちが、おそらく歴史上、未曽有の規模で展開する、彼ら主体の食の提供と消費も、「ガチ中華」として日本社会の文脈に意味づけをせずにはおれないのは、そのためである。

参考文献

味の素 二〇二〇「〝中華が家族を熱く〟した「Cook Do®」発売四〇年周年ストーリー」https://story.ajinomoto.co.jp/report/017.html（二〇二三年五月一六日閲覧）。
岩間一弘 二〇一九「日本の中国料理はどこから来たのか」岩間一弘編『中国料理と近現代日本――食と嗜好の文化交流史』慶應義塾大学出版会、一―三四頁。
――編 二〇一九『中国料理と近現代日本――食と嗜好の文化交流史』慶應義塾大学出版会。
―― 二〇二一『中国料理の世界史――美食のナショナリズムをこえて』慶應義塾大学出版会。
大鹿靖明 二〇二二「博多一口餃子のルーツとは 食の交差点が生む美味 食材に工夫こらし」『朝日新聞DIGITAL』https://www.asahi.com/articles/ASQ6R4WTGQ6GUPQJ00C.html（二〇二三年五月一三日閲覧）。
川口幸大 二〇二一「料理テキストに見る日本の中華料理の受容と展開――『きょうの料理』を中心に」『会誌 食文化研究』一七：一―二五。
―― 二〇二三「規範なき模範――「町中華」に見る日本的中華料理店の展開」高山陽子・山口睦編『規範と模範――東北アジアの近代とグローバル化』風響社、二七九―三〇八頁。
川口幸大・包双月 二〇二四「日本におけるモンゴル料理――新しい食の提供と消費についての人類学的研究」『東北アジア研究』二八：一―二二。
北尾トロ 二〇一九『夕陽に赤い町中華』集英社インターナショナル。
木村春子 一九九五a「日本の中華料理小史 戦後の歩みのワンシーン 一 新橋田村町の時代」『月刊専門料理』三〇（一）：一一六―一一九。

——一九九五b「日本の中華料理小史 戦後の歩みのワンシーン 二 咲き誇る大輪の花「留園」」『月刊専門料理』三〇（二）：一三八—一四一。

草野美保 二〇一九「日本における中国料理の受容：歴史篇——明治〜昭和三〇年代の東京を中心に」岩間編著『中国料理と近現代日本』五五—七六頁。

クシュナー、バラク 二〇一八『ラーメンの歴史学——ホットな国民食からクールな世界食へ』幾島幸子訳、明石書店。

ソルト、ジョージ 二〇一五『ラーメンの語られざる歴史——世界的なラーメンブームは日本の政治危機から生まれた』野下祥子訳、国書刊行会。

竹貫元勝 二〇二〇『隠元と黄檗宗の歴史』法藏館。

田中静一 一九八七『一衣帯水——中国料理伝来史』柴田書店。

陳建民 一九九六『さすらいの麻婆豆腐——陳さんの四川料理人生』平凡社。

中林広一 二〇二一「失われた麻婆豆腐を求めて」『神奈川大学アジア・レビュー』八：四—一一。

ふくしま餃子の会 二〇二三「ふくしま餃子の会について」https://fukushima-gyoza.com/about/（二〇二三年五月一三日閲覧）。

マイボイスコム 二〇一〇「冷凍食品の利用に関するアンケート調査」https://myel.myvoice.jp/products/detail.php?product_id=14704（二〇二三年五月一七日閲覧）。

——二〇二二「冷凍食品に関する調査」https://prtimes.jp/main/html/rd/p/000001245.000007815.html（二〇二三年五月一七日閲覧）。

松尾恒一 二〇一七「戦後の在日華僑文化の一考察——伝統の観光利用と国際関係における変容」『国立歴史民俗博物館研究報告』二〇五：四七三—四八二。

Cwiertka, K. J. 2006. *Modern Japanese Cuisine: Food, Power and National Identity*. Reaktion Books.

Goody, J. 1982. *Cooking, Cuisine, and Class: A Study in Comparative Sociology*. Cambridge University Press.

第2章

韓国 Korea

韓国中華の多様な担い手と中国へのまなざし

中村八重

一、韓国社会と中華料理・中華料理店

韓国における「中華料理」

韓国で中華料理店は、日常語で「チュングクチプ」、すなわち「中国の家」と呼ばれていている。中華料理は、「中《チュン》国料理《グンヨリ》」や、その略語である「中食《チュンシク》」と呼ばれ、中華料理という言葉よりはよく使われている。食べ物の意味では「中国飲食《チュングクウムシク》」と呼ばれている。中華料理は、「正統」と呼ばれる外食の本格中華から、チャジャンミョンに代表される安価で現地化した中華料理まで、そして家庭料理から居酒屋メニューまで幅広く食べられている。料理の担い手は、歴史的には華僑から韓国人と中国人、なかでも朝鮮族へと変化をしている。仁川、釜山などにはチャイナタウンが観光地化されていて、中華料理が味わえるようになっている一方、中国人の集住地域にもチャイナタウンが形成されている。

こうした韓国における中華料理の様相は、韓国社会が「中国」を自らの中にどう位置付けているかと大きく関わるだ

ろう。そこで本章では、韓国において中華料理がいかにはじまり、どう食べられているのかを紹介しながら、韓国社会の「中国」および自らへのまなざしについて考察する。

映画・ドラマの中の中華料理

韓国の大衆文化が世界で評価されるようになり、作品に登場する韓国の食べ物が注目を浴びるようになった。ドラマに頻繁に登場する「チメク」、すなわちフライドチキンとビール（メクチュ）の組み合わせが韓国の料理として認識されるようになって久しい。それは厳密な意味での韓国料理でなくとも韓国で大衆的に食べられているものである。映画やドラマに登場する料理や食事シーンは、広告としての役割や誇張がある場合も多いが、ある程度現実を反映しているといえよう。まずここでは、ドラマや映画に現れる中華料理と中華料理店を見てみよう。韓国における中華料理の位置づけを概観することができるだろう。

後で少し詳しく説明するが、韓国で生まれたとされるチャジャンミョン（ジャージャー麺）は、映画やドラマに最も頻繁に登場する中華料理であろう。少し昔の、子どもに食べさせる特別な外食のシーンで登場したり、引っ越しが終わったあとの簡単に出前して食べられるものとして登場もする。刑事ドラマで、署に残っている刑事が出前のチャジャンミョンをすすっていたりする。安くて手軽、なおかつ出前もできる料理として親しまれている。かつては日本でも出前をしてくれる中華料理屋は多かったし、テイクアウトも北米では一般的である。韓国では出前は配達《ペダル》、テイクアウトは包装《ポジャン》と表現されるが、中華料理は配達のほうがいわば伝統的である。

カンヌ国際映画祭で最高賞を取った映画『パラサイト――半地下の家族』（二〇一九年）には、インスタントチャジャンミョンの代表格「チャパゲティ」と、インスタントうどんの「ノグリ」を合わせて作る「チャパグリ」が登場して話題になった。組み合わせているので厳密には中華料理ではないものの、韓国式のインスタント中華をさらに全世界に知らしめたわけである。チャパゲティは一九八四年に韓国で最初に作られたインスタントチャジャンミョンである。「今日は僕がチャパゲティ料理師」というコピーが長年にわたって利用されていて、当時からすでに親しまれる料理であったことがうかがえる。またこの製品のCMによって、日曜日にはチャジャンミョンというイメージが定着したという。

餃子が印象的に登場する映画がある。日本の漫画が原作の韓国映画『オールドボーイ』(二〇〇三年)では、監禁されている主人公が毎日食べさせられているのはクンマンドゥ、つまり焼き餃子である。揚げ餃子に似た韓国式の焼き餃子は、店によってはサービスで出すくらいの安価、かつどの中華料理店にもあるありふれた料理なので、ストーリー上のカギの一つとなっている。

映画の中での中華料理店の位置づけは、犯罪の巣窟であるか、庶民的な食堂という位置づけが多い。前者は偏見に満ちていると言わざるを得ないものの、後者に関して言えば比較的現実である。例えば、映画『スタートアップ』(二〇二〇年)では、強面だが人情味のあるキャラクターが中華料理店で働いており、少年たちに社会で生きることを教えてくれる。

しかし、中華料理店やチャイナタウンは偏ったイメージでも描かれがちである。チャイナタウンの中華料理屋がヤクザのアジトのように演出に利用されたり、タイトルにそのまま利用されることもある。マ・ドンソク主演のヒット映画『犯罪都市』(二〇一七年)では、チャイニーズマフィアがソウル市内の中国人(朝鮮族)集住地域で暗躍していることが描写されており、料理店は主要なシーンに登場する。また、『チャイナタウン』(二〇一五年、邦題『コインロッカーの女』)という、仁川のチャイナタウンを舞台に闇金業の女たちが登場するノワール映画もある。

次からは各種のメニューが定着した過程、中華料理の担い手、中華料理の定番について少しずつ論じてみたい。

現地化する中華料理

韓国の中華料理の定番、チャジャンミョンは中国の炸醤麺《ジャージャーメン》から派生した料理といわれ、韓国で独自の発展を遂げた。玉ねぎや豚肉を入れて炒めたカラメル入りの茶色に近い黒いチャジャンと呼ばれるソースが茹でた麺にかかっていて、これを豪快に混ぜて食べる。春醤《チュンジャン》がこのソースの原料だが、中国語にはないそうである。チャジャンミョンは大衆性が高いために、外食の物価指標によく利用される。

この料理がいつ生まれたかについては諸説がある。一八八三年に仁川が開港されてから、中国人労働者が押し寄せて華僑による中華街が形成された始めた一八九九年とする通説（周二〇一九：二〇七）がある一方、一九〇五年に仁川に創業した中華料理店「共和春」が発祥とされることも多い。この店の創業がすなわちチャジャンミョンの生まれた年と信じられている（朝倉他二〇一五：八八）。だが実際には正確な史料は見つかっていない。現在も共和春という店はあるが、オリジナルの店とは関係がないのだという。いずれにしても、開港後に清国の労働者が入ってきたこと、中国の租界ができていたこと、そのころから華僑たちがそこで経済活動をしていたことに関連することは間違いないだろう。

韓国で小麦が原料の麺類が市民権を得たのは、解放後アメリカの余剰穀物が大量に導入されてからである。当時は米が不足しており、小麦の利用が政府によっても推奨された。当初、韓国ではパンは主食としてあまり受け入れられなかったが、小麦を使った麺は受け入れられやすかった（周他二〇一七：六二）。チャジャンミョンのみならず、粉食といわれる小麦を利用した大衆的なメニューがこの時代を経て根を下ろしていく。

かつて共和春があった場所は現在チャジャンミョン博物館になっている。そこには、中国人労働者の食べ物であった様子と、一九七〇年代には高級な外食として運動会や卒業式など特別な場面で食べられていた様子、そして一九九〇年代以降は出前のできる手軽な庶民の味となっていった様子が展示されている。では、誰が中華料理を作ってきたのだろうか。博物館でもその主役であった華僑にはあまり深く触れられていないし、華僑が誰なのかも一般的によく知られているとはいいがたい。次の節でもう少し詳しく述べる。

二、韓国で中華料理はだれが作ってきたか

中華料理店のはじまりと華僑

華僑の歴史は一八八二年の朝清商民水陸貿易章程締結により、朝鮮に華僑の移住がはじまったことに遡ることができ、それがすなわち韓国における中華料理の歴史とも重なる（李 二〇一二：一九四）。一八八三年には仁川が開港、翌年に中国（清）の租界が開設され、大陸からの移住が加速した。移住者の九割が朝鮮半島に近い山東省から移住しており、これが韓国華僑社会の特色となっている。

移住した人々は当然中国の料理を食べていただろうし、労働者のために食事を提供する店が中華料理店のはじまりであったろう。植民地時代には、安価で朝鮮人も利用する店もあれば、富裕層に利用される大規模な宴会が可能な料理店もあった。では、いつから華僑といえば中華料理店と認識されるようになったのだろうか。もともと、華僑の最たる職業は中国とのネットワークを生かした貿易業であったが、農業を営む華僑も多かった。解放後は農民や労働者が圧倒的に減って商業従事者が増加し、なかでも飲食店の割合が高くなったという（李 二〇一二：四八四）。

華僑の貿易業も衰退していったが、その理由には、第一に中国とのネットワークが弱体化したことがあげられる。中国（中華人民共和国）が成立すると、華僑には同じ反共圏である中華民国（台湾）国籍が与えられた。このことで、共産圏である中国との貿易は自動的に止まらざるを得なかった。そのため、一九五〇年代ごろから華僑は生きる道として飲食業を選択するようになる。飲食業に従事する華僑の割合は、一九五四年二二％、一九六二年三六％、一九七二年七七％、一九八三年七六％となっている（王 二〇〇八：二四〇）。

第二に、韓国政府が華僑の経済活動を妨げる政策を取ったためである。一九五〇年以降、政府は華僑に不利な貿易政

策を取っており、特に朴正熙政権はあからさまな華僑差別政策を実施した。一九六一年には外国人の土地所有を事実上禁止し、また出入国を禁止する政策を取った。大規模事業は縮小を余儀なくされ、飲食店も小規模化が進み、農業をしていた華僑は土地を手放し小都市に移って廉価なチャジャンミョンを出す店を営んだ（周他 二〇一七：一三七）。また一九六〇年代から一九七〇年代にかけては、チャジャンミョンの値下げを強制したり、値上げを禁止する政策も取られていた。短期間であったが、中華料理店に対して米飯販売禁止令もあった。このような政策のため、海外移住する華僑が増えて、一九七七年以降華僑人口は減少していった（王 二〇〇八：一二四）。

この後も、華僑を取り巻く環境はあまりよくなかった。韓国が一九九二年に台湾と断交して中国と国交を結んだことは、華僑の人々に大きなショックを与えた。韓国籍に帰化した人はとても少なかったが、それは手続きが困難であったからである。華僑に永住権が認められたのはようやく二〇〇二年になってからである。

華僑の多くが飲食業に従事していた他の理由に、職業差別がある。韓国で生まれ育った華僑でも外国人として専門職の資格は制限され、企業などでも就職差別があった。そのために自営業や飲食業に従事せざるを得なかったという歴史は忘れてはならないだろう。

中華料理の担い手の変化

前述のように外国人排他的政策のため、華僑人口は減少傾向になり華僑経営の飲食店も減少していった。そうすると、華僑に代わって韓国人が中華料理店の経営に参入してくるようになる（梁他 二〇〇四）。韓国人が中華料理店に参入してきた理由には他にも、韓国人の所得水準が上昇し、外食産業が成長したこともあげられる。これにより、中華料理は韓国人の口に合うように変化した（林 二〇一九：一三七）。かつては中華料理店で働いていた韓国人が店を出すケースが多かったが、後には料理学校などで学んで店を出すようになり、中華料理の担い手の多くは韓国人に置き換わっていった。

二〇〇〇年代に入ると、中国の朝鮮族が中華料理店の担い手として浮上してくる。現在観光地となっている仁川や釜山のチャイナタウンは清国の租界から出発したが、ソウル市内の何か所かに存在するチャイナタウンは、ニューカマー中国人の集住地域である。そして、その中国人のほとんどが朝鮮族である。

一九九二年に中国と国交が結ばれ、中国人が徐々に韓国に流入してくるようになった。二〇〇八年には在外同胞の長期滞在ビザの取得が容易になり、朝鮮族の人口が急増した。彼らが工場地帯近くの大林《テリム》洞付近に集住するようになり、チャイナタウンが形成された。二〇二一年の統計によれば、韓国に滞在する朝鮮族は約五二万人で、その他の中国人は約一九万人、台湾国籍は一万五千人ほどである（統計庁二〇二二）。

この地域には、朝鮮族が食べていた延辺地方の食べ物を出す飲食店が多く見られる。代表的なのは羊肉の串焼き、すなわちヤンコチグイである。ヤンコチが羊串、グイが焼き物という意味で、略してヤンコチとも呼ばれる。一九八〇年代に、中国北方の羊肉の串焼きが朝鮮族の間で食べられはじめ、羊以外の肉も串焼きにするようになったという（周他二〇一七：二七六）。この朝鮮族スタイルが韓国に広まり、人気を得て定着している。次にこのヤンコチを含めて、定番の中華料理を見てみよう。

三、中華料理の定番

チャジャンミョンかチャムポンか、それが問題だ

チャジャンミョンに次いで、定番なのはチャムポンである。日本のちゃんぽんは白いが、韓国のものは赤く辛いスープである。林（二〇一二）によれば、長崎で開発されたちゃんぽんが華僑によって仁川に伝わり、外食が一般化していく一九七〇年代後半から八〇年代にかけて韓国人の口に合わせて赤くなったものだろうという。

写真2－1　付け合わせのタンムジと玉ねぎ、大根キムチ。タンムジには酢をかける。玉ねぎは春醤をつけて食べる（2023年）

写真2－2　出前のチャムチャミョン。左にチャジャンミョン、右にチャムポンが入っている（2023年）

ところで、日本の影響は付け合わせの黄色いたくあん（タンムジ）にも見られる（写真2-1）。植民地時代に中華料理店が日本人客を相手にしていた名残で、チャジャンミョンとの相性が良かったために定着したという説がある。日本のたくあんとも異なる、甘味と酢の効いたタンムジは一九六〇年代くらいから工場生産されているという。

さて、チャジャンミョンとチャムポンは不動の定番であるため、メニューを選ぶ際この二択で深い悩みが生まれる。チャジャンミョンにするべきか、チャムポンにするべきか。それを解消してくれたのが、チャムチャミョンである。プラスチックの器が二つに分かれていて、一方にチャジャンミョン、もう一方にチャムポンが入っていて、二つの味が楽しめる。一般的な中華料理店でよく見られる。酢豚であるタンスユクも定番メニューであるが、これと合わせたタンチャミョン、タンチャムミョンというアレンジもある。二つに分かれた器は、「選択障害（決められない性格）」を救う発明品である（写真2-2）。

タンスユクにも、食べ方をめぐる問題がよく話題になる。韓国の酢豚は、カリカリに揚げた肉に酢で味付けした透明なあんがかかっている。あんがかけられた状態で出て

写真２－３　ヤンコチグイ。電動で枠が左右に動いて串を回してくれる（2023年）

くることが多かったが、カリカリの食感を楽しむため、テーブルでかけてくれたり、分けて出してくれる店が増えた。そのため、あんをつけて食べるか、かけて食べるかで派閥が分かれることがある。つけ食べ（チンモク）派と、かけ食べ（ブモク）派の、お決まりの論争がしばしば中華料理店では繰り広げられている。

羊串とビールの戦略

前述の羊肉の串焼き、ヤンコチグイの店は「羊串」という漢字の看板を掲げていて、中華料理店というよりも串焼きがメインの店である。韓国に多くの朝鮮族が住むようになって出現したヤンコチの店は韓国人の間でも広まり、たちまち各地に展開してチャイナタウン以外でもよく見られるようになった。金属の長い串に一口サイズの羊肉が四切ほど刺してあり、焼けたらスパイスの粉を付けて食べる。骨付き羊カルビやエビ、鶏肉などのバリエーションもある。頼めばニンニクを出してくれるので、食べ終わった串に刺して焼いて食べることもできる。

串焼きにも発明品がある。串を自動的に回してまんべんなく焼いてくれる装置である。下に炭火がおかれ、串を並べる台が左右に移動しながらくるくると串を回してくれるので焦げない。実用的でもあり、見ているのも楽しい。店に聞くと韓国製であるという（写真2-3）。

ヤンコチ自体も定番化したが、青島ビールとの組み合わせも定番になっている。油の多い串焼きにビールが合うという事実もあろうが、二〇一五年ごろのテレビでの流行語も一役買った。コメディ番組で俳優ジョン・ジャンフンが似非中国語の口調で、「ヤンコチにはチンタオ」と言ったセリフがそれである。ちょうど韓国市場を拡大しようとしていた青島ビールのCMに起用されて、ヤンコチといえば青島ビールと連想されるほどすっかり刷り込まれてしまった。

家庭で食べる中華料理

チャプチェは漢字で「雑菜」と書き、細切りの各種野菜と牛肉を油や醤油でそれぞれ味付けして春雨と炒めた彩りのよい料理で、おもてなしや家庭料理として作られている。これを中華料理と考える人はおそらくいないが、現在のそれは中国の影響を受けた料理である（岩間 二〇二一：三四二）。朝鮮時代にチャプチェは、野菜だけを使用し汁をかけて食べる料理であった（李盛雨 一九九九：三九六）。一九世紀末に、唐麺《タンミョン》と呼ばれる中国の春雨が朝鮮にもたらされ、肉とともにチャプチェに加わった。実は、タンミョンは植民地時代の一九一二年に日本人が平壌で春雨の大量生産をはじめたことで普遍化したという（朝倉他 二〇一五：九六）。こうして二〇世紀に「唐」の意味は忘れ去られ、タンミョンと牛肉の入ったチャプチェは伝統的な韓国料理としての地位を獲得したわけである（写真2-4）。

写真2-4 市場の総菜屋のチャプチェ（2023年）

ところで、家庭ではもてなし料理のチャプチェだが、ご飯にチャプチェをかけたチャプチェパプは中華料理店だけに見られるメニューである。チャジャンがかかっていることもある。家庭ではこのような

写真２－５　大学食堂の中華風メニュー。チャジャンのかかったチャプチェパプとタンスユク、マンドゥクク（2023年）

食べ方はしない。これを見るとチャプチェは韓国伝統料理なのか少し認識が揺らぐ（写真2-5）。

冒頭に出たマンドゥは、中国語の饅頭を韓国語読みしたもので、クンマンドゥ（焼き餃子）、チンマンドゥ（蒸し餃子）、ムルマンドゥ（水餃子）など多様に食べられるが、日本同様、中華料理店だけで食べるものではない。他方、違いとしては、まず日本の餃子よりは皮が厚めでサイズも大きい点である。また、日本では一九八〇年代に餃子の皮が売られるようになってから焼き餃子は家庭料理の地位を築いたが、それに比べると韓国のマンドゥは伝統的といえる点である。新年を迎えるにあたって、家族そろってマンドゥを作るのが恒例行事という家庭も多い。日本でいう正月にはトッククという餅の汁、日本でいうところの雑煮を食べる。肉と野菜のだしの白いスープにスライスした薄い餅がたくさん入っている。これにマンドゥが入るのはソウル周辺も含めた中北部地方で、南部地方ではマンドゥが入らないのだという。歴史・地理的に北方の中国の影響を強く受けているかいないかで異なるというのが通説である。一般の韓国料理の食堂でも餅とマンドゥの入った、トッマンドゥククがメニューに見られ、特に中国的とは認識されていない。

家庭料理としてのマンドゥは冷凍食品でも実に多様である。

大手スーパーで確認できる冷凍マンドゥの種類は極めて多い。キムチマンドゥ、肉の入ったコギマンドゥ、皮が薄めのムルマンドゥ、大きなワンマンドゥ、昔風という意味のイェンナルマンドゥなどなどが見られる。近所でも温かいものをテイクアウトできる。店頭に大きな蒸し器を二つくらい置いて、水蒸気を盛大に出して客を誘惑する。八個から一〇個程度詰めてもらって持ち帰ることができる。家庭で食べる料理には、もはや「中華」や「中国」の面影はない。

四、中華料理の展開とブーム

有名料理人と外食産業

韓国で中華料理は植民地時代から段階的に受容されていき、一九九〇年代以降は多様なアレンジがほどこされるようになった（林 二〇一九）。これ以降の中華料理は、料理人が「シェフ」と呼ばれ、社会的地位を高めていった背景から考察が必要と思われる。

韓国では長い間、料理に関わる職業は社会的地位が低かったが、二〇〇〇年代以降にテレビで和洋中のシェフが登場して対決をする番組が見られるようになって、シェフが身近な存在になった。例えば『生活の達人』という長寿番組には、料理の達人を紹介し、対決させるコーナーがある。他にも、『冷蔵庫をよろしく』という、芸能人の冷蔵庫にある材料だけで一流シェフたちがすばやく料理を作るバラエティー番組もある。

中華料理の場合、こうした番組に出演したイ・ヨンボクのおかげで、本格的な中華料理が再認識された。彼は華僑としてソウルで生まれ、中学時代から料理を仕事にしてホテルや大使館、日本などで腕を磨き、料理店「木蓮」を出している。二〇一一年ごろからテレビに出演しはじめ、その料理の腕と人柄で時の人となった。彼の店は五〇〇回電話をかけても予約を取れないという評判である。彼がテレビで紹介したトンパユク（豚の角煮）と、メンボシャ（長崎ではハト

写真２－６　居酒屋メニューにアレンジされたメンボシャ（2022年）

シと呼ばれるエビトースト、第1章参照）はたちまち有名になり、いわば再発見されたメニューとなった。

イ・ヨンボクが本格中華なら、庶民的中華ではペク・ジョンウォンという料理研究家兼事業家が、中華料理店の新たなトレンドを作っている。彼はあらゆるジャンルの料理に詳しく、テレビ出演も頻繁で、料理のレシピはまず彼のものが参照されるほどの影響力を持っている。テレビ番組では彼がアドバイスをした店は必ずヒットするという公式がある。実業家としてもたくさんの分野のチェーン店を経営しており、その一つが、韓国式チャムポンのチェーン店「香港飯店０４１０＋」である。安価な割には、高温で炒めた独特の香ばしさを指す「ブルマッ（火の味）」が感じられるのが特徴で、中華のチェーン店では最大手である。ただし、香港とはあまり関係がなさそうである。

「新しい」中華料理、「ヒップ」な中華料理

チャムポンも辛いが、ポストチャムポンの辛い中華として新たに注目された料理に、マラタン（麻辣湯）がある。基本的に韓国にある一般の中華料理店では扱っておらず、専門店で展開している。当初は中国人留学生が食べる安い食べ物として広がり、辛いものが好きな韓国人も食べるようになると一大ブームになった。ボウルに好きな野菜や具材をとって、辛さを指定して調理を頼む形式が一般的である。大学街などでは多数のマラタン店がしのぎを削っていたが、コロナ禍によって淘汰されブームは落ち着いた状況にあり、チェーン店も増えた。

また、韓国華僑は北方の出身が多いことから、南方系のシュウマイなどの点心はあまり見られなかった（朝倉他 二〇

一五)。しかし近年は、香港の飲茶チェーン店が大型商業施設に進出していて人気を博している。点心の英語 dim sum を韓国語読みにした「ディムソム」としてよく知られるようになり、中華料理のイメージも多様になってきた。

レトロな雰囲気の中華居酒屋も、多くはないが、若者が集まる地域に見られるようになった。一九八〇~九〇年代の香港映画のポスターが張られていたり、木を使ったインテリアで古い感じを出している。辛い料理をつまみに中国のお酒のカクテルやハイボールを飲むことができ、若者に人気である。若者たちの間では最新の流行りを「ヒップ」というが、こうした居酒屋は中華料理の「ヒップ」な展開ともいえよう。かねてのレトロブームから、洗練されすぎないおしゃれな昔風が人気のようである。これらが一時的な流行として終わるのか、定番化していくのか見守りたい(写真2-6)。

おわりに

チャジャンミョンやチャムポンのような韓国の中華料理の定番となっているものは、日本語的に言えば韓国中華であり、韓国の「町中華」に近いのかもしれない。韓国中華は、メディアや作品に登場して認知度が高まり海外展開が加速していて、もはや韓国でも海外でも、韓国のもとのという認識である。

歴史を見れば、マンドゥのような料理は中国の影響を受けて現地化したものである。また、チャムポンやタンムジは、植民地時代に一度「日本」を経由してから固定化した定番である。作る人、消費する人が目まぐるしく変わった結果として韓国中華が成立している。開港直後は中国人を相手にした中国人の料理店であったのが、日本人、朝鮮人を相手にするようになった。その後、華僑が減ると、韓国の中華料理は主に韓国人によって作られて消費されるようになり、また近年では朝鮮族や中国人留学生が食べていたヤンコチやマラタンのような新しい中華料理、いわば「ガチ中華」がすばやく韓国の外食産業の中に取り込まれ、新たな韓国中華に変貌しつつあると言っていいだろう。

外食としての中華料理の課題は、アプリなどによる外食デリバリーが一般化した現在、手軽で出前が可能という従来の競争力が弱まっていることである。そのためここまで見てきたように、多様な人々によって、多様な韓国中華を生み出す試みがされている。そして今や韓国中華は世界の消費者を相手にしようとしている。

しかし、内に目を向けると、韓国社会において、華僑や中国、特に朝鮮族への偏見のまなざしは否定できない。そして、韓国中華が様々に展開していく中においては、政治経済、文化的にも大きな影響力のある「中国」的なるものの影は薄いうえに、韓国社会がその国の人々とどのような関係を結んできたのかといった問いかけもあまりないと言わざるを得ない。料理はその国の実態とは乖離しており、少なくともこれまでのところ、料理になじんだからといって、その国やそこに関わる人々にもなじむという構図にはないのである。

参考文献

朝倉敏夫・林史樹・守屋亜記子 二〇一五『韓国食文化読本』国立民族学博物館。
李盛雨 一九九九『韓国料理文化史』鄭大聲・佐々木直子訳、平凡社。
李正熙 二〇一二『朝鮮華僑と近代東アジア』京都大学出版会。
岩間一弘 二〇二一『中国料理の世界史――食のナショナリズムをこえて』慶應義塾大学出版会。
周永河 二〇一九「チャジャン麺ロード――二〇世紀東北アジア、チャジャン麺流浪の旅」岩間一弘編著『中国料理と近現代日本――食と嗜好の文化交流史』慶應義塾大学出版会、二〇五―二二三頁。
林史樹 二〇一一「チャンポンにみる文化の『国籍』」『日本研究』三〇：四七―六七。
―― 二〇一九「朝鮮半島における「中国料理」の段階的受容――分断後の韓国を視野に」岩間編著『中国料理と近現代日本』、二二五―二四一頁。

王恩美二〇〇八『東アジア現代史のなかの韓国華僑――冷戦体制と「祖国」意識』三元社。

梁必承・李正熙二〇〇四『チャイナタウンのない国――韓国華僑経済の昨今』三星経済研究所。

周永河・金恵淑・梁渼景二〇一七『韓国人、何を食べて生きてきたか――韓国現代食生活史』韓国学中央研究院出版部。

統計庁二〇二二『二〇二一 人口住宅総調査報告書』。

第3章

ベトナム

Vietnam

現代「ハノイ中華」を創りだす人々

伊藤まり子

一、ベトナム・キン人社会における「中華」・「華人」・「中国」

北部キン人文化にみる中華文化の親和性とその否定

東南アジア大陸部のインドシナ半島最東端に位置するベトナムは、北部を中国との、西部をラオス・カンボジアとの国境と接する縦長の国土に、五四の異なる民族が暮らす多民族国家である。そのうち総人口の約八六％を占めるキン（ヴェト）人が、首都で北部の中心ハノイ市と南部ホーチミン市（旧サイゴン）の二大都市を中心としながら、それを取り囲み流れるホン河、そしてメコン河流域のデルタ全域にわたって広く居住している。

現在のベトナム政府を主導する主要民族キン人は地域性に富み、北部と南部に大別しただけでも、その文化や歴史には相違が見られるため一括りに語ることは難しい。その歴史を一瞥すると、紀元前二世紀から紀元後一三世紀にかけて中国の諸王朝からの支配を受け、一五世紀頃には民間レベルまで儒教的価値観が浸透していたとされる。北部地域におけるキン人の生活実践では、今日も儒教的祖先崇拝や父系理念の重視をはじめ、様々な中華文化との近似性が指摘されている（cf.桃木 一九九四）。

しかしながら、このように中華文化との混淆が指摘され、その境界があいまいなキン人文化でありながら／であるからこそ、キン人は「小中華」と位置付けられることを否定し続けながら（cf.古田 一九九七）、独自の「キン人文化」を歴史的に創造してきた。そして今日においてもそのスタンスに大きな変化はなく、キン人にとって自文化と中華文化との親和性を語ることはあまり歓迎されないのが実情である。

こうしたキン人文化と中華文化の複雑な関係は、食文化にも反映される。キン人の食文化には、白米食を中心に、魚醤、生野菜を多用する東南アジア諸地域との共通性や、フランス植民地期にもたらされたフランスパン、コーヒーの飲食習慣がある。他方で、そのルーツが中国料理にあると容易に想像できる「コム・ザン（炒飯）」や「ミー・サオ（焼きそば）」、「バイン・バオ（包子）」なども常食され、ハノイの伝統料理としてガイドブックで必ず紹介されるナマズの一種のラン魚料理「チャー・カー」も、実は中国ルーツであることがささやかれる。さらに今日ベトナム料理の代表格となった米粉を原材料とするフォーなどの麺料理や、調理した豚肉とハーブなどの生野菜を乾燥させた米粉生地「バイン・チャン」で巻いて味噌ダレや魚醤ダレをつけて食べる料理が好まれる点は東南アジア大陸部に共通して見られる食文化だが、それらさえも実は単純ではない。なぜならそこに「フォー・サオ／*phở xào*／（焼きフォー）」といったフォーと具材を油で炒める工程や、「バイン・クオン／*bánh cuốn*／」のような生の米粉生地を蒸して豚肉ミンチやエビの具材を巻く工程が加わると、現地化した中華料理の一種と見ることもできるからである。

しかし今日の北部キン人は、その食文化に中華の要素を見出そうとはしない。彼（女）たちにとっての中華料理とは「脂っこい」、「辛い・しょっぱい」、「赤い」料理であり、また一皿の「量が多い」ことから集団での共食用というイメージが強調される。家庭料理での中華料理はさらに画一化され、豚肉や鶏肉を「五香粉／*ngũ vị hương*／」と呼ばれる黄土色のミックス香辛料で調理し焼いた肉料理のみが家庭の「中華料理」なのだという。すなわち彼（女）たちにとっての中華料理は、自分たちの食文化とは似て非なるものであり、あくまで外来の、かつ主に外食の文化として位置づけられているのだ。

こうした背景を踏まえ、本章では、ベトナム北部地域の、とりわけ首都ハノイ市のキン人社会を背景としながら、市場経済化により経済発展が急速に進んだ一九九〇年代以降の今日的状況のなかで、どのような人々が外食文化としての中華料理を担い北部キン人たちに提供してきたのか、その担い手たちのライフストーリーに着目し、そこから今日の新たなハノイの中華料理、すなわち「ハノイ中華」が創造される可能性について考えてみたい。

北部華人の足跡が忘却されていく過程で

ベトナムにも、他の東南アジア諸国と違わず、中国にルーツのある人々が歴史的に移住し、「華人／*người Hoa*／」と呼ばれながら、各地でチャイナタウンを形成してきた。しかし、二〇世紀前半の最盛期に一五〇万人以上とも言われていたその人口は、今日では一〇万人未満にまで減少し、チャイナタウンもまた、「チョロン／*chợ lớn*／」とよばれる南部ホーチミン市の五区、六区およびその周辺地域のみにとどまっている。

チョロンの歴史は一七世紀末に遡る。明朝期に当時の広南国に亡命した人々や、その後に中国華南地域から労働移住した人々が徐々に定住し、二〇世紀前半までは東南アジア大陸部における一大物流拠点として繁栄していたとされる。他方で北部地域の歴史を見てみても、ハノイ市旧市街では華人が商業活動の主体であり、出身地ごとの同郷会館や学校があったり、また中越国境地域のクアンニン省にも華人やガイと自称する中国ツールの人々が多く居住していたことで知られる（伊藤 二〇一八、芹澤 二〇二三）。

ベトナムにおけるこうした華人の社会的状況が大きく変化したのは、二〇世紀半ばからのベトナム戦争や、その後の中越紛争を経た中国との関係の悪化に起因する。一九五四年ベトナムが南北に分断された際に、北部地域の華人が南部に移住し、また移住した先の南部でも、南北統一と社会主義国の成立に不満をもつ華人たちの多くが戦争難民となり海外に移住していった。北部地域の華人たちを見ても、中越紛争、中越国境紛争をへて、中国本土や他地域への移住を余儀なくされた。さらにその後の南沙諸島をめぐる領土問題なども絡んで膨張したベトナム国内での反中感情を背景に、今日ハノイ市内に暮らす華人たちは、その姿自体を主体的に隠し／隠さざるをえない状況におかれ、表舞台にはほとんど出てこなくなった。一九九一年に中越国交は正常化したものの、領土問題をめぐる対立は継続しており、ベトナム政府は現在でも北部地域における中国人の集住地域を限定して設定し、ハノイ市内での中国人の集住は認めていないため（Nguyễn との私信二〇二三年三月）、今日のハノイ市内にチャイナタウンは存在しない。また日本料理店や韓国料理店が集中する地域はあっても、中華料理店が集中する地域はなく、その数も他の東南アジア諸国と比較すると決して多くはない。結果として現在のハノイ市では、南部チョロンのような広東語や潮州語などの中国語を公共の場で耳にする機会もなければ、同郷会館の活動の様子を目にすることもない。学問的にも北部地域において華人を対象にした研究活動はセンシティブな課題とされ、時々の情勢によっては取り組むことが困難な場合さえある（伊藤正子および芹澤知広との私信）。こうした過程でハノイ市民の大半を占めるキン人たちは一様に、「ハノイに華人は少ししかいない」という認識を共有するようになり、同時に北部華人の歴史は、今日のベトナム共産党指導によるナショナルヒストリー再編の過程で忘却されつつあるといえる。

当然、中華レストランをめぐる状況も大きく変化した。芹澤によると、一九六〇年代までのハノイ市旧市街には華人経営による大きめの中華レストランがいくつもあり、パーティーなどに利用されていたそうだが、一九七九年の中越紛争以降、多くの華人が去ったことで、中華料理を提供する場はいくつかの小さなレストランと屋台程度に減少してしまった。その後一九九〇年代以降の経済発展期に入り、ベトナムへの外国人旅行者の増加に呼応しながら中華料理レストランやホテルの建設ブームが起きてはいるが（Serizawa 2012: 4–5）、それらは、かつてハノイ旧市街に居住していた華人たちによる経済活動の再生というよりも、台湾やシンガポール、あるいは中国からの経済投資による新しい現象である可能性が考えられる。

二、ドイモイ期ベトナムにおけるハノイの外食文化の発展

北上した南部チョロンの華人料理人

以上のようにハノイを含む北部地域における華人の足跡が政治的理由から忘却されていった時代は、経済政策、いわゆるドイモイ政策をへてベトナムの市場経済化が進んだ時代でもあった。一九九〇年代以降のハノイでは、個人資本を蓄えはじめた新中間層や外国人旅行客が増加しはじめていく。外食文化が衰退していたハノイを含む北部地域では、民間企業がホテルや高級レストラン経営を新事業として計画するものの、調理技術を十分に備えた料理人が不足しており、人材確保が困難だった。その人材不足を補うために北部民間企業が注目したのが南部チョロンの華人たちであった。中越国交が正常化していたとはいえ、キン人たちの反中感情が完全におさまったわけではない当時のハノイは、華人にとって決して「居心地のいい場所」ではなかったことが推測される。しかし当時のホーチミン市はすでに中華料理人の人材が豊富で競争が激しく、チョロン華人にとってはハノイで働くほうが二倍程度の給与をもらえたのだという。彼らにとっては好条件での労働機会であり、ピーク時には五〇名から六〇名程度のチョロン華人料理人がハノイ市内のレストランで雇用され、中華料理に限らず、ベトナム料理や西洋料理レストランの厨房で働いていたのだそうだ。北部華人が影を潜めざるを得ない状況におかれた当時のハノイにおいて、その外食文化の発展は南部チョロン華人によって支えられていたとは誰も想像していなかったであろう。以降では、南部チョロンからハノイに出稼ぎに行き、北部キン人女性との結婚を経て、今日の「ハノイ中華」を創造し続けている二人の華人男性のライフストーリーを紹介していく。

チョロン華人の家族の味「ミー・ジャー／Mỳ Gia／」をハノイへ

Pさんの店は「Phát Ký（發記）」と言い、中国南部と同様に、オーナーの名前と「Ký（記）」を組み合わせて店名にすることがチョロン華人の慣例なのだとPさんは語る。彼は二〇一六年にこの店をハノイ市西部の新興地区Cで開店した。C地区は二〇〇〇年代に入り、新中間層向け高層マンションや建売り住宅の建設ラッシュが続き注目が集まった人気地区で、周辺には日本料理店や韓国料理店も軒を連ねる（写真3−1）。

「Phát Ký」の看板メニューは「ワンタン麺」を中心とした卵麺料理である。塩や魚醤をベースにしたスープ麺の上には鶏肉やワンタン、長ネギなどの具材がのる豊富な麺料理メニューと、豚肉とニラの餡が入った一口サイズの点心などのサイドメニューを提供している。主力となる卵麺は米粉麺のフォーとは食感が異なるため、北部キン人に受け入れられるかどうか、Pさんのビジネス展開は挑戦だったという。

Pさんは一九七二年にチョロンで生まれた移民二世の男性である。中国広東省広州市出身の父親がその実兄を追ってベトナムに移民し、チョロンで出会った華人の母親と結婚したのち、Pさんら六人の兄弟姉妹が誕生した。家族内には料理人が多く、父方叔父はチョロンで麺料理をメインとする中華レストランを経営していた。Pさんと二人の兄弟もその厨房で働いていたが、一九九二年、彼が二一歳のときに、兄が北部の企業から誘いを受け、ハノイに出稼ぎに行くと決めたことで、Pさんも一緒に北上することにしたのだという。

Pさんの兄が勤務したのは、ハノイ市中心部の旧市街にあるハノイ大劇場近くにオープンした多国籍料理レストラン「オペラ・クラブ」だった。当時のハノイでは最も賑わいのある地区に新装されたレストランで兄は麺担当長として雇用され、Pさんはその助手として働きはじめた。数年後、兄が海外に出稼ぎに行くことになると、Pさん自身が麺担当長に昇進したが、彼も他のレストランから引き抜かれる。移籍先は、開店したばかりのベトナム料理店「エンペラー」だった。エンペラーは料理の質、空間の演出のこだわり、値段いずれも「高級」として在越外国人や旅行客のあいだでも評判で、訪越した元米国大統領クリントン氏がベトナム料理を楽しんだレストランでもある。Ｐさんはそこのシェフになったのだ。さらにその後もＰさんの躍進は続いた。二〇〇三年に海外でベトナムレストランの開店計画をしていた別のグループ会社から声がかかり、今度はドバイに出稼ぎに行った。給与はハノイでの額の二倍以上になった。二〇〇五年にハノイにいったん戻り、その際に北部女性と結婚し子供も誕生したのち、Ｐさんは再び海外へ出稼ぎに行く。今度はヨルダンだった。彼が最終的にハノイの家族の元に戻ったのは二〇〇九年のことであった。

写真３－１　蛍光看板がまぶしく光る「Phát Ký」の店舗前でＰさんと筆者（2023年）

　その後、ハノイ市旧市街のレストランで数年働き資金が貯まると、Ｐさんは二〇一六年に友人とともに自分のレストランをオープンさせていった。店の中心的なコンセプトは当初から「ミー・ジャー」と呼ばれる麺料理だった。ミー・ジャーとは「チョロン華人であれば誰もが知る家庭の麺料理」とＰさんは語る。「（チョロン）華人は小さい頃から家族がミー・ジャーをつくる様子を見ながら、それを食べて育ってきた。だから、華人でないと美味しいミー・ジャーをつくることはできない。北部の人に（麺づくりを）任せてしまうと、小さい頃から親しんだ味に変わってしまうから、それでは売り物にならなくなってしまう」、そう語るＰさんの店では、細めの卵麺をホーチミンから週に二、三回空輸し、その後の調理も雇用しているチョロン華人の麺料理人が担うことでミー・ジャーの味を維持しているのだという。

　南部華人が北部で商売することの困難さはないかと尋ねると、民族差別的な点はないと否定したのち、Ｐさんは経営者の視点で次のように答えた。「ホーチミンでのレストラン経営ほど競争は激しくないが、ハノイの人が華人の味を受け入れてくれるかが難しく、かつては経営が厳しかった。南部の味は甘くて、脂っこくて、辛いというイメージが強かったんだ。今はハノイの人々も経済力が増し、海外旅行などを通じて華人の料理を食べる機会が増えたし、うちの店では、ハノイ用にレモンと生のとうがらしを（テーブル上に）常設して、客が味を調整できるようにしている。これを入れてしまうと本当のミー・ジャーではないのだけれど、ハノイの人はなんにでもレモンを絞るだろ？」こうしたPさんの語りには、南部チョロン華人の料理人が、ハノイそして北部地域のキン人の中華料理の受容だけにとどまらず、その外食文化の発展とそれによる味覚の多様化を支えてきたことが示されている。そのことは、次節Lさんのライフストーリーにもあらわれている。

ハノイの富裕層ザン・チョーイが集う「サイゴン華人」レストラン

Lさんは、中国広東省出身の父方祖父母世代がベトナム南部に移民した移民三世で、一九七一年にチョロンで生まれた。十六歳で料理人見習いとなり、二〇歳で親戚とともにハノイに出稼ぎに行っている。そして二〇〇〇年から、上述のPさんが海外に出稼ぎに行ったのちのエンペラーに雇用されている。つまりPさんとLさんは、時期こそ若干異なるが、同じ北部企業から料理人としてリクルートされているのである。Lさんによると、当時のエンペラーで働く料理人の多くはチョロン華人で、唯一かつてのベトナムの王都であるフエの宮廷料理については、フエ出身者が担当していたのだという。その後Lさんは、二〇〇四年から他のレストランに移籍し、また北部女性と結婚して、北部で生計を立てていくことを決めた。現在のレストラン「五」（仮名）には、知り合いからの紹介で、二〇二〇年のオープン時から料理長として雇用されている。

レストラン「五」は、歌手として活動していた北部出身の三十代女性オーナーが、ハノイの「ザン・チョーイ／*dân chơi*／」をターゲットにして開店した「サイゴン華人」コンセプトのレストランで、脂っこさや辛味を抑えた北部キン人向けの中華料理を提供している。ザン・チョーイとは、単なるセレブリティとは異なり、特定の高品質のものを嗜好する経済的富裕層を指すベトナム語である。コロナ禍前の「五」は、これらザン・チョーイたちが近隣のクラブなどで遊んだあとに食事をしに来たり、オーナーのネットワークで有名人がミニコンサートを開くなど、特定の人々が集う新たなおしゃれスポットとして賑わっていたという。

Lさんによると、ザン・チョーイたちは「烏骨鶏の火鍋」や「豚骨鍋」などの鍋料理を好んで注文する。なかでも「烏骨鶏の火鍋」は、クコの実、ナツメ、アミダケ、高麗人参などの漢方食材と一緒に小ぶりの烏骨鶏二羽を塩味で煮込んだスープ料理で、熱く焼いた土鍋に入れて、スープが煮え立った状態で提供するのが「五」のスタイルである。ザン・チョーイたちはこの料理で、遊び疲れた身体を癒すのだそうだ。これも中華料理なのかと筆者がLさんに聞くと、「華人の料理は、中国とは違って、いろいろな地域の多様性が特徴なんだ。現地の人々の好みに調整されて、今のような華人料理ができあがっている。ハノイでは北部の人の好みに合わせて変更する必要があった。ここで提供しているのも北部の人が好む華人料理だよ」と答えてくれた。

「五」の客層は圧倒的に北部キン人で、しかも嗜好にこだわりのある富裕層ザン・チョーイである。Lさんの語りからは、ザン・チョーイの嗜好にあわせて、メニューや味付け、その提供の仕方を調整している様子がうかがえる。こうして提供される料理を、ザン・チョーイたちは「サイゴン華人料理」としてSNSなどで発信しており、「隠れ家的レストラン」の「五」の知名度を上げている。コロナ禍が収束し客足が戻りつつある今後は、ザン・チョーイたちの要望に応えるように、南部チョロン出身の華人料理人Lさんによって、さらなるフュージョン料理としてのハノイ中華が「五」から発信されていくという可能性もあるだろう。

三、中越国交正常化と中越国際結婚

ハノイに暮らす中越国際カップル

ところで一九九〇年代以降のベトナムでは、中越国交正常化と市場経済化による経済発展を社会背景にしながら、中国人とベトナム人（キン人と少数民族を含む）の国際結婚という、もう一つのひとの移動とつながりが注目されるようになった。学問的にも中国側人口のジェンダーアンバランスや中越間の経済格差を背景にして、国境地域や貧しい農村地帯出身のベトナム人女性が経済的な安定を求めて中国人男性と結婚し、中国側に嫁入りする事例が取り上げられるようになった（cf. Bélanger, D., & Linh, T. G 2011）。そこでは中国に嫁入りするベトナム人女性の困難さが主に焦点化されてきたと言える。

他方で、ベトナム側で暮らす中越国際カップルの存在はあまり注目されてこなかった。ベトナム北部地域と中国双方が夫側親族集団への女性の移動を前提とする父系原理重視の社会であることや、中越の人口比、経済発展の度合いなどを考慮すると、ベトナム人男性と中国人女性の結婚や、ベトナム人妻側に中国人夫が婚入するという選択自体が少ないのかもしれない。また仮に後者の場合には、妻方居住を選択していることによって、中国側に暮らす中越国際カップルに指摘されるような夫婦間のアンバランスな関係性やベトナム人妻に対するＤＶなどの問題が顕在化しにくいことも考えられる。

この中越国際カップルという視点からハノイの中華料理を検討してみたとき、そこにはどのような特徴が浮かびあがるのだろうか。ここではハノイで中華レストランを経営している二組の中国人男性とキン人女性夫婦を事例に見ていきたい。興味深いことに、妻のキン人女性はいずれもハノイ市近郊の中産階級家庭に育ち、自身も四年制大学卒業相当の高学歴者という共通点がある。他方で中国人夫側を見ると、二名ともに長男ではなく、ベトナムに住み続けることに同意して結婚に至っている。もちろん極めて少ない事例の提示であるため、ここでの分析を一般化することは多少無理があるが、彼（女）らのライフストーリーを見る限りにおいては、上述のような既存の中越国際カップルの表象とは異なる姿が浮かび上がってくる。

中国人客層に向けた多彩な「ガチ中華」

ハノイ市旧市街の西端でV店を経営するのは中華料理人Vさん（一九七一年生）とHさん（一九七七年生）夫妻である。V店は、四川料理や広東料理を中心にして、「ダー・チュン・ホア／*Đa Trung Hoa*／」、すなわち中国の様々な地域の「多彩な中華」を少しずつ提供する、開店一六年目のレストランである。もともと店舗の入れ替わりが激しく、コロナ禍の影響もあった今日のハノイ市では、比較的古参のレストランと言える。現在の店舗は三か所めで、賃貸している五階建てのビルの一階に会計と厨房があり、二階から四階を客席フロアとしている。なかには赤いテーブルクロスが張られた一〇人用程度の円卓がおかれ、壁には大ぶりの花が鮮やかに描かれたフロアもある（写真3-2）。

Vさんは中国安徽省出身で、上海のレストランで働いていたところ、「ハノイホテル」の中華レストラン部門から料理専門家としてリクルートされ、一九九九年にハノイに来ている。ハノイホテルは五つ星の老舗ホテルで、経営資本の一部を中国企業が出しており、そのネットワークを使って創業当時から料理人を中国から招へいしていたのだそうだ。他方で妻のHさんは、地質鉱業会社につとめる父と小学校の校長だった母をもつエリート一家の四人姉妹の次女で、国立ハノイ音楽院伝統楽器科の学生だった当時、ハノイホテルで伝統楽器演奏のアルバイトをしていたところ、Hさんと出会っている。当初はお互いに言葉がわからず、また二人の交際をHさん家族が認めなかったそうだが、四年間の交際を経てお互いに言葉を学び、またHさん家族もVさんを少しずつ理解したことで、ハノイで生活することを条件に結婚したのだとHさんは語る。

その後二〇〇七年にVさんがハノイホテルから独立し、レストラン経営をはじめると、Hさんは非常勤講師として勤務していた軍隊芸術文化専門学校をやめ、Vさんを手伝うことにした。Hさん曰く「外国人と結婚すると専任講師にはなれなかった」のだという。

夫のレストラン経営を支えることにしたVさんだが、中華料理の知識はほとんどなかった。それが経営を支えるようになってからは、二人で様々な中華レストランに行くようになったのだという。そのHさんは中華料理を次のように説明してくれた。「中華料理の方がベトナム料理より多様性がある。醤油などの茶色い調味料を多く使うので全体的に茶色いものも多いし、（油分が多いため）つやつやで、赤と緑色（唐辛子の意）の強い料理も多い。ベトナム料理よりも塩をよく使うし、炒め物も多い」。そしてキン人にとっては「四川料理は辛すぎて、しょっぱすぎる。だからキン人の客には、好みに合わせて辛さを控えめにして提供している。ベトナム料理は広東料理に近いわね」。

写真 3−2　V店で中国からの客をもてなすVさん（2019年）

妻のHさんがそう語るV店にはとりたてて看板メニューがない。ハノイ近隣の工業団地で働く中国人労働者や中国からの出張者、旅行客が訪れるこの店では、客層の七割が中国人で、客のニーズに応じた、炒め物中心の中国本土の多彩な料理、すなわち「ガチ中華」のメニューを、かつてホテルでシェフをつとめていた夫のVさんが様々に提供しているのだ。店で使う材料のうち肉類や海産物、野菜などの生鮮食品は近隣の市場に毎朝二人で行って購入している。調理に多用する調味料についても、そのほとんどはベトナムでそろえることができるが、「花胡椒」は四川省産のものを使っているという。ベトナムでも、西北地方で栽培される同種の胡椒「マッケン／*mắc khén*／」があるが、四川省産は香りがいいのだそうだ。調理場に関する業務、例えばメニューの開発と調理、そして雇用しているベトナム人料理人の指導については夫のVさんが担う。中国側の市場を見ながら、常に新作メニューを開発しているのだという。

Vさんの料理人としての仕事ぶりを、Hさんは「プレッシャー」と表現する。そして「料理人は、夏は暑いし、客のニーズに応えるというプレッシャーもあるから、子供には料理人になってほしくない」と言い、高校生の長男をオーストラリアの大学に留学させるつもりだと語る。他方で、今後も中国人客を主な対象にしてレストラン経営を続けていくことを考えて、二年後にはハノイ市郊外のHさんの実家の近くに新しくレストランを建設する予定なのだという。

VさんとHさん夫妻のライフストーリーには、中越国際カップルに関する従来の研究が描いてきたような、夫婦間のアンバランスな関係性や女性側の弱者像が映しだされることはない。むしろ中越国交正常化とベトナムの経済発展期という時代の好機をつかんで中華レストラン経営に成功した好例と言えるだろう。中越双方の経験知とネットワークを戦略的に活用しながらハノイでのビジネスチャンスを獲得してきた夫妻の選択は、新店舗経営のビジョンや子供の海外留学を検討できるだけの経済的豊かさを新たに創出している。また一方で、その経営スタイルからは、ベトナム北部キン人の嗜好に安直に迎合することのない、すなわち「現地化」に抗するハノイ中華の創造にも結びついているようにも見える。

料理未経験の中越カップルが創りだすハノイの「町中華」

次に紹介するのは、結婚前は中華料理の経験がなかったという中越国際カップルKさん（一九七五年生）とHAさん（一九九三年生）夫妻である。夫のKさんは中国山東省青島出身で、ハノイに来る前は、中国で韓国系の縫製会社に勤めていた。しかし、中国における人件費の高騰や、中国政府による外国企業への優遇政策に変更が生じたことを背景にして、人件費がより低く外国企業への制限も中国ほど厳しくないベトナムに会社が移転することになり、二〇一一年にハノイ駐在となった。そして、ハノイで縫製会社を経営していたHAさんの父親の会社に客として訪れるようになり、その娘のHAさんと知り合っている。他方HAさんは当時、国立の外国語大学中国語学科に通う大学生で、Kさんとの中国語での会話をきっかけにして二人は交際を始め、結婚を考えるようになったが、HAさんの両親は当初、二人の年齢差を理由にして反対した。しかしHAさんの父親が仕事を介してKさんをすでに知っていたこともあり、両親の考えも徐々に変わっていった。その後二〇一六年に二人は結婚し、Kさんは勤めていた韓国系企業を退職して、同年に中華レストラン「TVT店（仮名）」の経営に着手している。

TVT店開店にあたり、中華料理の経験のない二人は、中国から雇用した料理人から様々に教わりながら、四川と湖南地方の「辛い料理」をメインにしてメニューをラインナップした。現在の看板メニューは辛味の強い麻婆豆腐に似た「四川豆腐」と「蒸ザリガニ料理」で、ハノイ在住の中産階級をターゲットにしていることから値段もそれほど高くなく、ライバル店は少ないと見込んでいる。中国人料理人による料理を安価な値段で提供していることもあり、中国人客や中国で働いていた韓国人客も多く、メニューはベトナム語と中国語で表記している。

材料は前節のV店同様に、近隣の市場からそのほとんどを入手するが、ニラについては、ベトナムのものは短く、香りも異なることから店の料理には合わないと考え、ハノイ近郊の畑で中国野菜を栽培している中国人から直接購入している。

TVT店の店舗はさほど広くないため、団体客は受け入れていない。ただし提供する料理はいずれもその量が多く、訪れたキン人客はみな食べきれずに料理を持ち帰るのが定番となっている。例えば四川豆腐やもう一つの人気メニュー「牛肉の辛煮込み」を見ても、直径二〇㎝以上の深鉢で提供される。これについてHAさんは笑いながら「中国では普通の量だ」と述べ、加えてTVT店の店名について語りだしてくれた。店名の由来は「民は食を以て天と為す」を意味する中国語のことわざのベトナム語訳にあるのだという。

他方で、レストラン経営に必要な料理人探しやメニュー開発などについてHAさんは次のようにも語ってくれた。「料理人を探すときは、中国にいる料理人をベトナムに招くための費用を（HAさん側が）負担し、トライアルで雇用してみて、徐々に調整していった。募集は中国にいる知り合いに紹介してもらったり、手伝ってもらったりした。現在の料理人は二人目で、江蘇省出身の人よ。一人目は湖南省出身だった。彼はキン人女性と結婚して、現在はハノイ市内で独立して中華料理店を経営している。料理人については募集をするとニーズがある。中国はそれほど（料理人の）給与が高くない。ベトナムで就職すると給与が二倍になるし、彼らは結婚相手も期待しているの」。

Kさんと HAさん夫妻の結婚の事例やその語りにも、前節のVさんとHさん夫妻同様に、中越国家間のアンバランスな関係性に基づいたキン人女性の弱者性が強調される中越国際カップル像は表れない。むしろここで顕在化したのは、中国における結婚及び労働市場での激しい競争を背景にして、ベトナムでの労働と結婚の機会へのアクセスを期待する中国人男性の選択的移動の姿だった。中華料理の調理経験のないKさんと HAさん夫妻による中華レストラン経営は、こうしたキン人と中国人の新しい関係性によって成立しているのである。

四、ハノイ中華の行方

中国製品のイメージを変えたい！——中国人男性Sさんのビジネス挑戦

最後に、ハノイ中華のさらなる展開を予測させる事例を紹介したい。それは、上述してきたような、南部チョロン華人でも、中越国際カップルでもなく、ハノイで「中国式焼き肉」店「CP（仮称）」を経営する中国人男性Sさん（一九七九年生）のライフストーリーである。Sさんは中国東北部に位置する遼寧省出身で、ビジネスチャンスを求めて二〇〇九年に中国人の家族とともにハノイに移住している。ただし移住後にSさんが着手したのはレストラン経営ではなく、美容室経営だった。Sさんは、北京で知り合ったベトナム人の友人を頼りにハノイに旅行した際に、ハノイの美容業界が脆弱であることに驚き、中国式の美容室を展開すれば成功すると確信したのだという。Sさんの予想は的中し、最盛期にはハノイ市内で一一店舗、約三〇〇名のスタッフを抱える大規模店に成長した。しかしその後にSさんは人材確保の問題に直面する。Sさんによると、育てたキン人スタッフが、ある程度の技術を習得すると独立してしまい、長期雇用が難しかったのだという。さらにその後のハノイには韓国系美容業界が参入し、またSさんが育てたキン人美容師が独立して高級美容室のチェーン展開をするなどして、ハノイの美容産業のレベルが向上すると同時に美容師の取り合いとなり、人材確保がますます難しくなった。そのためSさんは二〇二一年に美容業界から完全撤退したのだと語る。その同時期に中国式焼き肉店CPの経営にシフトし始めていくのである。

出身地である中国東北部の味を再現したいと語るSさんの言葉通り、一口大に切られ、串刺しした羊肉、牛肉、鶏肉や、黒コショウ、唐辛子のパンチの効いたつけダレは、中国東北部に暮らす朝鮮族の人々の焼き肉文化を彷彿とさせる。CP店ではこの東北部の味を基礎としながら、客が自ら炭火で網焼きするスタイルを採用している。また扱っている肉類もアメリカ産牛肉と内蒙古産羊肉、そしてベトナム産鶏肉を、いずれもベトナムの仲介業者から仕入れており（写真3-3）、イカやエビなどの海産物や、ニラ、さやえんどう、ナスなどの焼き野菜メニューも副菜として提供している。メニューの値段は、ハノイ市内のキン人経営焼肉店と比較すると多少高いが、日系あるいは韓国系焼き肉店から比べると安く、Sさんがターゲットとしている二十代後半から四十代のキン人には合理的な質と値段を提供できていると、その勝算を強調する。そして彼は、「これまでのベトナムの経済力では、粗悪な中国産しか入手できなかったのだろう。しかし、実際のところ中国には品質のいいものがたくさんある。豊かになったベトナムに質のいい中国産

写真3-3　「中国式焼き肉」を提供するPC店。炭は日本で使われている「備長炭」より安価な中国産を使っている（2023年）

を紹介していきたい。そしてCPとはこういう味だという印象を定着させていきたい」と語るのである。

おわりに――ハノイ中華の今後の可能性

冒頭でも述べたように、ベトナムの主要民族キン人たちは、「中華」や「中国」との文化的親和性を意識的に拒絶しながら「キン人文化」を創造してきた歴史的経緯がある。それは食文化にも反映され、中華料理との明らかな混淆があるにもかかわらず、今日のキン人たちはそれを拒否し、中華料理をあくまで外来・外食文化に位置づけてきた。一九七九年以降から現代に続く中国との領土問題が、その状況をさらに複雑化し、かつてハノイの中華料理を担っていた北部華人たちは、今日に至るまで表舞台から距離を置き続けている。

他方で一九九〇年代以降のハノイでは、経済成長の追い風と中越国交正常化にともない、中華料理の担い手の交代がおきていた。北部華人の歴史が忘却されていく一方で、南部チョロン華人が出稼ぎで北上し、ハノイの外食文化発展の主要な役割を担っていたのである。彼らの中には、その後に北部キン人女性と結婚し、ハノイで中華レストランを経営したり、料理人として働きながら、南部華人の家族の味ミー・ジャーの浸透にチャレンジし、また北部キン人富裕層を相手にしたフュージョン料理としての「チョロン華人料理」を創造しようとする者もいた。

加えて中越国際結婚が増加したこの時代は、ベトナム人女性の中国への婚出が焦点化されがちだったが、ハノイ中華に視点を移すと、それを担ってきたのは中国人男性たちであり、その背景には中国側の労働市場や結婚市場での競争の高まりがあった。こうした過程において、ハノイ市内では「本場」の中華の味、すなわち「ガチ中華」や、それをより大衆的な値段で提供しようとする「町中華」の経営が展開し、その安定した経営状況を見る限りには、確実にハノイのキン人たちに受け入れられ、人々の味覚の多様化を促してきたといえる。

こうした中で中国人男性が新たに手掛けた「中国式焼き肉」ビジネスは、加速度的に進行するキン人たちの消費活動と食への探求にどのような影響力をもたらしていくのだろうか。現時点においてそれはハノイにおける中華料理の進展の一翼となっていくことが確実に期待でき、そこには中越間の政治問題や民族問題には支配されないハノイ中華の無限の可能性が秘められていると感じられるのである。

参考文献

伊藤正子 二〇一八「ベトナムの「華人」政策と北部農村に住むガイの現代史」『アジア・アフリカ地域研究』一七―二：二五八―二八六。

芹澤知広 二〇一三「華人――国境をこえて活動する人々」岩井美佐紀編『現代ベトナムを知るための六三章』明石書店、二〇一―二〇五頁。

古田元夫 一九九七『ベトナムの世界史――中華世界から東南アジア世界へ』東京大学出版会。

桃木至朗 一九九四「ベトナムの「中国化」」池端雪浦編『変わる東南アジア史像』山川出版社、一〇九―一二九頁。

Serizawa, S. 2012. 'Chinese Restaurants in Hanoi and the migration from China to Vietnam' in Workshop "Contemporary Chinese Migration to Southeast Asia and Japan', pp. 1–17, Hanoi, 21–22 July 2012.

Bélanger, D. & Linh, T. G. 2011.The impact of transnational migration on gender and marriage in sending communities of Vietnam. *Current Sociology* 59 (1): pp. 59–77.

第II部

東南アジア・南アジア

第二の皿には東南アジア·南アジアの中華料理をいただこう。文化地理学的に見れば、中国文明とインド文明の双方から影響を受け、大陸部と島嶼部の多様な環境に統一的な統治体制の確立を見なかった曼荼羅的世界が東南アジアであり、そのインド文明を基軸にした地域が南アジアであるが、外枠の策定はイギリスの植民地支配によってもたらされた部分が大きい。本書では両者を第II部として同じ一皿にしているが、数の上でも社会的にも中国系の人々が大きなプレゼンスを示してきた東南アジア、とりわけマレーシア、インドネシア、タイと、コルカタ以外に目立った中国の影を見ることがなかったインドでは、相性が微妙なところがあるかもしれない。

ただし、区切りとは常にそういうもので、中国由来の食がもはや地元の食と分かち難く根付いている東南アジアにおいても、それらが名実ともに「チャンプル」しているマレーシア/インドネシアと、その中から特定の品を国民食として確立させたタイとでは大きな違いがある。またインドネシア内でも、華人がよりマイノリティであるミナンカバウ地域では、現地住民のネガティブな感情とも相まって中華系の料理ははっきりそれと認識されながら、しかし味と雰囲気において優れた存在感を示しているという独特の位置づけにある。

インドでは、いわゆる社用族ご用達の高級店が、現地でははばかられるアルコールと共にオーセンティックな中華料理を楽しめる租界的な空間としての位置にあった。これは、第7章のサウジアラビアや第8章のナイジェリアにも共通し、中国系の人たちのプレゼンスが相対的に低かった地域および時代の特徴である。しかし、経済発展によって外食が一般化すると、インド版町中華とも呼ぶべきデーシー（国産）チャイニーズとして、マンチュリアン（満州風）やシェズワン（四川風）など独自の展開を見せ、また家庭料理でも調味料やインスタント食品を基軸に中華料理の普及が進む最近の状況からは、日本の高度経済成長期から一九九〇年代末との類似性が見いだされ、大変興味深い。

第II部を通して明らかになるのは、冒頭で記したように一つのセクションに入れるのは難しいほどの差異が見いだされるこれらの地域でも、マレーシアのハラール飲茶やインドネシアにおける中国チェーン店の展開、タイの麻辣《マーラー》フィーバー、インドの国産中華の広がりというように、中華料理は人々にますます親しまれるようになっている点だ。その秘訣は何なのだろうか。

第4章

マレーシア／インドネシア

Malaysia/Indonesia

多文化社会で生み出される食文化、チャンプルの魅力！

櫻田涼子・西川慧

東南アジア島嶼部のマレー世界（ブルネイ、インドネシア、マレーシア、シンガポール）の特徴を説明する際の「語り方」には一定の傾向がある。例えば、中華料理を軸にマレー世界を分類しようとするとき、マレーシア（華人）とシンガポールの食文化を連続的に論じるのが定番である。

『中国食文化事典』のページをめくれば、シンガポールとマレーシアの食文化は同一著者により連続したページでその特徴が説明され（古新居 一九八八）、『中国料理の世界史』（岩間 二〇二一）ではシンガポールとマレーシアは一つの章にまとめられている。また、人類学者の陳志明（Tan Chee-Beng）はマレーシアとシンガポールの華人の食を「チャイニーズ・マラヤン・フード（Chinese Malayan Food）」と称し、分かち難い文化として論じている（Tan 2011a: 24）。この語り方は、マレーシア／シンガポールの地理的近接性、歴史的経緯、華人人口の多寡に起因する当該社会での存在感（シンガポールの華人人口は七六％、マレーシアは二二％、ちなみにインドネシアは一・二％）を考えれば当然の傾向だろう。しかし、本章はこの定番の語り方には依拠せず、中華料理を論じる際にはいささかイレギュラーなマレーシア／インドネシアという地域的連続性を起点にマレー料理や現地の食文化の受容と影響を見ていくことにしたい。

本章で重要なキーワードとなるのが「チャンプル」という言葉だ。チャンプル（*campur*）は、マレーシア語／インドネシア語で「混じる」、「ごちゃまぜにする」を意味する動詞で、現地ではよく使われる言葉である。チャンプルと聞くと、長崎の名物料理ちゃんぽんや沖縄のチャンプルーを連想する人もいるだろう。ちゃんぽんは一八九二年に中国福建省福清県から長崎に渡来した陳平順が一八九九年に長崎で創業した「四海樓」で福建の郷土料理、湯肉絲麺《トンニィシィメン》を「支那饂飩」として提供した料理が元になっているという（陳 二〇〇九：三九）。ちゃんぽんという名称の由来には諸説あるが、陳平順の曽孫である陳優継によれば、平順が同胞に「吃飯了嗎？（ご飯は食べましたか？）」と尋ねた際の発音（福建語で「吃飯」は「シャポン」や「セッポン」という音になるという）からちゃんぽんになった可能性があるという（陳 二〇〇九：四一―四二）。一方、沖縄のチャンプルーはランチョンミートとゴーヤ、島豆腐、卵を炒めたおかずである。チャンプルーは沖縄で「ごちゃまぜ」を意味するが、その語源ははっきりとしない。オランダ領の植民地だったインドネシアの言葉が長崎に伝わったなど諸説ある。すっかり日本の料理として定着した長崎ちゃんぽんや沖縄料理チャンプルーと同様に、マレーシアとインドネシアの中華料理は他民族、他文化との共生環境で相互参照的に育まれた混成文化である。その実際をより丁寧に見ていくとハラール中華はもちろんのこと、他集団との関わりから生じた混淆性、チャンプルの痕跡が広く認められる。例えば、本場の中華料理を構成する要素（食材、調味料、調理法、調理器具、食具など）の不足は、他集団の要素を借用することで柔軟に対処される。その一方で、他集団が中国由来のものを自分たちの文化に受容し、そしてさらにそれらが相互に参照されていく。この点でチャンプルの食文化は双方向的な運動でもあるのだ。

一、マレーシアとインドネシアの食と華人

マレーシア——米飯から麺料理へ？

マレーシア華人の多くは一八三〇～一九三〇年代に福建省、広東省、後に海南島などの中国南部（華南）から移住した労働移民の子孫である。そのため、マレーシアの中華料理は華南の食事文化を踏襲し、米を主食とする食事が基本である。

米を主食とする食事形態は農業を基盤とする東南アジアでは広く見られる。米（*nasi*）という言葉の使われ方にも米の社会的重要性が表れている。例えば、*makan nasi* は直訳すれば「米を食べる」だが、「食事をする」という意味になる。マレーシア語で「元気ですか」に相当する挨拶表現に *Sudah makan ?* があるが、これは直訳すれば「（ご飯を）食べましたか？」という意味になる。前述の通り、中国語でも「吃飯了嗎？（ご飯は食べましたか？）」という挨拶表現がある。

このように米は暮らしの基盤にあり、生活の重要な位置を占めてきた。しかし、マレーシアの中華料理といえば屋台の麺料理が有名で、ガイドブックや現地グルメを紹介するブログでは多彩な麺料理が取り上げられることがしばしばだ。米飯を主体とした華人の食事は現地化の過程で小麦や米を使った麺料理中心の食文化へと移行したのだろうか。詳細は次節で論じることにして、次にインドネシアの中華料理の特徴を概観しよう。

インドネシア——国民食か中華か？

インドネシア料理と聞くと、何を思い浮かべるだろうか。多民族国家のインドネシアでは各地方や民族ごとの独自の

地方料理が多く、どこまでが「国」を代表する料理として見なしうるのか明確に判断することは難しい。それでも、オランダによる植民地時代から一九六〇年代くらいまでの建国期には、料理本の普及を通して国民食としての「インドネシア料理」が作り上げられていった（Rahman 2018）。

なかには料理名や調理法を見てみると、中華系の影響を読み解くできるものも少なくない。例えば日本の八宝菜のような「チャプチャイ」（*capcay*）は福建語の「雑菜《チャプチューイ》」に由来する（岩間 二〇二一：三〇九）。しかし、レストランのメニューでは、「インドネシア料理」（*makanan Indonesia*）に入ることもある。インドネシアではマレーシアと比べて中華系住民を同化させる目的で長いあいだ中華系の文化表象が禁止されていたため、中華系料理と国民食の境界が曖昧になっているのである。以下では、マレーシアとインドネシアの食文化を取り巻く状況に目を向けながら、食の「チャンプル」を読み解いていこう。

二、マレー半島——誰がいつどのように食べる？

麺、麺、麺！——多民族国家の働く胃袋を満たす食事

マレーシア華人は外食・屋台文化を愛している。美味しいと噂が広がれば、寂れた屋台通りにも高級車が列をなし渋滞が生じるほどだ。

屋台が集まるホーカー（*hawker*）や、茶餐廳《チャーチャンテーン》、コピティアム（*kopitiam*）と呼ばれるカフェ、ファーストフード店、冷房の効いたレストランは、都市部でも小さな町でも必ず目にするマレーシアの食文化を彩る重要な要素だ。

屋台やホーカーでは、粥（*bubur*）や砂鍋で炊くご飯の煲仔飯《ボウジャイファン》、炒飯（*nasi goreng*）などの米飯を使った料理も人気だが、屋台文化の主役は手軽に食べられる麺料理だ。麺はマレーシア語では *mi* と綴るが、華人の屋台では *mee* と表記さ

れることが多い。

米から作られた麺には米粉（*mee hoon*）や短くて太い形状の老鼠粉（*loh shu fun*）、米から作った幅広麺の粿條（*kway teow*）や河粉（*hor fun*）などがある。強い火力でもやし、豆腐、青菜、卵などを一気に炒めた炒粿條（*char kway teow*）や、米麺に溶き卵入りのあんをかけた滑蛋河（*wat tan hor*）は火力の強いコンロで手早く完成させるプロの味だ。中国広州の周辺地域でも米で作った麺を炒めた料理、炒河粉（*chao he fen*）があるが、中国南方の粉食文化は東南アジア各地ともつながる食文化でもある（周二〇〇三：二二二）。一方、ココナッツミルクと香辛料の効いた咖哩麺（*mee kari*）やラクサなどマレー料理（スマトラ料理）の影響を受けたものや、タイに近いペナンではトムヤムクンの影響を受けた酸味と辛味の効いた東炎麺（*mee tom yam*）や亜三叻沙（*asam laksa*）など現地や周辺地域の食文化の影響を受けた麺料理も多い。ラクサはマレー人と中国人の通婚により生じたプラナカンの食文化、ニョニャ料理の影響を受けているため、ムスリムでも食べることができる。魚やエビから出汁を取るのが特徴で、華人のみならず幅広く受容されるマレーシアの国民食だ。

小麦麺は乾麺から手打ち麺まで種類が豊富だが、茹で時間の長い乾麺は屋台ではあまり使われず、生麺や手打ち麺、すぐに火が通る揚げ麺の伊麺（*yee mee*）が多用される。手打ち麺にはきしめんに似た幅広い板麺（*pan mee*）や生地をちぎって茹でる麺片（*mian pian*）などがある。

雲呑麺（*wan tan mee*）は汁麺と和え麺（乾撈（*kon lo*））の二種あり、具は叉焼や青菜が一般的だ。コシのある幅広の小麦麺を茹で、汁麺あるいは和え麺にして食べる板麺は客家《ハッカ》系の麺料理である。福建麺（*Hokkien mee*）は地域により味付けが異なる料理で、クアラルンプールでは卵入り小麦麺の黄麺をラードで炒め濃く甘い味が特徴のたまり醤油、老抽（*kicap manis*）で調味する。具は豚の背脂を揚げた油かす、豚肉、青菜、フィッシュケーキ（魚のすり身）などである。真っ黒な見た目はいかにも味が濃そうだが、意外にも薄味で、しかしラードがよく絡んだ太い麺はテカテカと光り食欲をそそる。食べれば腹持ちが良い。なお、マレー半島北部のペナン（檳城）ではエビの出汁が効いたスープの汁麺を檳城福建蝦麺（*Penang Hokkien har mee*）と呼び、マレー半島南端のシンガポールでは福建麺といえば黄麺と米粉を半分ずつ使ったエビの出汁で炒めた汁気の多い焼きそばを指す。

屋台の麺料理は一皿の量が少なく、時間をかけずに食べられるものが多い。冷房の効いたよそいきの中華料理店では米飯とおかずを注文し取り分け食べるが、屋台では各自好きなものを注文し、個別に食べることが多い（櫻田二〇二一b）。

マレーシアの中華料理の特徴を考える時、食文化を育んできた華人社会が男性中心の労働移民の社会から始まったという経緯も考慮する必要があるだろう。短時間で提供され、素早く食べられる麺料理が好まれるのは、家庭を中心単位として食事をする労働集約的な農作業に従事する者より、時間で管理される近代的な労働環境に生きる単身の男性労働者が多かったことと無関係ではないだろう。

写真4－1　経済飯屋台に並ぶおかず（2017年）

ホーカーで定番の経済飯（*economy rice*）は米飯を皿に盛り、並ぶ料理から好きなものを二、三品選んで盛って完成する安価な料理で、一皿で完結する家庭の味として人気がある（写真4-1）。学生が多く暮らす地区には値段と味で勝負する数々の経済飯屋台があり、家族と離れて学生生活を送るマレーシア華人の若い胃袋に家庭の味を提供する。マレーシアの首都クアラルンプールにあるホーカーの経済飯屋台では「各式家郷小酌」と店頭に掲げ、華人の故郷である僑郷の「おふくろの味」を一人でも食べることを可能にする。

写真４−２　雲呑麺には青トウガラシの酢漬けを添える（2023年）

お好みの味でどうぞ——トウガラシ調味料のバリエーション

生のトウガラシ、チリ（*cili*）はマレー料理に欠かせない食材だ。四川料理など本場の中華料理で用いられる乾燥トウガラシはマレーシアではあまり使われず、生のトウガラシが多用される。トウガラシを用いた調味料の種類には眼を見張るものがあり、料理ごとに添えるトウガラシ調味料が異なる。例えば、雲呑麺に合わせるのは辛味の少ない青トウガラシを酢漬けにした調味料だ（写真4−2）。

雲呑麺を注文すると、客はまずテーブルの上の青トウガラシの酢漬けが入った容器からトウガラシの輪切りを小皿に取り醤油を足す。そしてちりれんげに雲呑と青トウガラシを乗せ一緒に頬張る。具の叉焼は小皿の醤油を付けてから口に放り込む。

マレー半島の名物料理、海南鶏飯はチリソース（鶏飯辣椒醤）こそが味の要だ。赤トウガラシ、*cili padi* と呼ばれる小ぶりの辛味の強いトウガラシ、生姜、にんにく、砂糖、酢、コブミカン（後述）の搾り汁、塩をミキサーで攪拌して作る水分の多いチリソースは、辛味と酸味の爽やかさが茹で鶏と鶏の出汁で炊いた米飯と絶妙の味わいを生む。福建麺には、塩漬け蝦の発酵調味料ブラチャン（*belacan*）と生トウガラシを石うすで潰してサンバル（*sambal*）にし、それを麺に添え、リマウ・プル（*limau purut*）と呼ばれる小ぶりの柑橘類の一種、コブミカンをたっぷり絞って酸味を効かせて食べる。

あげればキリがないが、屋台料理とトウガラシ調味料はほぼ固定の組み合わせで食べる。つまり、雲呑麺で使う青トウガラシの酢漬けを福建麺に付けて食べる人はいないし、福建麺のサンバルは海南鶏飯では使わない。

また、雲呑麺の青トウガラシの酢漬けは醸造酢を使うが、それ以外のチリソースには柑橘類を使って酸味を出すところに中華料理の地域性を看取することができる。イスラーム文化の影響下にある地域では酒類を禁忌とする食文化が発展した影響で、アルコールが分解されて醸造される酢はあまり使用せず、柑橘類やマメ科の常緑高木になる果実、タマリンドなどで料理に酸味を加えるという特徴がある。マレーシアの中華料理においても酸味を加えるために柑橘類が頻繁に用いられる。

このように見ていくと、マレーシアのトウガラシ調味料は一皿の料理という枠からはみ出した料理の拡張とみることもできる。料理は確かにテーブルに供された時に完成しているのだが、客はトウガラシ調味料を用いてより自分好みの味に調整し完成させる。もちろん提供前にトウガラシ調味料を料理人が加えることもできるが、客側に最後の調整を任せるところに、多様な文化を生きる人々がチャンプルし暮らす移民社会の食文化の特徴が看取できる。

華人家族の食事から

ここまでマレーシアの中華料理の外食の特徴を概観してきた。つぎに外食と家庭料理の違いを確認するため、何をどのように食べているのか、ある華人家族の一日の食事風景の描写から見ていこう。

朝食は近くの屋台で炒米粉（*mee hoon goreng*）か、ナシルマ（*nasi lemak*：ココナッツミルクで炊いたご飯をサンバルで食べるマレー人の朝食の定番）、ロティ・チャナイ（*roti canai*：円く平たいパイ状のパン）のうちいずれかを家長である男性か、その娘が買ってくる。家に常備するソーダクラッカーや近隣住民にもらった中華菓子などをミロやコーヒーとで簡単に済ませることもある。朝は起きた順に適宜食べる。

午前一〇時頃、家長の妻が昼食の調理を始める。炊飯器に米をセットし、サツマイモの茎を炒めたもの、豚挽肉とザーサイを加えた卵液を蒸した料理、大根と鶏の足のスープを作る。前日の残り料理があれば冷蔵庫から出し、中華鍋に湯を張って蒸して温める。冷蔵庫はあるが、電子レンジはない。米が炊けるいい匂いがしてきたら昼食の時間だ。家族が揃わなくても手の空いた者から順に食べる。仕事から帰ってきて午後一時過ぎに食べる者もいる。余った料理は腐りやすいもの以外は蚊帳を被せてテーブルにそのまま置く。夕飯は六時に食べ始める。午前中から保温状態の炊飯器から米飯を皿によそい、スープを温め家族揃って食べる。おかずは基本的に昼の残りを食べるので調理はしない。

金曜の夜は夕飯後にコピティアムやママック（*mamak*）と呼ばれるインド系ムスリムの経営する軽食店でサパー（supper）と呼ばれる夜食を食べる。ミルクティー（*teh tarik*）を飲みつつ、甘いピーナツソースで食べる鶏の串焼きサテ（*sate*）やココナッツミルクを混ぜた魚のすり身をバナナの葉で挟み炭火で焼いたオタオタ（*otak-otak*）、ロティ・チャナイなどを食べる。夜に営業する店で揚げパンの油条（*you tiao*）を買ってきて、自宅でテレビを見ながらコーヒーと食べることもある。

こうして見てくると朝食とサパーではより現地化した料理（マレー料理やインド料理）を受容していることが分かる。一方、家庭で食べる昼食や夕食は米飯中心の食事で麺料理の頻度は少ない。各自のタイミングに任せて食べる家庭の食事では、時間をおくと伸び、電子レンジがないため再加熱ができない麺料理は手間がかかる。しかし、米飯を中心とした食事は炊飯器で保温できるため、調理する者にとっては都合が良い。その証拠に、筆者が滞在したマレーシア華人の家庭では、食事にこだわり三食を家で食べる家長である男性が会合出席で不在の夜には、妻は嬉々として好物の麺片（すいとんに似た小麦粉を練ってちぎり茹でた麺）のたっぷり入った汁物をこさえた。

マレーシアの観光ガイドブックに麺料理が多く紹介されるのは、外食文化では麺料理がより好まれるからに他ならない。手早く食べられることが第一に求められる外食と家庭料理とでは食事に求めるベクトルが異なる。マレーシア華人は米飯とおかずの米を中心に構成される食事をより正しい食事（規範）と見なすため、幼児の食事も客人の来訪があった際のもてなしの食事も米飯を基本とする。他方で、家長がいない日にこっそり調理される麺料理は、規範からの逸脱したイレギュラーなものとして家族に享受される。マレーシア華人の中華料理は、こうして規範を遵守しようとする力学が働きつつも、チャンプルの要素が遍在する独特の食文化であるといえるだろう。

三、西スマトラ——パダン料理とのミクスチャー

小さな華人街のレトロな魅力

次にインドネシアの西スマトラ州に舞台を移して、中華について考えていこう。二〇一〇年に行われた最新の民族ごとのセンサスによれば、インドネシアの中華系住民の割合は一・二％である。人口比に占める中華系住民の割合が小さいことに加えて、長いあいだ中華系の文化表象が制限されてきたこともあり、社会における華人のプレゼンスはマレーシアよりも小さい。ここで扱う西スマトラ州も決して中華系の人々が多い地域ではない。むしろ、ムスリムが大多数を占める中で中華系の人々は圧倒的なマイノリティとなっている。しかし、だからこそ見えてくる「チャンプル」の様相に目を向けてみよう。

西スマトラ州は、ミナンカバウ（*Minangkabau*）と呼ばれるエスニックグループの故地である。ミナンカバウの人々は出稼ぎへ行く慣行で知られている。彼らが出稼ぎ先で選ぶ職業の一つが、故郷の料理を提供するレストランの経営である。そのようなレストランは西スマトラ州の中心都市パダン（*Padang*）の名を冠して「パダン・レストラン」（*restran Padang*）と呼ばれる。

パダン・レストランで提供される「パダン料理」（*masakan Padang*）（「ミナンカバウ料理」とも呼ばれる）は、香辛料やココナッツミルクをふんだんに使ったスパイシーでありながらもクリーミーな奥深い味わいが特徴である。西スマトラ州出身者に限らず、インドネシアの人たちのなかにはパダン料理の愛好者が多い。パダンはインドネシアのなかでも有名な「食の都」なのだ。

パダンは、金や胡椒が集積される交易の中継地点として発展した港町であった。華人たちの祖先は、金や香辛料の交

写真4－3　西スマトラ州中華街の空き家を再利用したカフェバー（2020年）

易を独占しようとしたオランダ東インド会社の下請け商人として一七世紀中頃からパダンに住み始めた（Makmur 2018: 9–12）。現在でもパダンの華人街は、規模は小さいながらも、パダンの港に一番近い場所に位置している。

この華人街は、簡素な小屋を意味する「ポンドック」（*pondok*）という愛称で知られている。中華系住民の祖先の多くは福建省出身者だが、広東省や海南島出身者も少なくない（Erniwati 2016: 74）。現在でも福建語などを話す人もいるが、パダンの華人街で日常的に使用される言語はミナンカバウ語である。

現在のポンドックでは多くの建物が空き家になっている。二〇〇九年に発生した大きな地震の際に多くの建物が壊滅的な被害を受け、それを機に一定数の華人たちが街のなかや州外へ移住してしまったのだ。ただし、ポンドックが衰退しつつある地域かと言うと、そうではない。むしろ、植民地時代の建物のレトロな雰囲気や、セメント剥き出しのアヴァンギャルドな雰囲気を生かして、華人の人々を中心として、西洋風の料理を提供する若者向けの「お洒落な」カフェへと改装する動きが近年進んでいる（写真4-3）。さらに、非ムスリムの集住地域ということもあり、酒類を提供するバーなども点在しており、若者たちがビールを楽しむ姿が目につく。ポンドックは華人街でありつつ、グローバルな都市文化とレトロな魅力を兼ね備えた場所なのだ。

写真4－4　ポンドックで提供されるコーヒー（2023年）

写真4－5　西スマトラ州のロントン・サユール（2023年）

朝食――甘いコーヒーを飲みながら

パダンでは、イスラームで禁じられている豚を食用としていること、華人街に籠って自らの商売にのみ集中していることなどの理由で、華人のことを良く思っていない住民も多い。その一方で、ポンドックには華人が経営する喫茶店（*warung kopi*）が立ち並んでおり、有名な朝食スポットになっている。価格はやや高いものの、「味が良い」として地方官僚や会社経営者などが集まってくる。客はムスリムが多いため、提供される料理はハラール認定を受けている。

ポンドックの喫茶店では、マレー半島のコピティアムによく似たスタイルが採られている。すなわち、濃くて甘いコーヒー飲料と、店先の屋台で調理される食事類の提供である（櫻田二〇一七）。コーヒーは、苦みの強いロブスタ種を布で濾したものに大量の砂糖を加え、レトロな雰囲気を醸し出す花柄の分厚いカップで提供される（写真4-4）。

マレー半島のコピティアムと比べた際に特徴的なのは料理である。マレー半島で有名なのは、ココナッツミルクから作るジャムを塗った「カヤ・トースト」や「ロティ・チャナイ」などである。しかし、ポンドックでは「中華らしい」麺料理以外は、西スマトラの一般的な朝食メニューが供される。麺には、油で炒めたミー・ゴレン（*mie goreng*）のほか、少量のスープをかけて食べる「ミー・アヤム」（*mie ayam*）などがある。いずれの麺類も自家製で、パダン在住の友人曰く、「やはり中国人がつくっている麺はおいしい」のだという。ミー・ゴレンはすでにインドネシア料理の一つとして人々に認知されているが、それでも麺類は中国とのつながりを想起させる、微妙な位置づけの食べ物となっている。

西スマトラの朝食メニューとしては、米を蒸しあげた粽のような食べ物「ロントン」に、ココナッツカレー風の濃いスープをかけた「ロントン・サユール」(*lontong sayur*)(写真4-5)、牛肉と春雨を具とした澄んだ牛骨スープ「ソト・パダン」(*soto padang*)などがある。また、串焼きの「サテ」も、ピーナッツを多用する他地域のものとは異なり、日本のカレーのような味わいのソースがかかった「サテ・パダン」(*sate padang*)が出される。

ポンドックの喫茶店はコピティアムとの連続性において捉えることができる。コピティアムでは、砂糖とマーガリンを入れて焙煎した独特の香りのするコーヒーと、周囲にある屋台で購入した料理を食べることができる。その喫茶文化はマレー半島を代表するアイコンとなっており、当地の人々にとって古き良き時代を思い出させるノスタルジアを喚起するものになっている(櫻田 二〇二一b)。華人というとすぐにお茶が思い浮かぶが、コピティアムも海南島からやって来た人々がマレー半島で作り上げてきた華人文化で、近所の人たちとの社交の場になっている。

ただし、西スマトラの場合、濃くて甘いコーヒーと軽食を提供するという形式は同様だが、提供されるのはパダン料理である。喫茶店の食事がミナンカバウの人々の屋台で調理されることを考えれば、当然かもしれない。コーヒーを提供するコピティアムは「コーヒーを中心とした飲み物+屋台食」という組み合わせを骨組みとしており、そこで提供される屋台食は地域ごとの特徴を示すものだと見ることができる。マレー半島で誕生した華人文化としてのコピティアムは、西スマトラという地で新たな「チャンプル」を遂げたのだ。

夕食――シーフード、カフェ、ときどき豚肉

次に、中華系の人々が経営する飲食店のなかでも、昼から夜にかけて営業する店舗について見ていこう。

パダンの中華系レストランは、海鮮料理を提供するところが多い。メインディッシュ、スープ類、空心菜炒めなどの

野菜を中心とした副菜を複数注文し、それぞれ小皿に取り分けて白米と一緒に食べる形式が一般的である。そのメニューは、ミナンカバウ料理とはいくつかの点で異なる。まず、蒸す、炒めるという調理法が使用される点である。また、辛味の強いミナンカバウ料理とは対照的に、塩味のあっさりとしたものが多い。海鮮レストランの人気メニュー「蒸しハタ」(*kerapu stim*)などは、そんな特徴を兼ね備えたメニューである。淡水魚のティラピアなど匂いがある魚は甘辛いチリソースで調理されるが、このソースもミナンカバウ料理では見られない。

ただし、メニューの多くはジャカルタなど国内他地域の中華レストランで提供されるものとほとんど同じである。パダンの中華料理の特徴をあえて挙げるとすれば、それはメニューの豊富さにある。なかでもよく注文されるものは、ミナンカバウ料理で見られるバラド(*balado*)という調理法を使用した料理だ。ハタ、フエダイ、エビといった海産物か鶏肉を具として使用し、そこに大量のすりつぶしたトウガラシ、ニンニク、エシャロットを具材へ絡ませ、店によっては青臭い匂いを放つネジレフサマメノキの実(*petai*)を合わせたものである。食べると辛さゆえに汗が吹き出てくるが、白米がすすむ一品だ。また、タイ料理のイメージが強いトムヤムクンも提供される。パダンの若者や州外からの観光客も集まるポンドックでは、先述したカフェを含めて、レトロな街並みを活かし、ミナンカバウの人々をメインターゲットとしつつ、広い顧客を対象にしたおしゃれで美味しい料理を出す飲食店の需要が高いのだ。

読者のなかには、中華料理に豚肉が登場しないことが気になっている方もいるかもしれない。華人の家庭では、豚肉をミナンカバウ風に調理した料理が食されている(Makmur 2018: 246–252)。だが、飲食店で豚肉を使った料理を出す店舗は限られている。近年、西スマトラ州ではムスリムからの華人に対する視線はますます厳しくなっている。過去には州政府が主導して華人墓地の郊外移転が行われたり、二〇一八年には州唯一の養豚場が廃止されたりした。このような反華人政策のために、華人たちの中には子女を国内の別の都市や、シンガポールやマレーシアへ送り出そうとする人々も多い。パダンの中華料理からは、華人がマイノリティとして生き残っていくための戦略を読み解くことができる。喫茶店は屋台と提携することで地元の人たちへ商売の機会を提供し、レストランやカフェは、豚肉を避けつつ地域性の薄い料理を提供することで顧客の心をつかんでいる。パダンの中華料理からは、そんな人々の想いを読み解くことができる。

おわりに――東南アジア島嶼部の中華料理の展開

最後に、マレー半島とインドネシアにおける中華料理の特徴を振り返りつつ、さらなる展開について記しておこう。本章を通して見てきたように、中華料理は東南アジア島嶼部の習慣や食材と「チャンプル」することによって新たな食文化を形成している。なかでも、生トウガラシの多用は、マレーシアとインドネシアの中華料理の最も大きな特徴だろう。ただし、それは単に「中華なるもの」と「東南アジア島嶼部」の融合だけではない。マレー半島で生まれたコピティアムがインドネシアにおいて新たな展開をしているように、「中華料理」は人の移動とともに形態を変える運動体なのだ。

陳志明は、インドネシアやマレーシア、タイの中華料理が華人の再移住に伴いアメリカ、ヨーロッパ、オーストラリアに持ち込まれ、そして香港やマカオ、中国、台湾で定着していると言及し、これを中華料理が兼ね備えるグローバル性だと指摘する（Tan 2011b）。例えば、海南鶏飯などはマレー半島のみならず、いまや香港などでも定番の料理になっている。また、オーストラリアに暮らすマレーシア華人の多くは、中国本土からの移民が持ち込んだ四川料理などの「本場感の強い中華料理」より故郷の懐かしい味としてマレーシアで生まれた料理（ナシルマやロティ・チャナイ、ラクサなど）を好む（櫻田二〇一七）。「中華料理」は、今後も人の移動とともに新たな形態を獲得していくに違いない。

一方で、近年では、中国からの移住者を対象とした「オーセンティック」な中華を出す飲食店も現れるようになってきた。インドネシアでは数は少ないものの、首都のジャカルタには中国の各地方の料理を提供する店や、海底撈火鍋のようなチェーン店も展開している。またマレーシアの首都クアラルンプールでも中国から新しく入ってきた四川料理や新疆料理などの飲食店が増加している。興味深いことに、それらの本格的で珍しい中華料理が食べられる店や屋台は華人のみならず、マレー人やインド人など他民族集団も惹きつける新しいフードシーンとなっている。客の面前でパフォーマンスする手延べ麺の珍しさや、ハラール（清真）料理を提供することから、マレー人も食べられる中華料理としてSNSで紹介され話題となった店は客の長い列ができる。また、ハラール食材のみを使った飲茶チェーンDolly's Dim sumはマレー人の家族連れに人気がある一方で、華人客はほとんどいないという逆転現象も起きている。

とはいえ、本章で注目した西スマトラでは、新移民が少ないからだろうか、そのような店は現時点では見られない。もし今後いわゆる「ガチ中華」が出現するならば、「チャンプル」した中華の位置づけはどうなっていくのだろうか。「チャンプル」はそれすらを飲み込んでいくのか、あるいは別物として扱われるのだろうか。今後の動向を見守っていきたい。

参考文献

岩間一弘 二〇二一『中国料理の世界史——美食のナショナリズムをこえて』慶應義塾大学出版会。

古新居百合子 一九八八「シンガポールの食文化」・「マレーシアの食文化」木村春子他編『中国食文化事典』角川書店、一七三—一七四頁・一七五—一七七頁。

櫻田涼子 二〇一七「越境する「故郷の味」——オーストラリアにおけるマレーシアの飲食文化の展開」阿良田麻里子編『文化を食べる 文化を飲む——グローカル化する世界の食とビジネス』ドメス出版、二五一—二六六頁。

櫻田涼子 二〇二一a「メディアとしてのカフェ——コピティアムと消費されるノスタルジア」藤野陽平・奈良雅史・近藤祉秋編『モノとメディアの人類学』ナカニシヤ出版、一九一—二〇四頁。

—— 二〇二一b「マレー半島のチャイニーズの食文化——移民・都市・ジェンダー」『華僑華人研究』一八：九九—一一二。

周達生 二〇〇三『世界の食文化――中国』農山漁村文化協会。
陳優継 二〇〇九『ちゃんぽんと長崎華僑――美味しい日中文化交流史』長崎新聞社。
Erniwati 2016. *140 Tahun Heng Beng Tong: Sejarah Perkempulan Tionghoa 1876–2016*. Depok: Komunitas Bambbu.
Rahman, F. 2018. Kuliner sebagai identitas Keindonesiaan. *Jurnal Sejarah* 2（1）: 43–63.
Makmur, R. 2018. *Orang Padang Tionghoa: Dima Bumi Dipijak, Disinan Langik Dijunjuang*. Jakarta: Kompas Media Nusantara.
Tan, C.-B. 2011a. Cultural Reproduction, Local Invention and Globalization of Southeast Asian Chinese Food. In C.-B. Tan（ed.）, *Chinese Food and Foodways in Southeast Asia and Beyond*, Singapore: NUS Press, pp. 23–46.
――. 2011b. Introduction, In C.-B. Tan（ed.）, *Chinese Food and Foodways in Southeast Asia and Beyond*, Singapore: NUS Press, pp. 1–19.

第5章
タイ
Thailand

「タイになる」：分かち難く定着したタイにおける中国

プッティダ　キッダヌーン

一、不離一体の中国

中国の食は、タイと中国の長きにわたる関係の中で膨大な数の人々が中国からタイに渡った結果として、タイの食の体系に多大な影響を与えてきた。タイ華人、すなわち中国からタイに渡った移民の子孫たちはタイの人口の三～一六％を占めていて、ほぼ完全にタイ社会に同化しているのだが、依然として中国の慣習や言語はいくらか維持している。同時に、タイ政府による反中国移民政策によって、大多数の人々は中国籍を捨てた（Tejapira 2009）。中国のサブエスニックグループとしては、主に広東、潮州、客家《ハッカ》、海南島、福建の五つの方言グループを挙げることができる。

中国につながる人々の多くがタイに同化しており、タイへの移住の経緯やその数を正確には確定しづらいのと同様に、タイにおける中国の食もまた、特定の起源をたどりえない多様な材料、調理法、料理から成るために汎中国的だと考えられている。これは筆者自身のルーツとも類似していて、私たちの祖先は中国の福建地域からタイに来たが、タイ南部に定住してからは中国の親族とのやり取りは途絶えてしまったため、正確な出自はもうたどりえない。私たちはタイ社会に同化しており、私の姓も名も完全にタイのものであるし、中国語も全く話せない。このように中国人はタイ社会にすぐれて同化していて（Skinner 1957a）、タイの食のシステムと不可分な中国の食とまさに同様である。

本章では、王族とエリートによる中国の食の受容から始めて、移民たちがもたらした食、タイという近代国民国家建設の過程におけるナショナリスト政府の経済支援とタイ文化の確立政策によって創出された中国由来のタイの食、そしてそのようにしてタイ化された中国の食とは一線を画した近年のグローバルな中国メディアと資本の流入に駆動されるオーセンティックな中国の食の流行までを追い、タイにおける中華料理の展開と特徴を明らかにしたい。

二、歴史的な視野から見たタイにおける中国の食

タイの食の特徴とは

タイの食は三千年以上にわたり東南アジアおよびマレー諸島の食と共通の要素を持っており、さらに中国、西洋、インドなど外部との交流や交易の影響も受けてきた。とりわけ、魚醤、炒めた卵（Kai jeow）、麺などには、ローカルと中国との混淆が見て取れる（Wongted 2017: 12）。タイの食のシステムは、海外からの影響を受け入れるフレキシブルさにおいて非常に独特である。歴史的に見ると、スパイスはヨーロッパによる植民地化以前に中国やアラブの商人たちからもたらされた。モルッカ諸島のスパイスは混ぜ合わされて料理に使われ、その料理が米と一緒に食されるなど、多くのレシピに多大な影響を与えてきた。中国に由来する麺も同様である。スープのように調理されたり、炒められたりして、東南アジアの食の顕著な特徴となっている（Van Esterik 2008: 12）。こうしたスパイスと中国の食はタイで非常に一般的な存在である。

しかしながら、タイの食のシステムは決して植民化されることはなかったし、ヨーロッパの様式に染まってしまうこ

ともなく、むしろそうした要素を取り込み、あるいはいくつかを混淆させてきた。タイの食はその体系を保ったまま、すなわちタイの味への嗜好と食事の構造を変えることなく、常に新しい食べ物を取り入れてきたのだ。特に、米を他の主食に変えてしまうことは決してなかった（Van Esterik 2008: 15）。米と魚はタイと東南アジア大陸部の主たる食のセットである（Wongted 2017: 15–18）。

地理的にタイは赤道付近（バンコクは北緯一三度）に位置し、陸、海、山の様々な食材にアクセスでき、他に例を見ないほど生物学的に多様である。さらに、古くから幾多の帝国や中継貿易港に人々が行き交い、その一部が定住するようになった多様な文化のメルティングポットである。なかでも、タイと東南アジア全域に食も含めた文化へ最も顕著な影響を与えたのが中国とインドから来た人々であった。タイの食のシステムはローカルな食材に基礎をおいているが、味と調理の方法は外からの影響を受けている。中国から特筆すべき数の移民がやって来たこと、王宮に暮らす王族から庶民にいたるまでのタイの人々が中国の食を歓迎して取り入れたこと、そしてタイ社会における移民が中国の料理を作ったことが、今日におけるタイの食の基本的な形をつくる最も顕著な特徴となっている。

中国からの移民は様々な歴史的な資料に記録されている。歴史的に見ると、シャム人（一九三九年のタイ王国成立以前のタイ人の自己認識・呼称）は二千年ほど前から、スープ（清湯）、中華鍋で炒める料理、白菜や芥藍《かいらん》（アブラナ科の野菜）などの野菜等、様々な中国の料理を取り入れてきた（Wongted 2017: 182–187）。中国の食の軌跡は、タイが東南アジアの中継交易港であり、中国からの人々が他地域出身者たちのコミュニティのそばに定着したアユタヤ王朝期（一三五一～一七六七年）から初期のラッタナコシン朝（一七八二～一九三二年）までにより鮮やかに現れている。プラドゥーソンタム寺院の資料によると、王宮の門の内にも外にも中国人の市場があり、中国の食品や日用品を売っていた（Thai Historical Settlement Committee 1991）。ラッタナコシン王国期の初期以降、タイにおける中国人の人口は増え続けた。第二次大戦以前、中国外で中国人ルーツの人々が最も多く住んでいた地域が東南アジアであり、その中ではタイ（シャム）が最多であった（Skinner 1957a）。さらに、シャム政府、中国国民党、そして日本の記録によれば、一九一七年にはシャム人の人口の三分の一が中国系であった（Wongsurawat 2019）。中国の人々のコミュニティ、市場、そして中国の料理法の存在は、今日に至るまでの長きにわたって、タイにおける中国の食との顕著な関係性とその影響を示してきた。

タイ王族における中華料理

世界的に見ると、中華料理は、油とすすが壁にこびりついた、あまりきれいでないストリートの店のイメージに結び付けられるかもしれない。しかしながら、タイの中華料理の位置づけは他のストリートフードのようには低くない。むしろ、豊かな人々のステイタスを示していてさえいる（Wongyannava 2002）。中国の食は伝統的にエリートのためのハイクラスな食べ物だと考えられてきた。ナーラーイ王の治世であった一六八七年にアユタヤ王朝を訪問したフランスの外交官シモーヌ・ド・ラ・ルベールによる『シャム王国の新しい歴史関係』によれば、フランス外交団の歓迎パーティーで三〇種類を超える中華料理が饗された（La Loubère 1693）。さらに、アユタヤのラーチャブーラナ寺院には、中国人の料理人が王宮において料理を提供していたことを記した壁画がある（Wongted 2017: 197）。これらは、かなり早期からタイの王族において中国の食が確固とした地位を築いていたことを示している。

タイ（シャム）のすべての王は中国名を持っており、王族は疑いなく中国に出自があり、中国王朝との朝貢関係にもあった。注目すべきことに、中国の食もまた、日常生活と儀礼の双方において、タイの王家に重要な役割を果たしていた。チャクリー朝のラーマ二世の妻であったシィースリイェントラーのレシピには、燕のスープや餃子などが記されている（Kumpha 2022: 459）。また、王族の祖先祭祀においても中国の食を見ることができる。ハイクラスの中国の食はラーマ五世とラーマ六世の時代にゲーン・カオラオ（keang gao lao）と呼ばれる祖先への供物にも用いられていた。加えて、王宮や王族の住居では、特定の機会に中華料理を提供するために、常に中国の料理人を雇っており、例えばラーマ九世の結婚式では八種類の中華料理が出された（Rattanapan 2010: 57）。このように中国の食はタイ王族の料理として、日常の食事や祖先への主たる供物としても高い位置づけにあり、エリートのパーティーのディナーで振舞われもしていたのである。

富裕層のための中華料理――「アハーン・ラオ」

中国系商人の勃興と中国系移民の中間層の成長によって、ハイクラスの中華料理はさらに向上していった。タイの華人はタイ社会において経済的、文化的な側面において重要な役割を果たしている（Skinner 1957a）。シャム華人の子孫たち（ジーンシャム）は、タイ社会、特に旧エリート、王族、官僚の関係の中に同化することができた。高級な中華料理のレストランはタイのエリート階層の象徴であり、ラーマ六世の治世下のチャイナタウンにおいて設立された（Kumpha 2022: 106）。

アハーン・ラオはヤワラートのチャイナタウン（写真5–1）のレストランで調理された中華料理の総称である。その名の由来は、サンスクリット語・パーリ語由来のタイ語と中国語の混成であり、「アハーン（ahan）」は「食」を意味し、「ラオ（lao）」は「ガオラオ（gao lao）」の短縮形である。「ガオラオ」とは共通中国語の「高楼」（gao lou）の広東語の方言で、文字通り、「高い建物」を意味する。よってアハーン・ラオは、そうした高く立派な建物で澄んだスープを提供してくれるようなチャイナタウンの高級中華料理レストランの料理を指している（Wu and Laulertvorakul 2010: 156–157）。アハーン・ラオスタイルの中華料理は、裕福なエリートや王家の間で好まれる手の込んだ食事だと考えられている。その代表的な存在であるヤーッ・ファー・パッターカーン、中国名「海天楼」は、中国系の富裕層や重要な政治要人たちの贅沢な食事を象徴するレストランであった（一九八八年に閉店）。こうした豪華なレストランの中には、「クックショップ」（cook shop）と呼

写真5–1　バンコク・ヤワラート通りのチャイナタウン。China town scala というこのレストランは、フカヒレのスープが最も有名である（2022年）

ばれるスタイルの中国式西洋料理を出しているところもあった。それは牛タンのシチュー、グレービーソースのポークリブ、牛テンダーロインのサラダなど、海南島スタイルの西洋料理であった。今日に至るまで、中華料理と中国スタイルの西洋料理は、それらを消費する人の富を示すものであり続けている。特に、フカヒレとツバメの巣は、ヤワラートのチャイナタウンのアハーン・ラオと言えば連想される、素晴らしい料理である。

移民の食としての中華料理

庶民的な空間での中華料理は上に論じたものと完全に異なっていて、一般には下層の労働者のイメージに結び付けられる。タイの王制下で不足していた労働力を埋めるために、あるいは西洋の植民者たちとの契約による送り出し政策によって、中国人の苦力《クーリー》（移民系の下層労働者）がタイに来るようになっていた（Chanthavanich 1996: 123）。ウェットマーケット（wet market）と呼ばれる、あまり衛生的ではないイメージの市場や、賭場、アヘン窟、娼館などが中国人の苦力のたまり場となっていたので、中国の食べ物が下層のものとして認識された。

中国系移民たちの食べ物として最も代表的だったのがカオトムグイ（khao tom gui）と呼ばれる粥であり、これこそ彼らとその食べ物がタイ社会の中でいかに下層に位置づけられているかを示している。「カオトム」とは単に「白い粥」という意味であるが、問題は「グイ」には否定的な意味があるということだ。タイに出身者が多い中国潮州の方言では、「グイ」とは「鬼」であり、死者や幽霊を意味し、例えば大酒飲みを「酒鬼《ジウグイ》」、貧しい人を「窮鬼《コングイ》」と言うことから明らかな通り、この言葉は中国人車夫たちへの侮蔑語である（Thanaphatkul 2017）。つまり、「グイ」とは、こうした下層の不品行な人たちを指す言葉で、タイ社会における中国人のイメージを表していたのである。リクシャと呼ばれる人力車の車夫とタイの労働者についての歴史研究においては、カオトムグイが車夫たちの間で最もよく食べられる食べ物であり、車夫が苦力たちのたむろする店の前に車を止め、店の椅子に腰かけて、炒めた野菜、煮込んだ豚肉、しょうがと炒めたアヒル肉などとともに、箸を使って粥を食べていたことが明らかにされている（Bualek 1999: 87）。中国人苦力たちの粗雑なマナー、せわしない動きや大声は、タイ社会における中国人のあまりよくないイメージを形づくっていた。カオトムグイは、何とかやっていくために苦闘していたニューカマーたちが選んだ食べ物だったのである。食べ物はそれを消費する人たちの経済的な状況と密接に結びついている。とりわけタイにおいて中国の食べ物は粥屋に代表されるように下層を連想させ、カオトムグイと結びつけられた労働者たちが華人のイメージを形づくり表象していた。このように中国の食は、公共の空間における社会階層の差異化に大きく作用しているのである。

他方で、家庭料理について言えば、タイにおいて中国の食は階層によらず重要な役割を果たしている。中国からの移住者とその定住についての長い歴史があるタイにおいては、家庭料理と中華料理、特にタイ料理に取り入れられた中国の調理法である炒め物やスープを区別するのは不可能である。中華鍋を使い、鉄のおたまなどで調理する中国のやりかたはタイに深く根付いている。また、中国からの移民たちが持ち込んで栽培し、マーケットや中国系のコミュニティで売っていた中国由来の野菜もすっかり一般的になっている。さらに、ほとんどのタイの人々の台所には、濃いタイプと薄いタイプの二種類の醤油、オイスターソース、魚醤がある。これらはみな中国由来であり、タイ社会にすっかり定着した。化学調味料も多くの家庭にあり、中国と日本から来たもので、近年ではどこでも見かけるようになっている（Van Esterik 2008: 43）。家庭における中国の食は、そうとはっきり特徴づけられたり認識されたりすることなしに、ごく一般的なものであり、まるで中国からの移民が政治的にも文化的にもタイ社会に同化しているかの如くである。彼ら・彼女らは新しい中間層となり、タイにおいて、政治的、経済的、そして文化的に重要な役割を果たしているのである（Skinner 1957b; Baker & Pongpaichit 2014）。

三、「タイになる」——国民食としての中国由来のタイ料理の創造と確立

このように、中国の食は食材、調理方法、食事の形式の点でタイに深く根付いており、双方は長期間にわたり包含し

あい混淆しあってきたために完全に区別しえない。しかしながら、タイという国民国家の建設期（一九三八～一九五七年）は、中国の食が特に積極的に受け入れられた時期であった。政治システムの変化と冷戦による不況の後、家庭料理における中国の食はこの時期の政府による政策によって経済発展を支えるために用いられたのである。それは、ほとんどの中国の食が、米や野菜や卵、さらにとりわけ麺という、タイで生産できる簡単な材料でつくることができたためであった。米はタイの主食であったが、第二次大戦後の経済危機のために、中国の米の麺が国民の栄養改善計画を促進するための栄養食とされるようになったのである。

写真５－２　グイティアオ。米の麺、スライスした肉、肉団子、もやし、ねぎ、コリアンダー、ナパキャベツが入っている（2023年）

国民国家建設政策とグイティアオ

絶対君主制から立憲君主制への変革を実現した一九三二年の立憲革命の後、国家は様々な食消費のあり方の修正に乗り出した。人々の味覚の変化は政府によって方向づけられたものであり、この新時代の食べ物になった中国の食の一つがグイティアオ（粿條、写真5－2）である。

政府は革命後の新しく強力な国家建設のために健康的な国民を創出しようと、栄養を強調した（Muksong 2022: 185）。グイティアオはエリートや中間層に軽蔑されていた下層の中国の食であったが、ナショナリスト路線でタイを統治したピブーン元帥は人々にこの麺を食べることを奨励した。彼は中国式の麺が栄養豊富で美味であることを示したが、最も重要な貢献は、麺料理を食べることが、米、もやし、野菜、肉といった材料の生産者を支え、そしてそれがタイ経済を支えるという互恵関係にあるということであった（Suwanit 1991: 167）。ナショナリストの政府はグイティアオを政府の建物で売るというプロジェクトを支え、あらゆる方面において販売者を支えるための法を施行した（Muksong 2022）。こうして政府によって示された通り、中国スタイルの麺は経済的なメリットと国民のウェルビーイングを統合し、下層のイメージであった中国の食べ物をタイ社会における主食に変えた。元は中国由来の食であったグイティアオは完全にタイの人々の料理になったのであり、実際にこの麺料理を食べることがタイの国民国家を支えたのである。

パッタイの政治的創造

グイティアオに次いで、タイに深く定着した中国由来の食がパッタイである。タイでは、パッタイはタイの国民的な食べ物であると考えられている。「パッタイ」というその名前からして、「炒める」という意味の「パッ」に、「タイ」という国名がつけられていることからも明らかな通り、他の麺料理、特に中国の麺料理との違いが強調されている。しかし、パッタイは中国人がタイに来てからできたものだし、中国にその起源をたどることができる。では、中国の麺料理がいかにしてタイ料理を代表するようになったのだろうか。パッタイの興味深い起源をタイの文化と政治の視点から見てみよう。

パッタイは冷戦期の困難な時代に、国民国家としてのタイ（当時はシャム）確立のために社会を統制するという軍政府の方針のもとで振興された。そこで重要な概念は「タイ化」である。「タイ化」（Thai-ization）とは、外見、振る舞い、儀礼、超自然的な力などを取り入れることで、国民国家であるタイを構成する「タイ人」になることを説明するためのコンセプトである（Eoseewong 2016）。このタイ化、すなわち「タイになる」というプロセスへの着目は、タイ社会において新しく創出されたパッタイの意味と存在を理解するために有効である（Khuntikeaw 2001: 8）。

なぜ他の料理ではなく、他でもないこの中国の炒めた麺の普及が促進されたのか。多くの研究では二次資料や年配者の記憶の語りによって、パッタイはピブーン政権時代（一九一四～一九五七）に新たに創出された料理であることが示されている（Kasetsiri 2001; Kesabud 2011）。ただ、それを確証づける具体的な根拠は実はないのだが、パッタイにはナショナリストの力によって支えられた新たな政治的・文化的な意味が付与されて創出されたことは確かである。ピブーン政権の時代には、移民への税の引き上げや、政府の建造物および学校内での中国の業者の経済活動の禁止といった反中国政策がとられた（Wittayasakpan 1993: 248）。タイ化とは、こうした反中国政策と呼応する現象である（Kesetsiri 2001: 223）。麺、豆腐、干しエビ、ニラ、卵、もやしといった身近で安価な材料を使うパッタイには、冷戦期の経済危機に対応するという意図が付された。麺は割れた米から作るものだし、また政府は家庭でもやしを育てるキャンペーンを展開しており、さらに「第七号国民信条」はタイ市民に鶏を育て卵を得ることを奨励していた（Kaysabutra 2011）。こうした政策と活動は、単に政治的な方向性にとどまらず、市民社会の深いところにまで影響を及ぼした。

興味深いことに、パッタイという名称自体は、冷戦期にタイに駐留したアメリカ軍とアメリカからの観光客に対応するために設けられた観光開発・促進機関の文書において使われたのが最初である（Muksong 2022: 92–95）。こうして外向けにも示されたパッタイの消費促進は、いかにタイの国家がグイティアオに代えてパッタイをタイの食文化としてコントロールし方向づけたかを示している。中国と切り離し、タイの食文化を打ち立てるという、まさに国民国家形成のプロセス。パッタイはその傑出した例なのである。

パッタイはいかにタイの国民料理になったか

タイの無形文化遺産には二〇の食品と栄養のカテゴリーが登録されている。食べ物としては、トムヤムクン、パッタイ、サムラップ・アハーン・タイ（トレイで供されるタイの料理）の三つがリストに入れられている（Thai-styled cuisine served with tray）（Intangible cultural heritage of Thailand 2018）。前述の通り、パッタイは、起源や材料の点でタイのものであったことはないのだが、中国スタイルの炒め麺が「タイ」という名前を付されてタイの国民食とされたものである。中国語では、「泰式炒河粉」（タイスタイルのライスヌードル炒め）と記される。政府が主導する政策はタイ社会におけるパッタイの確固たる位置づけに大きな影響を及ぼした。パッタイは冷戦期の経済危機を救った料理なので、グイティアオとパッタイのレシピはタイ国家によって編集された料理本に記載されている（Khowiboonchai 2013: 88）。タイ政府はタイ国家の主食としてこれらの料理を奨励するために、当該の料理本を人々に配布したのであった。

次の段階においては、パッタイはそのかたちと意味を変えていった。当初のような軍政府による厳格な規定から解き放たれ、レシピと材料を様々に変えて、タイの国民食になった。例えば、通常のパッタイはエビを使うが、卵で包むものが考案された。味についてもまた新しい風味を取り入れており、特にソースは特定の食材を用いてローカルなアイデンティティを示すスタイルが確立している。乾燥エビの代わりに塩漬けした茹でたエビを加えるパッタイは、バンコクのチャイナタウンの中国屋台で一般的である。東北タイではソムタム、すなわちスパイシーなパパイヤのサラダと食べるし、タイ南部のチュムポーンではココナッツミルクとカニを用いる。パッタイの多様化は、材料と調理法における多様化を通してパッタイが国民食になったことを明確に示している。

最後に、タイ料理としてのパッタイがグローバルな文脈においてオーセンティシティを保持するために、政府によってコントロールされている状況について述べておこう。「タイセレクト・ユニーク」は、オーセンティックなタイ料理を広めるために二〇一八年に開始されたキャンペーンである。タイ政府は、タイ料理が国際的にどのように認知されているかに関心を持ち、海外にあるレストランがレシピの変更や材料の不足といった問題を抱えていることに気が付いた。タイの商務省は海外でのタイ料理のビジネスを向上させるためのモデルを立ち上げるとともに、タイにおけるタイレストランのスタンダートを定めた。「タイセレクト・ユニーク」はタイのアイデンティティとなる食べ物を示したのであり、パッタイはこのカテゴリーに入れられた食べ物の一つであった（The momentum 2018）。中国の食べ物からオーセンティックなタイの食へと完全に変わったパッタイは、グローバルな場面においては国内市場のように売り手の新たなメニューの創出を認めるのではなく、タイであることと、パッタイのオーセンティックな味を強化するための規定が作られたのである。興味深いことに、パッタイはタイ国内では多様化が、海外においてはオーセンティックな様式がそれぞれ追求されるという対照的な対応がとられているのだ。

四、中国本土からの新たな中華料理の波

麻辣で行こう！

麻辣とは、今日のタイにおいて誰もが知っている非常に一般的な食べ物のジャンルである。この強く刺激的なスパイスの香りを放つ四川料理は二〇〇〇年代後半における中国の料理の新しいイメージを形づくっており、かつてのグイティアオなどの麺類や政府が創出したパッタイのようなタイ料理の一部になった中国の食とは完全に隔たっている。同時に、タイの人々は四川のスパイスである花椒と結びつけて新しい中国の食を定義づけているから、タイのコンテクストにおいて「麻辣」という語は中華料理の傑出したイメージになっており、中国のものとも大きく異なっている。

タイの人たちが好む四川料理は二つある。一つは「ピンヤンマーラー"ping ying mala"」（写真5-3）、すなわち麻辣パウダーで味付けされた串焼きであり、最も人気のある中国の食べ物だと考えられている。ここ数年、タイ北部、とりわけチェンマイやチェンライではこうした串焼き店が劇的に増加している。

出始めた当初、ピンヤンマーラーは「ピンヤン雲南」と呼ばれていた。中国の串焼きは「焼烤《シャオカオ》」と呼ばれ、雲南の昆明に多くの店舗がある。ピンヤンマーラーの売り手は、タイでこうした中国の串焼きを最初に売り始めたのはチェンライのメーサーイ群に住んでいた雲南系の中国人だと語った。タイと雲南の国境までは二五〇㎞と近いために、あらゆる材料に容易にアクセスできる（The Momentum 2017）。それが出始めの"ping ying mala"の原型であった（Silpamag 2020）。やがてピンヤンマーラーは、小さな屋台で仕事終わりに食べるストリートフードとしてのスナックから、デパートの立派なレストランで楽しむ食事としてまで、極めて人気の食べ物になったのである。

現在のタイで人気の中国の食べ物の二つ目は、「スキー・モー・ファイ」（suki mor fai）、すなわち中国のスパイシーな

火鍋であり、インターネットで旋風を巻き起こしている。興味深いことに、タイで二〇二〇年に新しくオープンしたレストランのうち、火鍋店の数が最も多く、全体で二七万店を数えた。日本のすし店と韓国料理のレストランの増加は三万軒だったので、その九倍にもおよぶ火鍋店の増加はタイにおけるその人気を示している。商務省の公式報告によると、二〇一五年からタイは中国のスパイスの最大の輸入国であり、その額は約一億五千万バーツに上った（The momentum 2017）。火鍋レストランの中には、材料とスープがベルトコンベアで回転して運ばれてくる方式のもの、飲み物が王老吉（中国でポピュラーな漢方テイストの清涼飲料水）や冬瓜茶など、すべて中国のものというユニークな店もある。

中国のソーシャルメディアは火鍋のトレンドの主要な発信源になっている。インターネット上のホットな現象になった最初期の中国火鍋は「スキー・チンダー」（Suki Jinda, 金達火鍋）である（MGR online, 2023）。タイのティックトッカー（Tiktokers）は、二〇一九年にタイに中国火鍋を紹介したツアーガイドに起源がある。この中国火鍋レストランは、このタイプのレストランをレビューして広める主たるアクターであり、若者やティックトックユーザーが新しいタイプの中国火鍋に親しむようになった。ソーシャルメディアを使ったプロモーションキャンペーンが行われていて、そこではユーチューバーが若い世代に向けてレストランのレビューをし、すべてが中国から直接輸入したオーセンティックな中華料理であることが強調されている（Prachachat 2023）。

写真５−３　チェンマイの人気店のピンヤンマーラー（麻辣パウダーがかかった中国式串焼き。ピンヤンとはタイ語で「グリル」を意味する、2023年５月筆者撮影）

タイの文化政治における中華料理の新たなイメージ

このように、ソーシャルメディア、とりわけ Tik Tok の隆盛がタイの中国の食に影響を及ぼしており、スパイシーな四川料理の人気に特にそれが顕著である。過去の中国の食べ物は、タイの文化政治において、王族などのエリートによって消費され、また近代国家の建設期に強固に方向づけられた政策によってタイに同化していった。もとは中国の麺のパッタイしかり、他の炒め料理やスープしかり、それらはもはや中国の食とは見なされていない。しかし、今日タイで流行している中国の食べ物の多くは、麻辣パウダーをかけた串焼きやスパイシーな火鍋など麻辣系のストリートフードと関連付けられている。串焼きはタイとの国境に近い雲南省からの影響を受けたが、中国のポップカルチャーとメディアの巨大なフロー、およびすぐれたインフラがなかったら、これほどまでに人気にはならなかっただろう。こうした新しいメディアへの露出は、タイでこれまで展開してきたものとは全く別の、新しい中華料理のイメージを作り出している。それは本土出身の中国人がオーセンティックなコンセプトをまとわせた火鍋をプロモートするために採用したやり方であった。

また、串焼き麻辣と火鍋の人気は、タイにおけるライフスタイルだけでなく、中国の食べ物の新しいイメージにも影響を及ぼしており、さらにタイにおいて中華料理のレストランを開こうという中国の投資家たちに新しいビジネスチャンスも提供している。フワイクワーン地区はバンコクにおいて新たな中国の投資が集中する地区であり、多くの中華料理のレストランがあるので、第二のチャイナタウンと呼ばれつつある。投資は主に中国大陸からのニューカマーによって中国レストランになされていて、そうしたレストランでは七〇％以上の客がタイ人である。中国の食の新たなイメージが、ソーシャルメディア産業と巨大な投資を通して、タイと他の東南アジアに流れ込んできている。そこではオーセンティシティが強調され、グローバルな規模で中国であることの自信が強調されているかのようである。

おわりに

年代順に見ると、タイ料理はタイに長く定住する中国のディアスポラによってその多くが構築された。タイと中国東南部では主な食事として米、魚、豚が好まれるという類似性のために（Skinner 1957b: 237–250）、タイでは双方の食が受け継がれた。その中で中国移民の発展、およびタイ人と中国人との関係性がタイの食の嗜好に大きな影響を与えてきた。

本章での三つの時代区分に従えば、初期は、中国の食べ物が王宮や王族たちの間で親しまれるようになった時期である。中国の食は王家の記録に頻繁に言及されているし、今日でもかつての王たちへの祖先祭祀に用いられている。また、階層によって異なる食の状況があり、エリートや裕福な者たちはアハーン・ラオと呼ばれたハイクラスの食を楽しみ、粥に代表される下層の食は非熟練の労働者に結び付けられていた。次いで、国民国家の建設期における政策が中国の食をタイの食へと変えていった。グイティアオとパッタイは、冷戦下の不況に対処するための食べ物として政府から手厚い保護を受けて創り出された食の最も顕著な例である。三つめは、中国の食べ物のモダンなイメージが中国のポップカルチャーとソーシャルメディアの巨大なフローと結びついていることである。とりわけ、麻辣スパイスを使った四川料理は、タイの人々がオーセンティックな中華料理を求める際の新しいアイコンとなっている。タイにおける中華料理は、中国の食材、調理法、そしてより重要なことに、社会・文化・経済の影響との統合をともなってタイ料理を導いてきた。中国とタイとを行き来する人の流れと双方の強い結びつきは、特筆すべき食の同化と混淆をもたらしてきたのである。

タイにおいてオーセンティックな中国料理を消費するという新しいトレンドは、ソーシャルメディアプラットフォームと、中国大陸出身の投資家が所有する中国レストランへの容易なアクセスからの影響によるものである。そこでは、すべての食材を中国から輸入して調理したオーセンティックな料理と、タイの人々がTik Tokや他のソーシャルメディアプラットフォームを通して理解するその食べ方のスタイルがプロモートされている。タイにおける過去の中華料理は、中国がイメージされる食を政府がタイの食へと変えて同化させたものであった。しかし、最近の中国の食は、国家建設を意図する政府の政策対象としてではなく、自由な交易と消費のフローによって、現地へのアレンジなしに、タイにおいてよりポピュラーなものになっている。今日のタイの人々はオーセンティックな中国のスパイシーな火鍋や、特に麻辣という新しい中国性をまとった料理を味わいたいと思うようになっている。興味深いことに、それらはタイ人の味覚にかなってはいるのだが、直接中国から入って来たものなのである。

参考文献

Baker, C. & Phongpaichit, P. 2014. *A History of Thailand* (3rd ed.). Port Melbourne, Australia: Cambridge University Press.

พรรณี บัวเล็ก. 1999. *กุลีลากรถกับประวัติศาสตร์แรงงานไทย*. กรุงเทพฯ: สำนักพิมพ์พันธกิจ. (Bualek, P. 1999. *Rickshaw Pullers and History of Thai Labor*. Bangkok: Pantakit Publishing.)

สุภางค์ จันทวานิช. 1996. *จีนแต้จิ๋วในประเทศไทยและในภูมิลำเนาเดิมที่เฉาซัน สมัยที่สอง ท่าเรือซ่าน โถว ค.ศ. 1860–1949 (พ.ศ. 2403–2492)*. กรุงเทพฯ: ศูนย์จีนศึกษา สถาบันเอเชียศึกษา จุฬาลงกรณ์มหาวิทยาลัย. (Chantavanich, S. 1996. *Teowchew Chinese in Thailand and the Origin in Chaosan, Second Period in San Tou Port 1860–1949*. Bangkok: Chinese Studies Center, Chulalongkorn University.)

นิธิ เอียวศรีวงศ์. 2016. *ความไม่ไทยของคนไทย*. กรุงเทพฯ: มติชน (Eoseewong, N. 2016. *Of Not Being Thainess of Thais*. Bangkok: Mathichon.)

Intangible cultural heritage of Thailand. 2018. *Knowledge and Practices Concerned Nature and Universe*. Retrieved 10 May 2023, from https://ich-thailand.org/heritage/national

ชาญวิทย์ เกษตรศิริ. 2001. *ประวัติการเมืองไทย 2475–2500*. กรุงเทพฯ: สำนักพิมพ์ดอกหญ้า. (Kasetsiri, C. 2001. *History of Thai Politics, 1932–1957*. Bangkok: Dokya Publishing.)

ปรัศนีย์ เกศะบุตร. 2011. การรณรงค์เรื่องการกินและการประกอบอาชีพขายก๋วยเตี๋ยวกับนโยบายสร้างชาติของรัฐบาลจอมพลป.พิบูลสงครามในพ.ศ. 2485–2487. *BU Academic Review* 10 (1): 136–149. (Kesabud, P. 2011. The Consumption Campaign and "Kuay Teow" Vendors and Thai State Construction of Field Marshal Plaek Phibunsongkhram, 1942–1945. *BU Academic Review* 10 (1): 136–149.)

พูนผล โควิบูลย์ชัย. 2013. การต่อรองเชิงอำนาจและการเปลี่ยนแปลงความหมายของผัดไทย: จากเมนูชาตินิยมสู่อาหารไทยยอดนิยม. *วารสารภาษาและวัฒนธรรม* 32 (2): 75–89. (Khowiboonchai, P. 2013. Power Negotiation and the Changing Meaning of Pad-thai: From Nationalist Menu to Popular Thai National Dish. *Journal of Language and Culture* 32 (2): 75–89.)

Khuntikeaw, P. 2001. *A History of the Process of Thaization among the Karen at Ban Phae Village, Mae Sariang District, Mae Hongson Province*. Unpublished thesis, Chiang Mai University.

อาสา คำภา. 2565. *รสไทย (ไม่) แท้: ถอดรูปทิพย์อาหารไทยในสนามการเมืองวัฒนธรรม* (พิมพ์ครั้งที่ 2). กรุงเทพฯ: มติชน. (Kumpha, A. 2022. *(Un) authentic Thai Taste: Demystify Thai Food in Cultural Politics* (2nd ed.). Bangkok: Matichon.)

La Loubère, S.D. 1693. *A New Historical Relation of the Kingdom of Siam by Monsieur De La Loubere: Envoy Extraordinary from the French King to the King of Siam in. the Years 1687 and 1688* ; done out of French, by A.P. Gen. R.S.S. Printed by F.L for Tho. Horne, Francis Saunders . and Tho. Bennet.

ศุภกร เลิศอมรมีสุข. 2013. *พัฒนาการของคำยืมภาษาจีนที่ปรากฏในพจนานุกรมไทย*. มหาวิทยาลัยศิลปากร. (Leardamonmeesuk, S. 2013. *The Development of Chinese Loanwords in Thai Dictionaries*. Thesis, Silpakorn University.)

Market think. 2023. *ทำไม ธุรกิจ "ร้านหม้อไฟจีน ถึงกำลังมาแรง ในบ้านเรา ?"* (Market think. 2023. *Why "Chinese Hotpot Restaurants" is Popular in Our Country*) Retrieved 9 May 2023, from https://www.marketthink.co/35950

ผู้จัดการออนไลน์, 2023. *ส่องกระแส "หม้อไฟหม่าล่า" "เผ็ดลีนชา" มาแรงทั่วไทย*" (MGR online. 2023. *Chinese Hotpot, the numb of tongue, why is it popular*?) Retrieved 20 June 2023, from https://mgronline.com/daily/detail/9660000044167

ชาติชาย มุกสง. 2022. *ปฏิวัติที่ปลายลิ้น: ปรับรสชาติอาหารการกินในสังคมไทยหลัง 2475* (พิมพ์ครั้งที่ 2). กรุงเทพฯ: มติชน. (Muksong, C. 2022. *Tongue's Revolution: Changing Way of Taste and Food in Thai Society after 1932* (2nd ed.) . Bangkok: Matichon.)

ประชาชาติ. 2023. *"ห้วยขวาง" ไชน่าทาวน์ 2 ทุนจีนยึดธุรกิจ-เปิดร้านอาหารพรึบ* (Prachachat. 2023. *"Huai Khwang" The Second Chinatown, Chinese Investment Dominate the area and Open Abundant of Restaurants*) Retrieved 9 May 2023, from https://www.prachachat.net/prachachat-top-story/news-1185174

แถมสิน รัตนพันธุ์. 2010. *เย็นศิระเพราะพระบริบาล กับ... ลัดดาซุบซิบ*. กรุงเทพ: กรีนปัญญาญาณ. (Rattanapan, T. 2010. *We are Secure and Peaceful Because of Your Royal Highness Rule by Ladda Supsip*. Bangkok: Green Panyayan.)

ประวิทย์ สุวณิชย์. 1991. *วัฒนธรรมก๋วยเตี๋ยว*. กรุงเทพ: สารคดี. (Suwanit, P. 1991. *Kuey Teow Culture*. Bangkok: Sarakadi.)

Tejapira, K. 2009. The Misbehaving Jeks: The Evolving Regime of Thainess and Sino-Thai Challenges. *Asian Ethnicity* 10 (3): 263–283.

The momentum. 2017. *'หม่าล่า' เผ็ดชาสไตล์จีน บนมื้ออาหารคนไทย* (The momentum. 2017. *"Mala" Chinese Style of Numbness on Thai Cuisine*) Retrieved 10 May 2023, from https://themomentum.co/mala-chinese-spices/

——. 2018. *สัญลักษณ์ 'Thai SELECT' เขาคัดเลือกกันอย่างไร?* (The momentum. 2018. *How to Gain the "Thai Select" Title?*) Retrieved 19 June 2023, from https://themomentum.co/what-is-thai-select/

ศิลปวัฒนธรรม. 2020. *ความจริงของ "หมาล่า" ปิ้งย่างสไตล์สิบสองปันนา คำที่ไม่ได้เรียกชื่ออาหารแบบที่เข้าใจ* (Silpamag, 2020. *The Truth of*

"Mala" as BBQ in Xishuangbanna: The Word that are Not Used for Calling the Food as You Understand) Retrieved 9 May 2023, from https://www.silpa-mag.com/culture/article_7732

Skinner, G. W. 1957a. *Chinese Society in Thailand: An Analytical History*. Ithaca: Cornell University Press.

——. 1957b. Chinese Assimilation and Thai Politics. *The Journal of Asian Studies* 16 (2): 237–50.

คณะกรรมการชำระประวัติศาสตร์ไทย. 1991. *คำให้การขุนหลวงวัดประดู่ทรงธรรม เอกสารจากหอหลวง*. คณะกรรมการชำระประวัติศาสตร์ไทย สำนักงานเลขาธิการนายกรัฐมนตรี. (Thai Historical Settlement Committee. 1991. *Testimony of the King from Wat Pradu Songtham*. Bangkok: Office of the Prime Minister (Thailand).)

พชร ธนภัทรกุล. 2017. *คุยเรื่องข้าวต้มกุ๊ยจากแง่มุมด้านภาษา* (Thanaphatkul, P. 2017. *Talking about "Khao Tom Gui" in Linguistic Perspective*) Retrieved 10 May 2023, from https://mgronline.com/china/detail/9600000045593

Van Esterik, P. 2008. *Food Culture in Southeast Asia*. Westport, CT: Greenwood Press.

จิรพร วิทยศักดิ์พันธุ์. 1993. นโยบายวัฒนธรรม ของจอมพล ป. พิบูลสงคราม. ใน ชาญวิทย์ เกษตรศิริ (บ.ก.), *จอมพล ป. พิบูลสงครามกับการเมืองไทยสมัยใหม่*, กรุงเทพฯ: มูลนิธิโครงการตำราสังคมศาสตร์และมนุษยศาสตร์ หน้า 228–350. (Wittayasakpan, J. 1993. Cultural Policies of Field Marshal Plaek Phibunsongkhram. In C. Kasetsiri (ed.), *Field Marshal Plaek Phibunsongkhram and Modern Thai Politics*. Bangkok: The Foundation for the Promotion of Social Sciences and Humanities Textbooks Project, pp. 228–350.)

สุจิตต์ วงษ์เทศ. 2017. *อาหารไทย มาจากไหน?* (พิมพ์ครั้งที่ 2). กรุงเทพฯ: นาตาแฮก. (Wongted, S. 2017. *Where is Thai food from*? (2nd ed.). Bangkok: Natahek.)

Wongsurawat, W. 2019. *The Crown & the Capitalists: The Ethnic Chinese and the Founding of the Thai Nation*. Settle: University of Washington Press.

ธเนศ วงศ์ยานนาวา. 2002. ความเป็นอนิจจังของอาหารจีนชนชั้นสูงในกรุงเทพ: การเดินทางสู่เส้นทางของอาหารประชาธิปไตย. *จุลสารไทยคดีศึกษา* 19 (2), 42–51. (Wongyannava, T. 2002. Transformation of Chinese Haute Cuisine in Bangkok's Chinese Restaurants. *The Journal of Thai Khadi Research Institute* 19 (2): 42–51.)

Wu Shengyang; อนันต์ เหล่าเลิศวรกุล. 2010. มอง"เกาเหลา"จากแง่มุมวัฒนธรรมอาหารการกินของคนแคะ. วารสารจีนศึกษา (Wu Shengyang; Laulertvorakul, Anant. 2010. On Chinese-loan Word kɑo33 lɑo24: A Hakka Food Culture Perspective. *Chinese Studies Journal* 3 (3): 154–170.)

第6章

インド India

インド中華からデーシーチャイニーズへ

小磯千尋

インドの国土は日本の約九倍、ヨーロッパ全土がそこに収まってしまうほど広大で、人口は二〇二三年度に中国を抜き一四億二八六〇万人をこえる大国である。広大なインドには多様な民族が暮らし、異なる言語を話し、多様な宗教を信仰している。気候風土が異なり、主食も異なれば人々の味覚も多様である。そのようなインドをひとまとめに「インド」として語るのは非常に難しい。

ここでは、インドにおける中華料理の発祥の地ともいえるコルカタと首都デリー、商業都市ムンバイと筆者が長く暮らしたマハーラーシュトラ州のプネーの事例を通して、中華料理がローカライズして「インディアン・チャイニーズ（以下：インド中華）」が広まり、人々に受容され、新たに「デーシー（国産）チャイニーズ」として家庭料理にも浸透していくプロセスを見ていく。

インド社会は一九九一年の経済自由化政策を境に大きく変化する。この政策によって都市新中間層と呼ばれる消費経済を担う層が誕生した。二〇〇〇年代に入ると各地の郊外に巨大ショッピング・モール（以下モール）が建設され、そこに併設されたフードコートにはインド中華をはじめ、多国籍料理店が軒を連ね、今まで保守的と言われていたインドの人々も新しい味に出会うようになる。また、都市部を中心に料理のデリバリーが電話一本で可能となり、手軽に各国料理が家庭や職場で食べられるようになった。インド中華が身近になると、家庭でも手軽なインド中華が作られるようになる。それを後押ししたのが、第四節で詳述するChing's Secret（清密）のインスタント中華調味料である。こうしてインド中華は家庭料理としての位置も獲得しつつある。

一、インド料理と中華料理――その親和性

インドの宗教と食（菜食・非菜食　浄・不浄）

インドの人口の八割弱を占めるヒンドゥー教徒にとって、食に関して一番重要なのは菜食か非菜食かということである。菜食と非菜食はヒンドゥー教徒を律する「浄・不浄」の概念と密接に結びついている。ヒンドゥー教徒の生活規範や社会秩序を記した『マヌ法典』では「死、血・唾液・目ヤニ・耳垢・毛・フケ・汚物からの排出物、左手」などが不浄とされている。この不浄という概念は触れることによって感染し、病気や害を及ぼすと信じられているため、衛生観念と重ならない部分もある。肉は死と血に触れるために、人はその肉に触れることにより「不浄」になってしまう。そうなってしまったら浄化儀礼で清めなければならない。それゆえ、厳格なヒンドゥー教徒は肉食を避ける。

インド政府の統計によると、菜食者は年々減少傾向にあり、二〇一四年には三割弱となっている。表6-1から分かるように、インド全体で二〇年の間に非菜食者の割合が二割弱増加している。菜食者の減少については諸説あるが、特に都市新中間層の経済力が食の嗜好に変化を及ぼしていることが言われている。実際、ワインなどアルコールの消費も都市部で伸びている。

食品管理の観点から、商品表示にも菜食や非菜食かが一目で分かるマークが導入された。四角いマスの中に緑の●が

菜食のマークで、これは二〇〇〇年から、四角いマスに茶色の●は非菜食のマークで、こちらは二〇〇二年から法令で義務付けられた。すべての食品は商品名の近くに必ず茶色か緑の●が付けられている。商品だけでなく、レストランやレストランのメニューにもこのマークが取り入れられている。この制度はレディーメイド製品の普及に伴い、文字が読めない人たちへの配慮から導入されたと言われている。

インド料理とは

「インド人は毎日カレーを食べているのか?」とよく訊かれるが、答えは「NO」である。インド人は日本人が想像する「カレー」を毎日食べているわけではない。あまりにも雑駁な定義になるが、インド料理とは「素材を油とスパイスやハーブで炒め煮した惣菜と豆のスープを基本にした料理」である。ターリーと呼ばれるステンレス製の大皿によそわれた料理を自らの清浄な右手で混ぜて口に運ぶのが一般的だ。ターリーは絵具を混ぜるパレットのようなもので、皿の上で混ぜて好みの味を作り、口に運んだその味が、もしかしたら日本人が想像する「カレー」に近いかもしれない。塩が足りなかったから塩をつけ足し、辛味が足りなかったらピクルスや薬味のチャトゥニー(チャツネ)で味を調節する。

油とスパイスが料理の味を決めるため、油の違いが地域の味の差となっている。北や東の辛子油、南のココナッツ油、西のラッカセイ油、その他、パーム油、ヒマワリ油、ダイズ油などそれぞれ個性豊かな味わいを出している。

暑い地域では辛い味が好まれ、生の青トウガラシ、赤トウガラシ粉、胡椒などが多用される。北インドではクリームやナッツを使ったマイルドな味が好まれる傾向にある。海岸近くでは魚をはじめとする海産物も食べられている。主食も降雨量の差によって、

表6－1　非菜食者の割合

調査年	インドの非菜食者の割合(%)
1993-94	56.7
2004-05	58.2
2011-12	62.3
2014	71.0

(注) Government of India, *Ministry of statistics and program Implementation*, 2014より作図。

コムギ、コメ、雑穀に大別される。北、西インドではコムギ、南や東インドではコメが、デカン高原では雑穀が主食となっている。

油とスパイスが決め手となるインド料理は中華料理ときわめて親和性が高いといえる。また、肉を使わない菜食メニューによって、より広くインド人に受け入れやすかったことが推測される。

二、インドの中華料理の歴史概観

インドのチャイナタウン

インドの中華料理の歴史を見る前に、インドの華人社会について簡単に触れておきたい。インドにチャイナタウンと呼ばれる地区は東部のコルカタにのみ存在する。イギリスは一六〇〇年に東インド会社を設立して、コルカタ（カルカッタ）、ムンバイ（ボンベイ）、チェンナイ（マドラス）を拠点に、インドの植民地化を推し進めた。特にコルカタはイギリス植民地時代の首都として発展した。そのコルカタに中国人が移住してきたのは一七七〇年代からといわれている。広東出身の貿易商が英国東インド会社の許可を得てサトウキビ農園や製糖工場を開いたのが始まりだという。一九三〇～四〇年代は日本の中国侵略を逃れた人々が大勢移住し、最盛期の五〇年代から六〇年代には六万人前後の人が暮らしていた（山下 二〇〇九：三四―三五）。

その中では広東省出身者が多く、広東人はおもに木工職人や大工業、客家《ハッカ》人は皮革業に従事していた。湖北人は入れ歯医師が少なかったインドで貴重な歯科医として活躍した。一九六二年の中印国境紛争を期に華人人口は激減する。富裕な華人はカナダや香港などに再移住し、貧しい華人だけがインドに残ったといわれている。コルカタだけでなく、インドの地方都市には一九七〇年代から中国人経営の中華料理店、美容パーラー、歯医者などが同じエリアで営業していた。

コルカタには現在二つのチャイナタウンがある。一八世紀に形成されたコルカタ中心部のティレッタ・バザールと二〇世紀に形成されたタングラ地区である。前者は旧チャイナタウンと呼ばれている。タングラ地区は湿地帯のため農業には適さなかったため、ここに皮革工場が建設された。のちに工場から出る異臭と排水が問題となり、一九九五年には州政府から移転命令が出された。これにより中華系の工場主たちは長年運営していた皮革工場を改造して、中華料理店に転職する（小林 二〇二〇：二〇二―二〇三）。廃業前の工場を再利用しているため、広い敷地の奥の大きな建物を改装してレストラン営業を行っている。

一九五〇年代までは四万人以上の華人がいて、大きな存在感があった。それが今では五千人足らずに減った（竹内 二〇〇五：一九二）。中印国境紛争の際に、強制送還に加え、不当に解雇され生活が困窮した華人が国外に逃れた結果である。衰退が著しいコルカタの二つのチャイナタウンであるが、近年、中国企業の対印投資も増えたなか、コルカタ市政府と組みチャイナタウンを再興しようと動き出す華人がいる。シンガポールの企業や個人だ。「チャー・プロジェクト」と銘打って、「旧中華街」最古の寺院とされる「安東会館」や、周辺の景観回復、飲食店街の整備などに取り組み始めている（黒沼 二〇一五）。新たなインドと中国の関係改善によって、コルカタのチャイナタウンの存在価値が高まるかもしれない。

外食としての中華料理

華人が大勢暮らしていた中印紛争以前は、華人向けの中華料理、いわゆる「ガチ中華」が主流であったコルカタの中華料理店であるが、華人の人口減少とともに、閉店する店やインド人客をターゲットとして営業する道を模索するようになる。なかにはコルカタからインドの他の都市に移住して、中華料理店や美容パーラーなどを営む華人もいた。

コルカタの旧チャイナタウンであるティレッタ・バザールは現在、朝の中華系露店でにぎわっている。SNSの影響などで、この場所や料理が南コルカタあたりに住む中間層などから再び脚光を浴びているようで、ひと昔前よりも来客数は増えているらしい（小林 二〇二〇：二〇二）。かつてこの地区にあった南京酒楼は非常に繁盛しており、コルカタの日本領事館関係者や日本人ビジネスマンもよく訪れていたという（山下 二〇〇九：四三）。

皮革工場を改装した中国料理店が集まる新チャイナタウンであるタングラ地区には、二〇〇九年三月時点で、二九の中国料理店が確認されている。オーナーは華人でも従業員はほとんどすべてインド人である。昼食時は客が少なく、夕食時に自動車でこの地区の中国料理を食べにくるインド人が多い（山下 二〇〇九：四六）。ティレッタ・バザールの中華料理に比べて、スパイスを多用したインド人客向けにアレンジされた料理が提供されている。

一九七〇年代にコルカタに留学していた知人によると、コルカタの中心にあるボウボザール（現在のB・B・ガングリー通り）の南京飯店には「チャーシュー麺」と呼ばれる日本のラーメンがあり、月に一度その麺を食べるのを楽しみにしていたという。そこには日本の宝塚で中華料理店を営んだことのある客家出身の料理人がいたということだ。

筆者が初めてコルカタを訪れた一九八〇年代は、コルカタの中華料理は他の都市の中華料理に比べて、インド化されていないオーセンティックな中華料理としてインドにいる日本人の間で知られていた。コルカタの繁華街の一つであるパーク・ストリートには今でも営業を続けているゴールデン・ドラゴンとBar-B-Qがある。

インドの中華料理店の名称には「～ドラゴン」とつく高級中華料理店が多いが、コルカタのゴールデン・ドラゴンは庶民的で本格的な中華料理が供され、値段も手頃である。他の都市では豚肉料理が見られなかった当時も今も、豚肉料理がメニューあるのも特徴だ。定番は春巻やチャーハン、インド風焼きそば（チョウメン）などだが、エビチリなども美味しい。ただここは、当時も今もアルコールの提供がない。食事を楽しむ中華料理店として、今でも家族連れでにぎわっている。

一方、Bar-B-Qは店名からは焼き肉店を連想するが、こちらはかなり高級なインド料理とインド中華を提供する老舗レストランで、アルコールの提供もある。味付けはゴールデン・ドラゴンに比べてスパイシーで、かなりインド化されてはいるが、他店のインド中華と比べると油やスパイスが控えめで、さっぱりしており日本人好みの味である。

インドの中華料理事情

一九八〇年代初頭、筆者がインドに滞在し始めたころ、中華料理店は特別な場所であり、利用客はインド人をはじめ各国の駐在員など社用族らしい男性たちがメインで、家族連れは皆無だった。メニューは定番のチョウメンや各種スープ類、春巻、豚肉の代わりに鶏肉を使った酢豚ならぬ酢鶏などであった。中華料理店は食事をしながらアルコールが飲める特別な場所でもあったため、特にその傾向が強かったようだ。

ヒンドゥー教ではイスラーム教ほど厳格ではないが、飲酒は避けるべきであるという社会規範が広くいきわたっているため、飲酒している人はどこか後ろめたい雰囲気を醸し出していた。

当時、中華レストランは各都市に数軒のみであったが、中級ホテルに併設されたインド料理店では中華風のスープ、フライドライス（炒飯）やチョウメン、春巻などを提供していた。ただ、スープをはじめ、どの料理にも生のコリアンダーの葉（香菜）が入っており閉口したのを覚えている。

中印国境紛争を境にムンバイのチャイナタウンは消滅したといわれるが、ムンバイにもオーセンティック中華を提供する中華料理店が数軒ある。金陵酒家はKamlingの名で親しまれ、昔のチャイナタウンの名残を残す古い建物は緑に覆われ、赤いランタンが飾り付けられ、中国情緒を感じさせた。場所はマリンドライブのアンバサダーホテルの隣と一等地である。かつては社用族の利用が主であったが、一九九〇年以降は近隣のオフィスの人々がランチに訪れたり、週末は家族連れでにぎわうようになった。ここではインド中華ではない、オーセンティック中華が良心的な値段で提供されていた。現在はFooというアジアンレストランのチェーン店が跡地を引き継いでいる。

インド中華とオーセンティック中華とにすみわけ（二極化）されているのは日本や他の国々と同様である。ただ、日本の「ガチ中華」とは違い、インドのオーセンティック中華はコルカタのチャイナタウンやムンバイなどの大都市の一部を除き、ほとんどが高級ホテル内の中華料理店で提供されている。中国の書画がセンスよく飾られたたデリーのハイ

写真6-1　北京ダックをサーブする中国人シェフ（2023年）

アットホテル内の「Chinese Kitchen」では本場中国人シェフが客の前で北京ダックを切り分けるパーフォマンスが知られている（写真6-1）。北京ダックのフルの料金は五千ルピー（八五〇〇円）。味は本場と変わらない。客は外国人や富裕層のインド人に限定されている。

ヒンドゥー教徒やイスラーム教徒が忌避する豚肉や牛肉を提供する店はオーセンティックな中華料理店に限定され、インド中華の店では豚肉や牛肉は提供されず、鶏肉やヤギ肉のみが使用される。

三、中華料理受容のプロセス

外食産業の隆盛

インドでは一九九一年に経済自由化政策が導入されるまで、生産の多くは公営企業が担い、主な価格が統制される社会主義型計画経済を取り込んだ「混合経済」が行われていた。外貨が底をつき、深刻な経済危機に陥り、市場原理と競争重視の政策への転換を余儀なくされた。それ以降その政策が維持され、現在に至るまで右肩上がりの経済成長を続けている。これに伴い、四億人とも五億人ともいわれる都市新中間層を生み出した。彼らが、インドの消費活動の担い手となってインド経済を牽引してきた。二〇一九年には実質GDPはかつての宗主国イギリスを抜き、世界第五位となった。一九九一年はインドの様々な分野におけるエポック・メイキングの年といえる。

ファミリーレストランとしてのマクドナルドやドミノピザがインドに進出したのが一九九五、九六年のことである。これを契機にインドの外食産業が活況を呈し始める。宗教によって食のタブーが異なるインドへの進出にあたって、マクドナルドは一部の保守的な都市では、店内の製造・提供のラインを菜食と非菜食に明確に分けるなどの配慮を行った。

この頃から、町にはインド料理店も増え、外食が徐々に一般的になっていった。それまで、浄性にこだわる保守的な家庭では、誰がどのように調理したか分からない料理は危険であり、「食事は家で食べるもの」という考えが一般的であった。インド料理店では、インド各地の料理とともにインド人シェフの手による中華料理のメニューも並ぶようになる。

満州風（マンチュリアン）と四川風（シェズワン）

興味深いことに、それまでチキン・ヌードルスープ、春巻、フライドライス、チョウメンが定番の中華メニューであったが、二〇一〇年前後に中堅のインド料理店で「ベジタブル・マンチュリアン」を初めて食べる機会があった。カリフラワーをヒヨコマメの粉で揚げたものを甘辛いとろみソースで味付けたもので、日本人好みの味であった。それ以降、各地のインド料理店の中華メニューに「～マンチュリアン」（満州風）を目にするようになった。鶏肉の満州風もある。白米との相性もよく、これぞインド中華の真骨頂といえよう。

「～マンチュリアン」は一説には、コルカタ生まれの中国系インド人三世のネルソン・ワンという人物が、一旗あげようと一九七四年にコルカタからムンバイに移ってインド・クリケット・クラブの食堂で働くようになり、クラブのメンバーから新メニューの要請を受け、鶏肉のパコーラー（ヒヨコマメの粉を衣にした天ぷら）にコーンスターチでとろみ餡をかけて提供したのがチキン・マンチュリアンと名付けられたという（湊二〇二〇、小林二〇二〇：二〇八）。つまり、インド料理の調理法を応用して、中華料理をインド人好みにアレンジした結果生まれたのがマンチュリアンであり、それがインド各地に急速に伝播し、誰もが知る定番メニューになったということである。名前は料理とは全く関係がなかったということで、「マンチュリアン」である必然性はなく、「ペキニーズ」、「カントニーズ」でもよかったようだ。

料理に関係なく中国の地名を冠した例としては他に「～シェズワン」が知られている。

「～マンチュリアン」とともにインド中華で目を引くのは「～シェズワン（シーチュアン）」である。両方とも、やはり満州や四川とは直接関係がなく命名された。これは、一九七四年にムンバイのタージマハル・ホテル内の高級中華レストラン「ゴールデン・ドラゴン」のオープンに際し、本場中国四川省からシェフを連れてきて、インド人客向けにスパイシーな中華料理の提供を始めたことをきっかけに全国的に広まった（小林 二〇二〇：二〇八）。シェフの出身地にちなんで提供された料理に～シェズワン（四川風）と付けたのが始まりだといわれている。今ではインド中華を代表する定番メニューとなっている。これは素材によって多様なアレンジが可能なため、菜食者にも受け入れられている。インドのカテージチーズであるパニールの使用など工夫されたメニューも増えている。この他、上海や北京を冠した春巻なども目にするが、料理としての特徴ははっきりしない。

写真6－2　モール内のフードコートのインド中華の店（2019年）

モールとフードコート

インドの経済発展を象徴するものの一つに巨大モールがある。モールがインド各地に現れたのは二〇〇〇年代に入ってからだが、二〇〇七年には全インドで三五〇店舗となり、二〇二三年現在ではその倍以上となる七七八店舗が営業している（geodatindustry 2023）。モールにはおしゃれな多数の店舗とともに、ハンバーガー屋、カフェ、中華料理店、イタリア料理店などの多国籍飲食施設も併設されている。映画館、ボウリング場、遊園地まで入っているモールもある。建物の上階にはフードコートがあり、メキシカン、イタリアン、日本食、中華料理など世界各地の料理を手軽に試すことができる（写真6-2）。このようなモールは都市の郊外に建設され、全館冷房空調完備、吹き抜けでまばゆいばかりの内装が施されている。駐車スペースがふんだんに取られており、車利用が大前提となっている。週末は家族で終日モール内で過ごすことがトレンドとなった。

デリバリーサービスの充実

女性の社会進出にともなって、インドでも家庭での調理以外に、ケイタリングやフード・デリバリーサービスの利用が進んでいる。また、デリー、ムンバイ、コルカタなどの大都市は、長年続く地下鉄工事や自家用車の急増により、恒常的に交通渋滞に悩まされている。外食をしたくても、レストランにたどり着くのに時間がかかり過ぎるため、早くからデリバリーサービスが充実している。この背景にはインドにおけるスマートフォンの急激な普及と、アプリの開発にある。現在、レストラン、または調理・配送のみを行う無店舗型の業者から職場や個人宅に料理を届けるスマートフォンのアプリが四百以上もある。その中でも、二〇〇八年に創業したZOMATOとSwiggyが双璧をなす。この二社で全体の八〇％のシェアを誇る。人口の半分以上が二四歳以下といわれるインドでは、労働力には事欠かず、学生アルバイトを含め、二輪車で交通渋滞をかいくぐって配送するデリバリーサービスがなくてはならない存在となっている。デリバリーサービスの発達により、利用者は気楽にインド中華を始めとする各国料理を試すことができ、提供する側もお手軽なセットメニューを用意するなど工夫を凝らしている。

インド中華人気を担うシェフ

かつて中華料理店のシェフは中国人であったが、現在はインド人シェフが誕生している。外食産業や観光産業がインドの経済発展の重要な鍵となった今、インド各地にホテル、ホスピタル・マネッジメントの専門学校が林立し、その数は現在一千を超える。三年間の専門学校では、調理を含むホテルサービス業務全般が学べる。卒業後は職が保証されているため、若者の有望な進路の選択肢となっている。

こうした流れの中で、中華料理はインド化されたインド中華とオーセンティックな中華料理に二極化されていった。中国人シェフも少数ながら存在し、高級ホテルの中華料理店や一部の独立した高級中華料理専門店でオーセンティック中華料理を提供している。

かつては中華料理店の店名は、「～ドラゴン」、「チャイニーズ～」、「チャイナ～」といったものが多かったが、最近の店名には、「メインランド・チャイナ」、「パン・アジアン」、「オリエンタル」と謳ったものが目につく。中華料理に限定せずに、アジア料理全般を提供するレストランが増えていることが分かる。そこで提供される料理は、国を超えた汎アジア的フュージョン料理の傾向が顕著である。タイ料理と中華料理、ベトナム料理、すしなどなんでもアレンジして提供している。

一方で、一般的インド料理店のメニューに上るインド化された中華料理も健在である。フライドライスはエッグ、鶏肉、エビ、ガーリックなど種類が増え、焼きそば系もチョウメン、ケチャップ味のかた焼きそばであるアメリカン・チョプスイ、菜食や鶏肉のマンチュリアンやシェズワン、上海風と冠された細いカリカリの春巻など確実にメニューも増えている。インドにおける中華料理の二極化だけでなく、インド中華自体も二極化が進んでいることが見てとれる。

人気のインド中華

インド中華というと、定番のチョウメン、フライドライス、～マンチュリアンなどを思い浮かべるが、実際インド人はどのようなインド中華を好んでいるのだろうか。インドの人気料理ランク付けサイト、crazymasalafood. によるインド中華料理のトップメニュー一九を紹介したい。

一位：チリチキン（Chilli chicken）、**二位**：チキン・マンチュリアン（Chicken Manchurian）、**三位**：チョウメン（Chowmein焼きそば）、**四位**：マンチョウスープ（Manchow Soup 各種野菜を入れた酸味ととろみのあるスープ）、**五位**：春巻（Spring Rolls）、**六位**：シェズワンチキン（Schezuan Chicken）、**七位**：ダルサーン（Darsaan 甘いデザート、揚げた平麺のハチミツがけ）、**八位**：アメリカン・チョプスイ（American Chop Suey トマト味で、チリ、ガーリック入り。麺はカリッと揚げられている、キャベツ、エビ、鶏肉、野菜入りかた焼きそば）、**九位**：チャーハン（Fried Rice）、**十位**：客家ヌードル（Hakka Noodles

チョウメンの薄味バージョン）、一一位：点心（Dimsums モモと呼ばれる肉まんじゅう）、一二位：コーンスープ（Sweet Corn Soup）、一三位：インド風カティージチーズ（Chilli Paneer）、一四位：酢鶏（Sweet and Sour Chicken）、一五位：Sesame Honey Chilli Potatoes（フライドポテトに甘辛いごまソースをからめた前菜）、一六位：レモンチキン（Lemon Chicken）、一七位：野菜と鶏肉の炒め煮（Huna Chicken）、一八位：ガーリックチキン（Garlic Chicken）、一九位：手羽先チューリップのフライドチキン（Chicken Lollipop）となっている。

これを見ると、鶏肉料理の人気が高いことが分かる。チベットのモモ人気と相まって、餃子やシュウマイなどの飲茶系も一般的になっている。アメリカ経由のチョプスイはインドではトマトケチャップで味を付けたかた焼きそばで、インド独自の中華料理として以前から人気が高い。チョウメンと客家ヌードルの区別は曖昧で、チョウメンが濃い茶色、つまり醤油系の味なのに対して、客家ヌードルは色が薄目で、どちらかというと塩味が主体といえる。店によっては「客家チョウメン」というメニューもあるため、チョウメンの客家風という解釈もできる。

四、中華料理の家庭への普及

マギーヌードルの果たした役割

中国醤油や乾麺などの定番中華食材は、二〇〇〇年代初頭は限定された店でのみ入手可能であったが、現在では町のキラーナーと呼ばれる小規模店で手軽に手に入るようになった。菜食の友人宅でも月に一、二回はフライドヌードルや野菜や豆の団子をとろみ餡でまとめたベジタブル・マンチュリアンが食卓に上るという。これに関連した興味深いデータがある。

二〇二〇年のあるデータ（Pal et al 2020）によると、ムンバイの五〇％の人が二週間に一回、八〇％の人が月に一度は

写真６－３　インド中華の屋台。メニューも英語ではなく地域の言語で書かれている（2019年）

写真６－４　インドの子供たちに大人気のマギーヌードル（2023年）

中華料理を食べているという。このデータは、レストランで食べる中華料理だけでなく、デリバリーの中華、屋台中華（写真6-3）とともに、家庭で食べるインド中華も含まれる。

およそ二〇年の間にここまでインド中華が普及した要因はなんであろうか。

まず第一に、中華料理の範疇に入るかは判断が分かれるが、インスタント麺のマギーヌードルの人気について見てみたい。「マギーヌードルは子どもが好きなので、毎週一回はおやつに食べる」という家庭が多い。マギーヌードルによって、麺や中華料理への抵抗感がなくなったことは確かなようである。

マギーヌードルとはスイスに本社を置くグローバル企業ネスレが一八八六年よりインドに展開して普及させたインスタント麺である。マギーヌードルは日本人が思い浮かべるインスタントラーメンとは別物で、汁気がなくなるまで柔らかく調理された麺である（写真6-4）。調理法としては、乾燥麺をまず細かく砕いて、野菜をたくさん加えて調理する。麺をすする文化がないインドでは、長い麺やこしのある麺は歓迎されない。基本的にインド料理は手で混ぜた時につぶれるテクスチャーが好まれるため、麺についても同様の嗜好があるようだ。マギーヌードルが中華料理の家庭への普及に果たした役割は無視できないだろう。

国産中華（*Desi Chinese*）の味付け

昨今、中華料理は外で食べるだけではなく、家庭料理のレパートリーとしても浸透しつつある。これに貢献したのは、Ching's Secret（清密）という中華料理用のインスタント調味料である。これはインド人アジャイ・グプタ（Ajay Gupta）が「国産中華」（*Desi Chinese*）をスローガンに一九九六年に設立したCapital Foodsの中華食材のブランド名である。この会社はインスタントの客家ヌードルも製造してきたが、マギー人気で苦戦を強いられていた。そんななか、二〇一三年頃からボリウッドの大物スター、ランビール・スィン（Ranveer Singh）を起用した大がかりなＣＭを打ち出し注目を集めるようになった。ＳＮＳやＹｏｕＴｕｂｅにキャッチーなコピーとともに自社製品の宣伝や調理法を流すなど、「簡単にできるインド中華」をアピールして各家庭に認知されていった。

特にコロナ禍で外食もままならない時期により売り上げを伸ばした。人気製品は「マンチュリアン・ソース」、「シェズワン・フライドライスの素」、「シェズワン・チャトゥニー」、各種スープの素となっている。混ぜるだけで辛くてスパイシーなインド風中華が手軽にできる簡便さが受けて、現在では全インドのスーパーマーケットや町のキラーナーでも売られている（写真6－5）。

写真６－５　Ching's Secret（清密）の製品が並んだスーパーの棚（2023年）

アジャイ・グプタによると、インド中華の味の決め手となるソースは、ソイ・ソース（濃い中国醤油）、赤トウガラシソース、青トウガラシソースの三つであるという。これらをベースに油にニンニク、ショウガをたっぷり投入するとインド中華調味料のベースができる。中国料理で使われる八角などは使われていない。名前によって中華調味料と認識されるが、味だけを見ると、辛いインドのチャトゥニーと判別しがたい。事実、Ching's Secretの最高ヒット商品といわれる「シェズワン・チャトゥニー」は、中華料理の素としてだけではなく、そのままインドの軽食の代表格であるサモーサーやイドゥリーという蒸しパンのソースとしても人気が高い。小分けのパウチは一〇ルピー（一七円）と非常に安価で、手軽に試すことができる。真っ赤な辛い油とスパイスで味はいま一つだが、インドでの人気は高い。アジャイ・グプタのCapital Foodsの貢献は、中華調味料のインド料理への橋渡しにあるといえるだろう。これからはインド風中華料理だけでなく、インド料理そのものに中華調味料が使われるのが当たり前になっていくのかもしれない。

おわりに

今まで見てきたように、オーセンティック中華料理には肉料理が多く、八角などの独特のスパイスが使われている。菜食でインド風にアレンジされた中華料理はスパイシーで油を多用し、見た目が赤色、または茶色である（Sarkar 2017: 271）と定義されるように、インド中華は一般の中華料理と一線を画している。先に紹介した北京ダックを提供する中華料理店ではパンケーキの名前でマントウも提供されているが、主食はフライドライスなどのコメが主である。鶏肉のメニューが目立つが、エビやカニ、豚肉料理もある。

インド人がインド中華を好む理由としては、まず菜食か非菜食か、スパイシーかスパイシーでないかといった選択の多様性と値段の手頃さにある。そして調理に時間がかからず待たされないスピード感があげられる。万人受けする味、つまり普通に美味しいこと。量的に数人で分け合うことができ、残り物を再利用できることだ（Pal et al 2020 :147）という。選択肢が豊富でお手軽であることも重要であるようだ。

これを見る限り、一般のインド人が中華料理に求めているものは、本格的な中華料理ではなく、手軽に利用できるインド中華で、屋台やストリート、または、インド料理店で提供されるインド風中華料理であることが分かる。もはやインド中華は中華料理というよりもインド料理の重要な一翼を担っているといえる。そして、他国と異なり、中国人人口が少ないインドでは、中国人向けの「ガチ中華」というよりは、本場中国や海外の旅行先で本場の中華料理を味わった富裕層が、インド国内でもオーセンティック中華料理を求めるようになっているようだ。

以上見てきたように、インドでは一九九一年の経済自由化政策以降、外食産業が急速に発展し、中華料理を筆頭に諸外国の料理が食べられるようになった。中印国境紛争を機に中国人人口が減少したインドでは、独自にアレンジされたインド風中華料理が発展した。インドではいわゆる「インド中華」としてインド料理店や屋台で提供され、今では「デーシーチャイニーズ」、すなわち国産中華として家庭料理としても受け入れられるようになったのである。

参考文献

黒沼勇史 二〇一五「インドから消えゆく中華街　経済接近、求められる橋渡し役」『日本経済新聞』二〇一五年一〇月四日、日曜に考えるグローバル面。https://blog.goo.ne.jp/kumasan-hattsan/e/67253cac8e520c3792bbeaea841ab77d（二〇二三年五月六日閲覧）。

小林真樹 二〇二〇『食べ歩くインド、北・東編』旅行人。

竹内幸史 二〇〇五「インド――コルカタのチャイナタウン」山下清海編『華人社会がわかる本――中国から世界へ広がるネットワークの歴史、社会、文化』明石書店、一九二―一九七頁。

奈良部健 二〇一九「インド唯一の華人街「未来はないよ」国境紛争後に迫害」『朝日新聞デジタル』二〇一九年七月七日配信。https://www.asahi.com/articles/ASM6N7DSBM6NUHBI04H.html（二〇二三年五月五日閲覧）。

湊一樹 二〇二〇「インド――幻想のなかの「満州」」『IDEスクエア』アジア経済研究所、一―四頁。

山下清海 二〇〇九「インドの華人社会とチャイナタウン――コルカタを中心に」『地理空間』二（一）：三二―五〇。https://www.jstage.jst.go.jp/article/jags/2/1/2_32/_pdf

―― 二〇二三『華僑・華人を知るための五二章』明石書店。

Capital Foods 2023: https://www.capitalfoods.co.in/media.html（二〇二三年五月六日閲覧）

Crazymasalafood 2023: Jayant Shah 2016 19 Most Favorite Chinese Dishes of India. crazymasalafood.com/19-most-favorite-chinese-dished-of-india/（二〇二三年五月六日閲覧）

geodatindustry 2023: https://geodatindustry.com/en/product/shopping-malls-of-india/（二〇二三年四月二八日閲覧）

Pal, S., Kumar, V. and Parui, S. 2020. A Study on Popularity and Acceptability of Authentic Chinese Cuisine in Indian Platter. *Tathapi* 19 (25): 143–156.

Sarkar, A. 2017. Creation of Indian-Chinese cuisine: Chinese food in an Indian City. *Journal of Ethnic Foods* 4 (4): 268–273.

第III部

中東・アフリカ

第7章 サウジアラビア
第8章 ナイジェリア
第9章 南アフリカ共和国

日本の読者にとって、この中東・アフリカは本書で扱う地域の中で最も馴染みが薄いというのが実際のところであろう。地理的に遠いのはもちろんだが、同じく遠方のヨーロッパやアメリカがとりわけ近代以降の日本にとって大きな存在であったのと比べると、中東・アフリカはその社会や、ひいては料理についてあまり具体的にイメージできないのではないか。それは、中国系の人々と中華料理にとっても同様であり、アジア、それに欧米と比べると、その数も、現地の人々の認知度も総じて大きくない。しかし、中華料理は確実にある。

サウジアラビアとナイジェリアは、まさに上述の通り、歴史的に中国との関わりが深いとは言えず、多くの人々にとって中華料理にもなじみはなく、一部の社用族や富裕層向けの租界的な高級中華レストランが享受されていたところまでは共通しているが、近年の状況は互いに大きく異なっている。二〇〇〇年代以降、中国系新移民が大挙して押し寄せたナイジェリアでは、中国系向けのいわゆるガチ路線と地元向けの町路線の中華がともに目立つようになっている。これに対して、サウジアラビアでは、労働者向けのパキスタン系やフィリピン系の料理店、あるいはケバブ屋など安価で手軽な外食料理の層が厚く、中華料理のもう一つの得意路線である大衆層の嗜好には入り込めていない。ただし、イスラームの盟主サウジアラビアはもとより、ムスリム人口が一定数を占めるナイジェリアともに、高級店と中国系対象の店を除けばハラール対応がなされており、ここに中華料理の新たな展開を見ることができる。

一方、一七世紀のオランダ東インド会社、二〇世紀初頭のゴールドラッシュ等による中国系移民の歴史があり、かつ白人系人口も一定数を占める南アフリカの状況はこれらと大きく異なっている。グローバル都市ケープタウンでは、欧米流の高級広東系、安価な本場系、テイクアウト主体の地元系というように中華料理の層が厚く、また隣国ジンバブエの安価な労働力頼みという事情も特徴的である。

地理的にも関係性の面からも中国と近しくはないこれらの地にも、中華料理は改変をいとわず、様々なルーツや社会階層の人々に親しまれるようになっている。

第7章 サウジアラビア

Saudi Arabia

「厳しいイスラーム社会」で生まれた柔軟性

高尾賢一郎

今日、世界のおおよそ四分の一の国ではイスラーム教徒（ムスリム）が多数を占める。その中でもサウジアラビアといえば、「厳しいイスラーム社会」という評価が世界に著聞した国だ。これが意味するのはおおよそ次のような点である。緩急のあるイスラーム解釈の中で同国が採用するのは、おおむね他国よりも厳しいものであること。イスラームにちなんだ規範が公共の場で市民に課されること。一方でイスラーム以外の宗教にちなんだ慣習は公的な場で見られない、あるいは禁止されていること。こうしたあり方は、教理に基づいて人々の行動を制限することを不寛容と見なし、信仰は私的な領域に属するものと考え、一方で様々な宗教が共存している状況を多様性として称揚する西洋近代の社会像、そして今日では世界に広く浸透した価値観とは真逆である。しかしながら、以上に述べた「厳しい」イスラームの実践は、サウジアラビアにとって「正しい」イスラーム社会の形成という国是と密接につながってきた。したがって、本章では「厳しい」というその特徴をあげつらうのではなく、それが同国の中華料理にいかなる特徴を与えているかに注目したい。

一、イスラームと中華料理

ムスリムは何を食べ、何を食べないのか

社会の規範や慣習がイスラームに基づいているというなら、本書で何をおいても述べるべきは食物規定だろう。よく知られているのは豚肉と酒の禁止だが、他にも死肉（自然死、病死、窒息死など）や血液の摂取が禁じられている（クルアーン二章一七三節、五章三節）。そう聞くと、豚肉と酒を常用する中華料理との相性はどうにも悪そうだ。実際に中華料理自体、はたして食べて大丈夫なのかとの疑問がムスリムの間で生じることは珍しくない。試しにIslam QAというウェブサイトを見ると、以下のような問答が見つかった。

問い：中華料理か日本料理をテイクアウトすることは許されますか？

答え：慈悲あまねく慈愛深き御方、アッラー（神）の御名の下に。中華料理、あるいは日本料理のテイクアウトは許されます。ただし、その食べ物がハラールでなければなりません。そうでなければ、それはイスラームに沿った方法で屠殺されていない可能性が高いので、控えるべきです。アッラーのみが何が最良かを知り給う。

（回答者：ムハンマド・トシル・ミア、バーミンガム・イスラーム法判断委員会）

この回答からは、中華料理だからといって直ちに否定されるわけでないことが分かる。一方、問題の本質としてハラールかどうかという点が問われている。食べることが許されるための条件であるハラールとは何かについて、簡単に説明しておこう。

食を判じるハラール／ハラーム

ハラールはアラビア語で「許された」を意味する。イスラーム法学の行為規範では、禁じられたもの、忌避されるもの、許されたもの（ハラール）、推奨されるもの、命じられたものという五つの分類があるが、しばしばハラールはハラーム（禁じられたもの）と対で、二値化されて語られる。この場合、ハラール／ハラームは俗／聖の意味でも用いられ、聖地メッカの一帯をハラーム（禁域）と呼んだり、同地の中心にあるカアバ聖殿を取り囲むモスクがマスジド・ハラーム（聖モスク）と名づけられたりしているのはこのためだ。

一方、今日の日本でよく知られているのは食に関する二値化であろう。豚肉が入っていないハラール・フード、アルコールを提供しないハラール・レストランといった具合に、ハラールはムスリムが安心して飲食が可能なことを示す看板として、観光業や飲食業で広く用いられるキーワードとなっている。

ある料理がハラールか否かについて、食材の場合は単純だ。ハラームに該当するものが入っていなければよい。しかし食物規定を厳密に守るならば、禁止された食材とは食器や調理器具も分けなければならない。出されたホイコーローの豚肉を避け、野菜だけ箸でつまめばよいという話ではないのだ。また牛や鳥であっても、アッラーの名の下で屠殺していない、あるいは偶像に捧げられた肉はハラームに含まれる。つまり食材とは別にプロセスの問題がある。ちなみに偶像に捧げられたものを食べてはいけないとの考えは新約聖書にも見られる（使徒言行録一五章二九節）、キリスト教徒の食物規定である。このため、同様の制限下にあるキリスト教徒が屠殺した肉はハラールと見なされる。

二、ムスリム社会と中華料理

以上を踏まえれば、ムスリムが安心して中華料理を食べるための一応の道筋も見えてくる。実際のところ、ムスリムが多数を占める国に中華料理店があること自体は珍しくない。では、そうした場所で中華料理はどのように食べられているのか。

誰による、誰のための中華か

サウジアラビアを含む中東地域で、マジョリティであるアラブ人ムスリムが自宅で中華料理を作って食べるのは決して一般的ではない。したがって、本章では外食としての中華料理を念頭に置く。

先のウェブサイトでの質問のように、中華料理への疑念はムスリムの間に少なからず見られる。このため、ムスリムが多数派である中東の中華料理店は、誰もが日常的に出入りする町中華の類ではなく、かといって本物志向のガチ中華でもなく、外国人や富裕層が出入りするホテルにあるケースが少なくない。そこにはムスリムによる、ムスリムのための中華といった雰囲気はなく、むしろ租界とでも呼びたくなるムードが漂う。

こうした非日常的なムードの醸成に、路面の地元料理の店では見かけない酒や豚肉の存在が一役買っているのは間違いない。Tsingtao Beer（青島ビール）や Sweet and Sour Pork（酢豚）といったメニューの品々が、外国人をはじめとした一部の人々にとって治外法権のごとき魅力を持ちうるわけだ。見方を変えれば、このことで中華料理店が「不真面目」な人々が通う場所と捉えられる面もある。中国人やアジア人ならさておき、地元のムスリムがわざわざ中華料理店に出向くことに対して疑惑の目を向ける人々もいるのだ。

とはいえ、これまであまり知られていなかった異文化の料理が、純粋に味をとおして評価されることも当然ながらある。中東ではそこまで一般的には口にしない牛肉を使ったチンジャオロース、また焼きそばなどは、上記の偏見とは関係なく現地ムスリムに比較的好まれているし、ズーランヤンルー（孜然羊肉：クミンで味付けした羊の串焼き）のような、中東でもお馴染みの食材や調味料を使ったメニューも中華料理にはある。

それでも、ムスリム社会にあって人々が良心の呵責に苛まれることなく食事を楽しむには、やはりハラールであるこ

写真７−１　ハラールであることを示す中華料理店の看板（2003年）

とが大前提だ。料理店の側にしても、一部の人にハラールでないものを提供するより、多数の人にハラールなものを提供する方がビジネスとして安定することは間違いない（写真7−1）。中華得意の「現地化」の出番である。

「イスラーム中華」は存在するのか

イスラーム社会で現地化した中華をどう呼べばよいか。ここでは仮に「イスラーム中華」と呼んでみよう。ただし、ここで「イスラーム」が指すのは、イスラームの観点で禁じられたものを除いた、つまりハラールと判じることが可能な状態、といった程度の意味しかない。なぜなら教義にひもづけられた、これがあれば「イスラーム」だという特定の食材や味つけなどはないからだ。逆にあるのは、すでに述べたように特定の食材や調理方法に関する禁止事項である。したがってイスラーム中華なるものが存在するならば、それは日本における天津飯や冷やし中華のような独自のメニューではなく、既存の中華料理からの引き算によって成り立つものである。

引き算と聞くと、イスラーム中華とはなんだか物足りなさだけが漂うものに思えるが、すべてがそうではない。もともとハラームでないため、結果としてイスラーム中華に該当するメニューなどがそうだ。例えば東南アジアでよく食べられるラクサ（魚介出汁の麺料理）は、必ずしもイスラームの規範を念頭に置いて誕生した料理ではないが、ハラームに該当しないためムスリム社会でよく食される（もっとも、この理屈でいえば世界のかなりのメニューを「イスラーム○○」と呼ぶことができるわけだが）。

改めていうなら、イスラーム中華の存在意義はムスリムを食物規定の違反から遠ざけることであり、それは非イスラーム中華にはない独自の品々というより、むしろ料理の作法自体を指す。この作法をどれほど徹底するか、その重要性を社会がどの程度共有するかで、どのような品々がその土地のイスラーム中華の枠組みで誕生するか、あるいは残るかが決まるわけである。

三、サウジアラビアの特殊性

ここからは、そうした社会におけるイスラーム性を重要視する国の事例として、サウジアラビアの話題に移りたい。まずは、「厳しい」と評される同国の特徴がどういう点に見られるのかを確認することから始めよう。

「厳しいイスラーム社会」の実態

サウジアラビアが「厳しいイスラーム社会」と評される上でのおおよその基準は、本章冒頭で既に述べたとおりである。その背景にある同国の社会形成の指針として、最初にサラフ主義（サラフィー主義）について簡単に説明しておきたい。

サラフ（父祖）とは一般に、イスラームの預言者ムハンマドにつき従った人々を含む、イスラーム初期の三世代を指す。サウジアラビアは、このサラフが生きた七世紀のアラビア半島の社会を模範としてきた。その理由は、ムハンマドと彼に接した人々が生きていた当時、社会は純粋にイスラーム的な要素で成り立っていたと考えられるからである。預言者やサラフを蘇らせることはできないが、彼らが生きていた時代を再現することで、不純な要素のない社会を作ろうとしたのだ。

不純な要素としてまず標的となったのは、例えば木石信仰や墓参詣など、サラフの時代にはなかった、あまつさえイスラームが厳禁とする多神崇拝、偶像崇拝につながりうる習慣である。もちろん、自動車や発電機といった生活上の利便の上で必要なものが、七世紀に存在しなかったからといって杓子定規に排除されたわけではない。それでもこの考え方は、サウジアラビア社会が舶来品を警戒する素地を養ってきたと考えられ、その対象には料理も含まれてきた。

ただし、外国料理が一律に禁止されてきたわけではない。今日、サウジアラビアにはマクドナルドに代表される欧米のファストフード、イタリア、タイ、インドなどの各国料理店が存在し、特に若年層がこれらを楽しむのは普通の光景だ。興味深いのは、以上の飲食店でハラールであることのアピールが目立たない点である。わざわざ宣言しなくても、サウジアラビアにある以上はハラール・レストランであることが前提だろうといった、一種の信頼がうかがえる。これに対して、中華料理店ではハラールであることがしばしば目立つ形で示されている。単純に考えれば、このことは中華料理に対する不信感を意味するわけだが、それは何に由来するのか。この点を、サウジアラビアと中国との関係から考えたい。

官民で隔たる対中国関係

アラブ首長国連邦（UAE）のドバイには、中東随一と呼ばれる中国系ショッピング・モール（Dragon Mart, 写真7–2）があり、大衆向けの中華料理店も確認できる。しかしこれは商業のハブとしてヒト・モノ・カネが行き交うドバイにこそ見られる、中東地域ではやや例外と呼べる状況だ。他の国々では外国人移住者の多くが各種サービス業、建設業、タクシー運転手、ハウスキーパーなどに従事する、インド、パキスタン、バングラデシュ、フィリピン、インドネシアといった南アジアおよび東南アジア諸国の出身で、概して中国人の姿は目立たない。

一方でサウジアラビアにおいて、中国という国家のプレゼンスは決して低くない。正確にいえば、民に関しては移住者も少なく、先述した舶来物への警戒もあって文化的要素の流入が目立たない一方、官では二〇二三年三月のサウジアラビア・イラン間の国交回復合意を中国が仲介したように、とりわけ近年、サウジアラビアと中国との緊密な関係が注目を集めている。

サウジアラビアは一九三〇年代以来、長く中華民国と国交を維持していた。しかし一九九〇年の国交関係樹立を経て、中国との間で相互依存と呼ばれる関係をエネルギー・投資・技術協力分野を中心に築いてきた。二国間の貿易総額は一九九〇年の四億一七〇〇万米ドルから、二〇〇〇年には三一億米ドルにまで上昇し、建設事業では二〇〇九年に聖地メッカとメディナを結ぶ巡礼者用鉄道（ハラマイン鉄道）の建設に中国鉄建（ＣＲＣＣ）が参画したことが有名だ。

　こうした二国間関係に見る官民の差異は、国内の中華料理店にどのような影響を与えているのか。端的には、このことはサウジアラビアの中華料理店を上中層向けのものとしている。中華料理店といえば、町中華のような大衆的なレストランではなく、中国人のビジネスパーソンやサウジアラビア人が訪れる場であり、これは移住労働者向けに早朝から営業しているパキスタン料理店やフィリピン料理店とは対照的といえる。

写真７－２　ドバイの Dragon Mart のエントランス（2023年）

四、サウジアラビアの中華料理

　さて、以上を踏まえてサウジアラビアの中華料理店を見ていきたい。国内に何軒の中華料理店があるかは定かでないが、少なくとも『Time Out』や Tripadvisor のような国際的な情報誌、旅行会社のウェブサイトでは一定数が確認できる。ここでは首都リヤドにあるいくつかの事例を紹介しよう。

サウジアラビアの外食事情

　そもそも、サウジアラビアの人々はどのような食事をしているのか。二〇二三年一月に同国文化省所管の調理法委員会は、サウジアラビアの国民的料理としてジャリーシュを、国民的デザートとしてマクシューシュを選定した。ジャリーシュは小麦を挽いて粥状にしたものに玉ねぎやヨーグルトを混ぜたもので、羊肉をトッピングとして加えることもある。副食として食べるオートミールと考えればよい。マクシューシュは小麦粉、卵、牛乳、はちみつ、スパイスなどを原料とした一口サイズのクッキーである。一方、人が集まった際によく食べられるのはカブサだ。シナモン、クミン、ナツメグ、クローブ、コリアンダーなどのスパイスを混ぜて炊き上げたインディカ米に、野菜や肉を載せて大皿に盛ったもので、三人以上で食べるのが一般的である。以上は、サウジアラビア料理をうたったレストランであればほぼ揃っているメニューで、これに加えて生野菜のサラダや羊、鶏の串焼き（中東諸国でケバブと呼ばれる肉のロースト）などが、いわゆるローカル・フードとして広く食される。

これらの料理と中華料理との間には、率直にいって味の面で共通点は少ない。中東料理は中華料理同様にスパイスを多用するが、香りづけが中心であり、舌に刺激を与えるものは多くない。このため、中東の人々にとって多くの中華料理は「辛い」と感じられる。一方、両者には食事の位置づけに関わる共通点がある。それは、大皿に盛られた多くの品々を大勢で囲むこと、また料理は「宵越し」を想定したものではないことだ。最近でこそフードロスについての議論も見られるが、とりわけ客人を招いての食事は、食べきれない量の食事を用意することが、もてなしとしては当然の流儀とされる。

もっとも、こうした生活習慣の面で共通した要素があるからこそ、中華料理がローカル・フードに取って代わる事態に至っていないと解釈することも可能である。この点について、中華料理がサウジアラビアでどのような立ち位置にあるのかを、いくつかのレストランから考えたい。

リヤドの中華料理店

目抜き通りの小さな、古いショッピング・モールにある Golden Dragon は、市内の中華料理店でも老舗の部類に入る。ウェイターはフィリピン人の他、南アジアの出身者が多く、厨房に中国人が一名いる。蒸したアヒルやゴンバオジーディン（宮保鶏丁：鶏肉、ナッツ、唐辛子などを炒めたもの）、チャーハン、またつけ合わせのロンシャーペン（龍蝦片：エビ味のせんべい、写真7-3）といった、広東系か四川系かに偏らない料理が揃えられ、これらはすべてハラールであることが店舗入り口の看板で説明される。それによれば牛肉はブラジル産、鶏肉はフランス産で、これは先述したハラールの範疇の一つ、すなわちキリスト教徒が処理した肉であることを示すためのものだ。客席はすべて五～六人掛けの丸テーブルだが、これを含め、内装は日本の中華街でもよく見るような、懐かしさを込めてシャビーと呼びたくなる装いである。筆者が訪れた二〇二三年三月には、客の中に中国人の二人組や家族、また欧米人が複数組おり、地元のサウジアラビア人と思われる男女もいた。

　これに対して、近年はオシャレ中華とでも呼ぶのが適当なような、若年層を意識した中華料理店が現れ始めた。その筆頭が中心部の、やはりショッピング・モールの中にある唐茶苑（Yauatcha）だ。唐茶苑といえば、ロンドンに展開し、二〇〇五年にはミシュランで一つ星を獲得した有名店であり、サウジアラビアでも二〇二二年に『Time Out』のリヤド版でBest Asian Restaurantに選ばれるなど、注目を集めた。

写真7-3　サウジアラビアのロンシャーペン（2023年）

　唐茶苑の特徴は、まずもって洗練されたインテリア、またネオン照明が織りなすムーディーな空間作りであろう。週末にはDJイベントが催されることもある。こうしたコンセプトはメニューにも見られ、ゴンバオジーディンや、豆《トウ》豉醤《チジャン》で炒めた肉料理のような伝統的なメニューもあれば、Wagyu bao（和牛包、写真7-4）といった流行を意識したものもある。今やWagyuは「和」牛、つまり日本産であることを前提とはせず、広く霜降り牛肉を指す言葉として定着しつつある。唐茶苑で使用されるWagyuがどこの原産かは不明ながら、サウ

写真７－５　Diamondの丸テーブル席（2023年）

写真７－４　Wagyu Bao（和牛包、価格は約80リヤル＝約3,000円）（2023年）

ジアラビア化というよりはグローバル化した中華料理を同店が意識し、提供しているのは確かだ。店内は流行に敏感なリヤドの若年層や、オーセンティックな雰囲気の中で食事をしたい欧米の高齢層などで賑わい、逆に中国人客の姿は目立たない。

ところで、もし人々の中にWagyu＝和牛という認識があるとすれば、唐茶苑のWagyu baoは中華料理と日本料理のミックスと呼べなくもない。実際のところ、両者の境、あるいはアジア料理の区別が曖昧な料理店は海外で多く見られ、日本料理店とうたいつつ和食と呼べるメニューがほとんどない店は中東でも珍しくない。しかし、中には意識して中華料理と日本料理の両方を出している店もある。喧騒を少し離れたショッピング・モールにあるDiamondがそれだ。

二〇〇八年に開店したDiamond（写真７－５）は、シャビーでもなければオシャレという雰囲気でもない。一文字ごとに色を変えたネオンサインの看板が醸し出すそれは、筆者の感覚では「バブリー」と呼びたくなる。座席ごとにシャンデリア、竹細工と照明を変え、丸テーブルもあれば掘りこたつもある個性的な内装の中で、一際目を引くのが日本の鎧兜や日本語の掛け軸といった和風の展示だ。メニューにも目立つ形でSushi（寿司）にページが割かれている。このように日本文化の要素を取り込んでいることを店側は強みとして自覚しており、曰く「中国的なものと日本的なもの、双方を楽しんでもらう」という趣旨だ。

変革期の社会と中華料理

以上のようなあり方を、はたして中華料理の現地化と呼べるだろうか。全体として辛さを抑える傾向があることなどは、少数の中国人ではなく、地元のサウジアラビア人を主な客層と意識しているがゆえだろう。しかし率直にいえば、ハラールであること以外にサウジアラビアならではといえる要素があるわけではない。食材や味つけなどから同国における中華料理の位置づけをはかるのは難しいのが実情だ。

ならば、料理そのものから少し離れてみよう。例えば、以上に紹介した中華料理店で食事をする場合、平均予算はどれくらいになるか。安い部類に入るGolden Dragonの場合、前菜が二〇～三〇リヤル（一リヤル≒三八円、二〇二三年五月時点）、主菜が四〇～八〇リヤル、高いメニューでは一五〇リヤルといったあたりだ。ミシュラン一つ星の実績を持つ唐茶苑は前菜で三〇～五〇リヤル、主菜だと安くて八〇リヤル、高いと三〇〇リヤル程のものもある。このように野菜、肉、米と一通り頼むなら一人当たり五〇〇〇円程度は必要であり、町中華に慣れ親しんだ日本人の庶民の感覚からすれば、リヤドの中華料理店は軒並み高級の部類だろう。

ただし、これは中華料理店に限った話ではない。過去一〇年を見ても、サウジアラビアの消費者物価指数は新型コロナウイルス（COVID-19）の影響が及んだ時期を除けば上昇傾向にあり、同国はいわゆる経済成長の最中にある。政府は国内での消費増大を目指しており、その一環で二〇一九年には同国史上初めて観光査証の発給を開始してインバウンド消費による歳入増加を目指した。この影響もあり、現在、マクドナルドなどのファストフードも含め、都市部の外食費用はおおむね日本よりも高い。

こうした中、外食に何千円もかけられない庶民の胃袋を満たすのは、先述した外国人労働者向けのパキスタン料理店やフィリピン料理店、また串焼き肉（シャワルマ）をパンにはさんだサンドイッチ店などだ。飲み物を含めても二〇リヤル前後と、懐もそう痛まない。平らな底の靴だと滑ってしまいそうな濡れた床、なんとなくべたつく机、ぶっきらぼうとも気さくともいえる店員の態度は、日本でいえば昔の町中華を思い出させる。言い換えれば、中華料理はここに割り入って、サウジアラビアの大衆向け外食市場に参入することはできなかったのだ。

おわりに――町でも、ガチでもなく

中華料理店から見えてきたいくつかの点をまとめてみたい。もとより中華料理の需要が高くない上、中国人移住者を主な客層に中華料理店が展開してきたわけではないサウジアラビアでは、おそらく中華料理自体に大衆性や純真性が求められてこなかった。多くのビジネスパーソンが往来するものの、就労目的での中国人移住者は少ないため、中華料理の純真性を持ち込み、広める担い手もいない。本章で取り上げた中華料理店では、いずれもメニューに中国語表記がなかったが、これもやはり、各店舗が中国人を主な客層とは想定していないことを示している。この結果が、路面店ではなくショッピング・モールというロケーション、上中層向けの価格設定、また日本的要素を取り入れた東洋趣味という、現在のあり方なのだと考えられる。Golden Dragon や Diamond など、豪壮さをアピールする店名が目立つことも、町でもガチでもない中華料理の立ち位置を反映しているものといえるかもしれない。

こうした背景から、中華料理はサウジアラビア人の外食事情の中で決してポピュラーな選択肢とはならなかったわけだが、そのコンセプトは先に挙げた三店舗のように意外と多様である。筆者のような、一見して東アジア出身と分かる、しかし中国人ではない気がする、そんな客に対してとりあえず箸、フォーク、ナイフ、スプーンの一通りを出しておこうという対応からは、もてなしというよりも、コンセプト自体の曖昧さすら感じられる。つまり、町かガチか、とは異なる形で中華料理が命脈を保っているのだ。総じて、サウジアラビアの中華料理は先述した引き算を徹底しつつ、独自の市場を築いているとはいえない状況だが、そのことが翻って同国の独自性や現在の変化を表していると見ることができる。それなりの歴史を持ちつつ、決して一つの、特徴的な形に落ち着かないあり方が、サウジアラビアの宗教・社会・経済情勢を反映した現地化と呼べるかもしれない。

参考文献

砂井紫里 二〇一三『食卓から覗く中華世界とイスラーム——福建のフィールドノートから』めこん。

高尾賢一郎 二〇二一『サウジアラビア——「イスラーム世界の盟主」の正体』中央公論新社。

山下清海 二〇二三『華僑・華人を知るための五二章』明石書店。

Fulton, J. 2019. *China's relations with the Gulf Monarchies*. London/New York: Routledge.

IMF World Economic Outlook Database 2023. https://www.imf.org/en/Publications/WEO/weo-database/2023/April（二〇二三年五月三一日閲覧）

Islam QA 2023. https://islamqa.org（二〇二三年五月三一日閲覧）.

Rippin, A. 2012. *Muslims: their religious beliefs and practice, 4th edition*. London/New York: Routledge.

第8章

ナイジェリア
Nigeria

植民地時代の遺産と活性化する人の移動の中で

松本尚之・川口幸大

一、アフリカと中国関係、そして中華料理

今世紀に入って、アフリカ諸国においては中国の存在感の高まりが人々の目を引くようになった。国同士の関係が緊密化する一方で、中国からアフリカへと向かう人やモノの流れが注目を集めている。携帯電話や家電製品から、はたまた衣類や乾電池、爪楊枝に至るまで、アフリカの日常には中国製品があふれている。それとともに、中国製品に向ける人々の眼差しにも変化が見られる。

日本や欧米では、中国のアフリカ政策やアフリカ諸国との関係については、新植民地主義の観点から批判的に論じられることが多い（フレンチ 二〇一六など）。中国からアフリカに持ち込まれる商品についても、粗悪品や海賊品の流通や、地元の製造業への悪影響を懸念する声が大きい。しかしながら、グローバル資本主義経済では周縁的な位置づけにあるアフリカにおいて、手頃な価格の中国製品は、人々に先進国では当たり前となっている消費を楽しむ機会を与えているとの指摘もある（望月 二〇〇六、Adebayo 2015、呰 二〇一九）。かつては、「安かろう悪かろう」の画一的なイメージ

しかなかった中国製品だが、現在では人々の懐具合に応じて多種多様な製品が用意されていると、肯定的な意見も耳にするようになった（松本・川口二〇二〇）。

だがその一方で、食に目を向ければ、アフリカに来住する中国人に対する否定的な語りにおいて、食文化は隔絶された住居や言語の壁とともに、彼らの排他性を表す一つの象徴となっている。「中国人たちは、われわれの食べ物を決して口にしない」という文句は、地元の住民たちが中国人の付き合いの悪さを語る際に、しばし引き合いに出す言葉である。他方で、中国人人口の増加とともに中華レストランの数も増えたが、中華料理を食べたことがない、知らないという地元住民はまだまだ多い。一見すると、中国製の電化製品や雑貨ほど、中国の食文化はアフリカにおいて馴染みとなっていないかにも見える。

以下では、中国とアフリカの関係を通して見える中華料理の特質について、ナイジェリアの事例をもとに考察したい。特に、二〇一九年および二〇二二年に同国の旧首都ラゴスで実施したフィールドワークをもとに、ナイジェリアにおける中華料理と関わる食文化の広がりを論じる。

二、「アフリカの巨人」と中国

ナイジェリアは、「アフリカの巨人」ともいわれる西アフリカの大国である。豊富な天然資源を抱える資源大国でもあるとともに、アフリカ第一位、世界第六位の人口大国でもある。二〇五〇年には、アメリカを抜いて、インド、中国につぐ世界第三位の人口大国となると予想されており、その市場としての価値に注目する海外企業は多い。そのナイジェリアの南西端に位置するラゴスは、サブサハラ・アフリカ最大の都市である。イギリスの植民地支配から一九六〇年のナイジェリアの独立を経て一九九一年になるまで、ラゴスはナイジェリアの首都として行政の中心を担う都市であった。一九九一年に首都機能は国土の中心に位置するアブジャに移ったが、それ以降もアフリカを経済的にも文化的にも代表するメガシティであり続けている。ラゴスにおいては、国内外を問わず、多種多様な人やモノ、そして食が行き交う。

ラゴスを含めた南部ナイジェリアにおいては、一般的な主食といえば、ヤムイモやキャッサバを練って丸めたフフや米である。フフは、数種類あるスープに付けて食べる。ラゴスでナイジェリア料理を扱ったレストランに行けば、フフとスープに加え、ジェロフライス（米をタマネギなどとともにトマトスープで炊き込んだ料理）やライス&シチュー（茹でた米にトマト味のシチューをかけた料理）がメニューに並ぶ。

ナイジェリアにおける中国の食は中国製品とともにも広まりつつあるとはいえ、先述の通り、現時点ではまだ日本のように誰もが普通に食べるものにはなっていない。大半のナイジェリア人にとって、中華料理は馴染みのない、高級でよそ行きな食べ物というイメージであろう。こうした現状を反映するかのように、ナイジェリアの中華料理レストランは、①現地に居住あるいは一時滞在する中国人向けの店舗、②中国人に加えて海外企業や政府の駐在員、および裕福な地元住民を顧客とする高級店、③ほぼ完全に地元のナイジェリアの人々向けの店舗、というふうに系統がはっきりと分かれている。以下、これらを順に見ていきたい。

三、中華レストランの三類型

一九九〇年代になるまで、ナイジェリアにおいて商活動を営む中国系の人たちは香港や台湾の出身者であった（Bräutigam 2003：望月 二〇〇六）。しかし、一九九〇年代になると、上海やその後背地を中心とした中国本土から商業移民がナイジェリアに流入するようになった。現在は、ナイジェリアに暮らす中国人たちの出身地は、浙江省や福建省、山東省、広東省、黒竜江省など様々である。ナイジェリアに在留する中国人の数は四万人とも五万人とも言われており、その多くが旧首都ラゴスに暮らしている。ラゴスには、巨大な壁で囲われたチャイナタウンが存在する。加えて、中国人が経営する中華レストランは数多くあり、中国人向けの宿泊施設やスーパーマーケット、カラオケ店もある。

中国人による、中国人のための

ある地域にとって馴染みのない外来の食べ物を出す飲食店は、そこで受け入れられるよう店の雰囲気や料理の味を地元の人々の好みに変える。しかし、このローカル化とも呼ばれる変化が不要な場合が二つある。一つは、あえてローカル化しない「本物らしさ」を求める地元住民が多数存在する場合である。もう一つは、その食べ物が由来する国や地域出身の人々が十分に多く暮らしており、かつ外食に出費しうるほどの経済力を有する場合である。最近の日本における「ガチ中華」や、アメリカをはじめ、他国でのオーセンティック中華の潮流と同様に、ナイジェリアには後者の状況が当てはまる。中国人人口の増加とともに、ラゴスには中国人による、中国人のための中華レストランが見られるようになっている。ラゴスのイコイ島にあるレストランもその一つだ。

イコイ島は、ラゴスのなかでも高級住宅街や大企業のオフィスが建ち並ぶ地区である。その中華レストランは、周囲を壁に覆われた典型的なゲイテッド・コミュニティの様相をもった高級住宅街の一画に位置する。アパートメントホテルの一階にあり、中国人宿泊客や中長期滞在者の食堂としても使われている。派手な看板などはなく、住宅地同様に高い壁に囲われた建物内にあり、知らぬ者はそこにレストランがあるとは思わないだろう。鉄製の重い門を抜けて敷地に入るにはガードマンのチェックを受ける必要があり、通りすがりの人がふらっと訪れるような場所ではない。知る人ぞ知る、現地在住者御用達の飲食店という趣である。日本人の駐在員の会食場所としてもよく使われるという。

店内は四人掛けのテーブルが六卓と、奥に円卓が一つあるだけで、それほど広くはない。壁掛けテレビが金色の枠で覆われている以外は、質素なつくりである。各テーブルには、ＩＨのクッキングヒーターが付いていて火鍋ができるようになっている。メニューを見れば、その火鍋の後、冷菜、海鮮、川湘家常菜（四川省と湖南省の家庭料理）、主食の順に約一六〇種類が写真付きで紹介されており、最後に白酒、ワイン、ビール、ソフトドリンク等の飲料とたばこのリストが並ぶ。料理名には、中国語の下に英語名が併記されている。メニューの項目通り四川系と湖南系の唐辛子や山椒を使った料理が多いが、白灼蝦（さっとゆでたエビ）、菠萝咕嚕肉（パイナップル入り酢豚）など、南方系の料理も見え、全体としては汎中国的な構成である。中国では中級やや上の標準的なレストランに該当すると言えよう。ナイジェリアの飲食店には一般的ではない、豚肉を使った料理もメニューに並んでいる。価格は総じて冷菜類や野菜系の料理が四千ナイラ台、魚や肉類の料理が六千ナイラ台、麺や炒飯などの主食系が三〜四千ナイラ台である。（変動はあるが、このレストランの調査時の二〇一九年において、一円≒三・三ナイラ）。経済格差が極めて著しいラゴスにおいて、何をもって「一般的」というかは難しいところであるが、国立大学近辺のレストランで一〇〇〇〜一五〇〇ナイラで地元料理を食べられることを考えると、現地の感覚では相当な高級料理ということになる。

実際の料理、例えば、茄子豆角（茄子といんげんの炒め物）、蒜茸空心菜（空心菜のにんにく炒め）などにはこれといった特徴はなく、味も可もなく不可もなくといったところで、まさに標準的な、言い換えれば中国においてありふれた水準である。しかし、これがナイジェリアで提供されているのは驚くべきことであろう。例えば、日本食を想起すれば、諸外国にある日本料理店は、寿司やラーメンなどの決まりきった品しかないことが大半である。日本出身者が日常的に通いたくなるような水準の店にはめったに出会わない。また、この中華レストランの経営者は山東省、料理人は湖南省の出身であり、ラゴスにある日本料理店がレバノン人など日本人以外によって営まれているのとも対照的である。人も食材も料理も、システムごといわば移築して再現してしまうところに中華料理の、いや中国の人々の国内国外問わず他所での展開の特徴がここでも現われていると言えよう。

高級料理として

中国人向けの本場色の強いレストランとはまた別路線の、より高級な中華レストランがラゴスには複数軒ある（写真8−1）。古参の香港系の人々が経営する最高級ホテルに併設されたレストランもその一つである。川べりに面したテラス席で食事が楽しめるほか、室内は紅木を用いた落ち着きのあるテーブル席に深紅のテーブルクロスとナプキンが配され、鉢植えの竹や水墨画による意匠が施された、いかにも高級感の漂う造りとなっている。第7章サウジアラビアの高尾の表現を借りれば、そこだけが街中とは別世界の租界のような雰囲気を感じさせる。

メニューは中国語と英語が併記されているが、写真はなく文字のみである。中国本土や諸外国においても、中国人を主たる客層としたレストランでは写真を多用したメニューが用いられているのとは対照的である。文字のみのメニューは西洋料理のレストランでは一般的であるが、中華レストランの場合は一昔前のオールドスタイルであり、写真を多用した近年のものと比べて、落ち着いた印象を与える。料理のリストは、前菜から、スープ、点心と続き、牛・豚・鶏・魚介・カタツムリのメイン、野菜類、土鍋料理（煲仔類／Clay Pot Style）、ご飯ものと麺類までが単品で、その他に五種類のコースとドリンクから構成されている。前菜からスープ、メインと展開するのは西洋料理のコースと同じであり、コースメニューも同様の順に料理が配置されている。牛肉のオイスターソース炒めやワンタンスープなどの単品から、点心類あるいは土鍋料理まで、いかにも広東料理を代表する品々が多くあり、ホテルの経営陣ともども広東・香港系であることが強く顕れている。ドリンクはエスプレッソやホットチョコレート、アルコールとしてビールのほか、ワイン、シャンパン、ジン、ウイスキー、ラム、コニャック、各種カクテルを非常に豊富に取り揃えている一方で、前掲の中国人向けレストランでは最初に書かれていた白酒や中国製のソフトドリンクなどはない。ニューカマーの中国人向けというよりは、明らかに西欧の食文化に慣れ親しんだ顧客を意識した品ぞろえである。

料理の値段は、前菜類が六千〜一万ナイラ、肉類が九千〜一万ナイラ、魚介類が九千〜一万三千ナイラ、ご飯ものと麺類が五千〜八千ナイラである。同じ中華レストランでも先述の中国人向けの店の一・五倍であるし、日本であってもかなりの高級レストランに相当する。料理自体は、写真8-1に見るように、洗練された盛り付けがなされている。

このレストランは、地元の最富裕層、海外企業や政府関係の駐在員を主な顧客としている。そうした駐在員の一人にとって、前掲の中国人向けのレストランは「安くておいしい中華料理屋」であるという。興味深いことに、その中国人

写真８－１　高級店のチンジャオロースと麻婆豆腐。赤いテーブルクロスに洗練された盛り付けが映えている（2022年）

向けレストランと異なり、この最高級レストランは中国系のみならず、ナイジェリア人、日本人、欧米諸国出身者など、あらゆる、ただし最富裕層という点においては共通した人々が利用する。そして、そこでは西洋を意識したクラシックな広東・香港スタイルの中華料理が提供されているのである。

地元のナイジェリア人を相手に

一方で、地元のナイジェリア人向けの中華レストランもある。それら地元住民向けの飲食店は、あらゆる点で前述してきた中国人向けのレストランおよび高級店とは対照的である。一つの典型としては、現地の富裕層や、中国人を含めた外国人が利用するショッピングモールの飲食店フロアに入っている中華レストランが挙げられる。ただし、ラゴスに暮らす中国人は、ショッピングモールで買い物はしても、こうしたレストランに客として訪れることはまずなく、明らかに地元客向けに展開されているのである。それは店名にも顕著で、例えば「三倍J」という、漢字は使っているが中国語としては意味をなさないものや、「Ying Yang Express」といった、横文字を使ったものが多い。前述した中国人向けの店が「周姐火鍋」、「蜀香園」、「商城飯店」など漢字を用いた、中国にもありそうな店名であるのとは対照的である。レストランのスタッフも中国人ではない場合が多い。例えば、イケジャ地区のショッピングモールにある店舗は、ナイジェリア人とレバノン人の共同経営である。料理は中国人のもとで学んだというナイジェリア人コックが担当し、ホールスタッフもナイジェリア人がつとめている。現地向けの中華料理店が、中国人からトレーニングを受けた現地人、あるいは近隣諸国出身の移民によって担われているのは、第6章のインドや第8章の南アフリカの事例とも通ずる近年の傾向である。

店のつくりはファストフード店のようである。メニューは七〇種類にとどまるものの、前述の中国人向けのレストランに類似した構成となっている。ただし、価格は、それぞれMサイズで肉類が三千ナイラ台、海鮮系が四千～五千ナイラ台、主食類は二千～三千ナイラ台、ボウルなら一千ナイラ台と、中国人向けの店に比べて三割ほど安価である。それでも、地元のナイジェリア料理との比較においては、やはりかなりの高価格であることは注記しておきたい。ナイジェリアの食事情を反映してか、豚肉の料理はない。また、外見がアフリカ系の客には、ナイフとフォークが提供されることも特徴的である。

実際の料理も、中国人向けレストランや高級中華料理店と比べると、あらゆる意味で特徴的だ。まず、料理は炒め物でもボウルに入れてスプーンとともに提供される。しかも汁気が多い、いわゆるつゆだくの仕上がりで、まるで具の多いスープのようである。例えば、「干煸牛肉絲」は「干煸《ガンビエン》」、すなわち水分を飛ばして炒める調理法をしたチンジャオロースに相当する料理であるが、写真8－2に見るように、汁気が非常に多い。そして味は、特に麻辣系の料理でなくても、総じて唐辛子の辛みがつけられている。

写真8－2　ボウルに入れられて提供される地元向けのつゆだくの牛肉ピーマン炒め（2019年）

同じモールに入る別の一軒は、価格がコンボ（セット）メニューを含めても、どれも二千～三千ナイラ台でより安価である。メニューは英語表記のみであり、完全に現地人を対象とし、中国人は顧客として想定していないことがうかがえる。北米中華の定番であるGeneral Zuo's Chicken（左宗棠鶏。揚げた鶏肉を甘辛いタレとからめた料理）がペーパーボックスに入れられた写真が店の前に飾られていて、一昔前に北米に多くあったテイクアウト中心の店舗のような安価でカジュアルな雰囲気である。しかし料理は北米風ではなく、ナイジェリア人の好みに合わせてローカル化されている。牛肉ピーマン炒めは、やはりスープのようにつゆだくで、スプーンとフォークとともにボウルに入って出てくる。味も唐辛子がきいている。ショッピングモール内のレストランのみならず、商業地区にあるテイクアウト中心の店でも同様に、炒め料理でもスープ状で、辛い味付けであることが多い。これは、ナイジェリアの地元向けの中華に共通する特徴と言えるであろう。

先述の通り、地元のナイジェリア料理は、フフとスープ、ライス&シチューといったように、主食を具の入った液状の料理とともに食べるものが多い。特に、ヤムイモやキャッサバを練ったフフを浸して食べるスープは、具だくさんなうえ、唐辛子で辛味を加えている。汁気が多く辛いナイジェリア人向けの中華料理は、このような地元料理の特徴が表れていると言えよう。それはまた、多くの地元の人にとって中華料理がまだなじみのない食べ物である段階で、かなりのローカル化がなされているということでもある。もっとも、この形態がかつてのアメリカ式中華や、日本の町中華のように広く普及し定着するかは今後の展開を待たなければならないであろう。

四、ナイジェリア料理のなかの中華

言うまでもなく、食文化とは決して固定的なものではない。「伝統料理」や「地元料理」と呼ばれるものも、人やモノの移動を通して交わり、変化していくものだ。それはナイジェリア料理についても同じである。今日、フフの原料の一つとなっているキャッサバは、一六世紀にポルトガル人の手によって南米からナイジェリアに持ち込まれた食材である（Ikpe 1994: 22）。ジェロフライスも、もともとはセネガル、ガンビア、モーリタニアに居住するウォロフ人の料理であった。

これまで論じてきた通り、レストランが提供する中華料理は、ナイジェリア料理と比較して高価であり、今も多くのナイジェリア人にとっては馴染みが薄い。しかしながら、改めてナイジェリアの人々と中華料理の関わりに注目してみると、意外なところに中国とつながる食べ物が見つかる。

フライドライス

食文化の近代化、グローバル化とともに、ラゴスをはじめとしたナイジェリアの都市部では、様々なファストフード・チェーン店が林立するようになっている。そのなかには、ケンタッキー・フライドチキンやドミノピザのようなグローバル・チェーンもあれば、ミスタービッグ（一九八六年設立）やタンタライザー（一九九七年設立）など、ナイジェリア資本の企業もある。それらファストフード店においては、ハンバーガーやピザなどの西洋料理を売りにしている場合でも、ナイジェリアの地元料理を好む顧客の需要に合わせて、ジェロフライスなどの米料理をサイドメニューとして販売することが一般的となっている（Olutayo and Akanle 2009）。この様なファストフード店のメニューや、あるいはホテルなどで開催されるパーティー料理として提供される米料理の一つに「フライドライス」、すなわち炒飯がある。

ナイジェリア式のフライドライスは、ローカル米に、賽の目に切った人参やタマネギ、グリンピースなどを混ぜて炒め、ターメリックやタイム、カレーパウダーなどで味を付けた料理である。ナイジェリア料理のレシピを紹介したサイトのなかには、ナイジェリア式のフライドライスについて「ゴールデン・ターメリックを用いたインドのピラフと、野菜がちりばめられた中国のフライドライスを混合させた料理」と説明するものもある（Sokoh 2022）。

興味深いことに、近年ではナイジェリア式のフライドライスとは別に、「チャイニーズ・ライス」と称する料理を提供する店もある。チャイニーズ・ライスとナイジェリア式フライドライスの違いについては、前者では外国産のインディカ米を用い、具として野菜のほかに卵やソーセージ、鶏肉などを入れ、味付けは、塩と醤油で行う点が挙げられる。レシピサイトのなかには、炊きたてではなく冷えた飯を使うことを調理のポイントとして挙げるものもある。フードコートでの販売価格を比較すると、チャイニーズ・ライスはナイジェリア式のフライドライスと比べ、二割ほど値段が高い。フライドライスの豪華版といったところである。

こうした違いはあれども、フライドライスがナイジェリアに深く定着した背景には、ナイジェリアにおいてそれ以前から米料理が親しまれていた状況があるだろう。第1章で見た日本の中華が白いご飯を中心に展開したように、外来の食は既存の食と親和性の高い要素を結んで受け入れられていくのである。

春巻

フライドライスと並んで、中華料理の文脈とは切り離されながらも、ナイジェリアの食に浸透している料理がある。それはスプリングロール、すなわち春巻である。ナイジェリアの特に都市部においては、週末になるとホテルやレストランで様々なパーティーが催される。その際に、ホストが用意する料理として近年定番となっているのが、「スモールチョップス」と呼ばれる、一口サイズの揚げ物の盛り合わせである（写真8-3）。揚げ物の種類は様々であるが、特に不可欠とされる三品がポフポフ、サモサ、そして春巻である。ポフポフとはナイジェリアでよく食べられる、丸い揚げドーナツのような菓子である。サモサは、スパイスで味付けしたジャガイモを三角に揚げたインドで定番のスナックである。これに、中国由来の春巻が加わる。

写真8－3　スモールチョップス。ポフポフ、サモサ、春巻が入っている（2022年）

スモールチョップスはパーティー用の軽食として人気を博した結果、現在では街頭でも販売されるようになっている。例えば、ラゴスのファストフード店では、アルミホイルの容器に詰めたスモールチョップスが、テイクアウトの商品として売られている。さらに、ラゴスでは、日常化した交通渋滞のなか、行商人たちが徐行運転を続ける車の搭乗者たちを相手に飲み物から日用雑貨まで様々な商品を売りに歩く。それらの行商人たちのなかには、スモールチョップスを商う若者たちもいる。価格は、店舗や揚げ物の種類、数によって様々であるが、街頭では一千ナイラ以下で買うことができる。また車道の行商人たちは、五百ナイラで販売している。こうして春巻は、中華レストランを離れ、様々な状況で消費される軽食の一角を担う人気の料理として、ナイジェリアの食文化を構成するようになりつつある。

スモールチョップスにせよ、ナイジェリア式フライドライスにせよ、中華料理とともにインド料理との関わりが見られる。スモールチョップスでは、ナイジェリアのポフポフと中華料理の春巻とともに、インド料理のサモサが定番となっている。また、ナイジェリア式フライドライスにおいては、ターメリックなどのインド原産の調味料が用いられている。ナイジェリア、香港、インドは、かつてはともにイギリスの植民地支配下にあった国・地域である。近年増加した中華レストランが今日の中国とナイジェリアを結んだ人やモノの移動を背景に成長したとすれば、ナイジェリア料理のなかの中華料理は、植民地時代を背景とした国々の歴史的関係を映し出しているのである。

おわりに――交流／反目、脱領域化、再領域化と中華料理

二〇世紀の終わりに、ジェームズ・ワトソン（二〇〇三）は、米国のハンバーガー・チェーンであるマクドナルドの東アジアにおける展開を「グローカリゼーション」という概念で論じた。振り返れば、東アジア諸国の経済成長が「奇跡」と呼ばれた時代であり、新たな消費者階級が生まれた時代であった。文化帝国主義的なグローバル化の代名詞であったマクドナルドを、東アジアの消費者たちが主体的に飼い慣らす様を、ワトソンはローカル化として捉えたのである。そして今世紀に入ると、新たに「世界の工場」と呼ばれるようになった中国をはじめとした東アジアと、「地球上最後の市場」であるアフリカを結んだ人やモノの移動に人々の関心が集まるようになった。

本章で扱ったナイジェリアにおける中華料理の広がりは、グローカリゼーションという言葉では捉えきれない食文化の移動である。第一に、中国からアフリカへの食文化の浸透はグローバルサウスからグローバルサウスへの移動である。マクドナルドが象徴していた欧米を中心としたグローバル化の言説においては語られることのなかった、周縁から周縁への移動にあたる。加えて第二に、中華料理を受容するナイジェリアにも、もはや均質なローカルを想定すること

はできない。中華レストランが主な顧客とする対象は、ナイジェリア人にとどまらず、中国系移民や、あるいは国籍に関わらない富裕層など多様である。それら多種多様な顧客のニーズに合わせて、中華料理店も店の外装や販売形態、メニューなどを差異化している。人やモノの移動が益々盛んとなる今日、もはや食文化の浸透をグローバル化とローカル化の二極では語ることはできない。

重要なことは、ナイジェリアにおける中華料理の受容は、今世紀に入って始まった新しい現象ではなく、二〇世紀の半ばには始まっていたことであろう。サモサとともにスモールチョップスの定番となった春巻や、フライドライスのように、ナイジェリアにおける中華料理の浸透は、「東アジアの奇跡」が語られる以前から、大英帝国下の植民地間の移動として始まっている。欧米を中心とした近代世界システムの影で、食文化は周縁諸国の間につながりを生み出してきたのである。

そして、複雑に連関する歴史的経緯を辿りながら、極めて多様なルーツや階層のそれぞれに合わせて展開していく点が中華料理の大きな特徴の一つである。中国から遠く隔たったナイジェリアにおいても、あたかも中国と見まごうばかりの雰囲気と料理を再現したかと思えば、いまだに中華料理を食べつけない現地の人々に向けて大幅に改変することもいとわない。こうした、どこでも、どんなふうにでも汎用しうる融通性と普遍性こそが中華料理の最大の特徴であり、遠くナイジェリアにおいても幅広く消費されている理由なのである。

参考文献

眥彦闾 二〇一九「中国商人のアフリカ進出――『Made in China』の運搬者から『Designed in China』の創立者まで」『華僑華人研究』一六：四〇―四八。

フレンチ、ハワード・W 二〇一六『中国第二の大陸アフリカ――一〇〇万の移民が築く新たな帝国』栗原泉訳、白水社。
松本尚之・川口幸大 二〇二〇「アフリカと中国を結ぶ人とモノ――ナイジェリアの中国人コミュニティとホスト社会の関係」森千香子・松尾昌樹編『移民現象の新展開』岩波書店、一三三―一五九頁。
望月克哉 二〇〇六「ナイジェリアにおける中国系ビジネスの展開」平野克己編『企業が変えるアフリカ――南アフリカ企業と中国企業のアフリカ展開』日本貿易振興機構亜細亜経済研究所、一二七―一四三頁。
ワトソン、ジェームズ 二〇〇三「脱国籍性、現地化、東アジアのファーストフード産業」ジェームズ・ワトソン編、前川啓治・竹内恵行・岡部曜子訳『マクドナルドはグローバルか――東アジアのファーストフード』新曜社、一三―六五頁。
Adebayo, K. 2015. Tokunbo and Chinco economies in Nigeria: rethingking encounters and continuities in local economic transformations, *African East-Asian Affairs* 3-4: 80–101.
Bräutigam, D. 2003. Close Encounters: Chinese Business Networks as Industrial Catalysts in Sub-Saharan Africa, *African Affairs* 102: 447–467.
Ikpe, E. B. 1994. *Food and Society in Nigeria: A history of Food Customs, Food Economy and Cultural Change 1900–1989*, Franz Steiner Verlag Stuttgart.
Olutayo, A. O. and O. Akanle 2009. Fast Food in Ibadan: An Emerging Consumption Pattern, *Journal of International African Institute* 79 (2): 207–227.
Sokoh, O. 2022. Nigerian Fried Rice. Serious Eats. https://www.seriouseats.com/nigerian-fried-rice-recipe-6503713（二〇二三年六月二六日閲覧）

第9章

南アフリカ共和国

Republic of South Africa

移民とアパルトヘイトの爪痕

シ ゲンギン

どの大陸にも中国人移民がいることは間違いない。これまでの華僑・華人の移民先は時代によって違うが、全体としては東南アジア、アメリカ、カナダ、オーストラリア、そしてヨーロッパが好まれる地域である。近年はアフリカ大陸にも中国人が増えてきたが、他地域と比べればまだまだ少ない。

中国から来た多くの新移民は、南アフリカのおいしい中華料理を探すならヨハネスブルグに行かないといけない、と言う。ヨハネスブルグは南アフリカ最大の都市で、日本で言うと東京のような国際金融都市である。しかし、私は様々な移民文化が交わるケープタウンの中華料理こそおもしろいと思う。それは、中国人移民の長い歴史があるケープタウンの中華料理はスタンダードが設定されておらず、中華料理店がそれぞれ異なる経済階層の顧客を狙いながら、自己の定義によって中華料理をアレンジし、伝承し、改変し、さらに新たに開発しているからである。

一、南アフリカの華人歴史

プレトリア大学の歴史学者カレン・ハリス（Karen Harris）によると、南アフリカにやってきた華僑・華人は大まかに三つの波に分かれるという（Harris 2007）。

一つ目の波はオランダ東インド会社（Dutch East India Company, 以下ＤＥＩＣ）設立後の一七世紀半ばである。初期の植民地時代に南アフリカへ来た中国人の数は非常に少なく、当時の中国人移民人口は五〇人以下だったという（Armstrong 1997）。この植民地初期の段階では、自由な個人もいれば独身奴隷の身分でやって来た人もいた。あるいは、インドネシアの首都ジャカルタからＤＥＩＣによって非合法的に捕らわれて労働力として送られてきたケースもある。この場合は一般に所定の期間が過ぎるとアジアに戻ったが、ほとんどの中国人移民はそれが意図的であれ非意図的であれ、個人として船に乗り、ケープタウンに到着した。

彼らは、茶、陶器、布などの商品を扱ったり、魚、新鮮な野菜、小さなケーキを販売したりと、小規模貿易や工芸品、食品で地位を確立した。他にも、形の整ったろうそくの製作、魚料理をお茶やコーヒーと一緒に提供する小さなレストランや食堂などの事業でよく知られていた。これらの初期の移民の多くは土地と奴隷両方の所有者であったため、かなり裕福だった。しかし、彼らの経済的成功は入植者の警戒を招いた。彼らとの競争を忌避する嘆願書によって、中国人の経済活動の一部を禁止する法律が導入された。こういった状況はヨーロッパでナポレオン戦争が勃発するまで続いた。その後、南アフリカの支配権はオランダから英国に移る。英国の占領期間中（一七九五〜一八〇三年、一八〇六〜一九一〇年）も、ときおり少数の中国人商人や契約職人がケープに到着し続けた。

中国人移民の第二波は、二〇世紀の初め頃ウィットウォーターズランド（Witwatersrand）地域の内陸部で金が発見されたことがきっかけだった。南アフリカは戦争後の深刻な労働力不足を補うために、六万三六九五人の中国人契約労働者を入れ、金鉱山で働かせた（Richardson 1982）。彼らは、その地域を支配し始めたばかりの英国行政機関によって監督され、非常に厳しい規制で雇用されていた。三年間の契約で雇用されたが、一回の契約更新のオプションが与えられ、その後は本国に送還されなければならなかった。そのような条件に縛られた彼らは、集合住宅に集住し、移動も制限され、規定された職業での単純作業しかできなかった。

しかし、新たに選出されたヘット・ウォーク（Het Volk）党の政権交代によって中国人移民の第二波は六年間（一九〇四～一〇年）しか続かなかった。そして、三つの波ほどではないが、実際には一九世紀の最後の四半期から、新しく設立されたダイヤモンド鉱山（一八六七年）と金の鉱山（一八八六年）にやってきた自由な中国人移民の小さな波もあった。彼らは、法律によって鉱山での作業が禁止されていたため、様々な貿易およびサービス業を設立するようになった。これらの自由身分の中国人の数は、一度に二五〇〇人から三〇〇〇人の幅を超えたことはなかったと推定されている。自由身分の中国人移民は主に中国の南部から移住してきたが、中国人契約労働者は主に中国の北部の出身だったという（Harris 1998）。

移民の第三波は、一番最近の出来事である。この波の特徴は、移民の出身地も目的も多様であることに加え、さらに過去半世紀にわたる南アフリカ、台湾、中華人民共和国の政治情勢によっても多様化に拍車がかけられているということである。一九七〇年代後半、南アフリカのアパルトヘイト政府が台湾とより緊密な経済的および外交的な関係を発展させた時期には、中国人移民を「禁止された移民」として制限する法律が少々緩和され、台湾と香港からの移民は条件付きで許可された。低迷していた経済を成長させることを目的として、起業家を南アフリカの様々な地域に定住させることが奨励されたのである。

一九九四年には、初の人種規制のない普通選挙が実施されてより民主的な政治体制に移行し、アパルトヘイトが撤廃され、一九九八年に南アフリカと中国の間に新しい外交関係が確立された。その後は、合法的にも非合法的にも中国人移民が増加し、南アフリカの華僑コミュニティ（一般にSouth Africa Born Chineseとして知られる）に大きな影響を与えた。南アフリカにおいて中国人人口に関する確実な統計はないが、非公式の推定によると、二〇〇七年頃には一〇万から二五万ぐらいの中国人がいたと言われている（Harris 2007）。

二、ケープタウンの中華料理

ケープタウンは南アフリカ共和国の西ケープ州に位置する都市である。港が有名であるとともに、世界的に名高いテーブルマウンテンや喜望峰などを含んだケープ草原のなかにあり、自然と都市の機能を兼ね備えた世界都市である。南アフリカで最初にヨーロッパの植民地とされた地であるケープタウンは、複雑な歴史を持ち、豊かで多様な文化を蓄えているため、毎年世界中から多くの観光客を集めている。地理的に東アジアから離れているにもかかわらず、毎年多くの中国人観光客もやってくる。西ケープ州投資貿易振興局（WESGRO）の報告書によると、二〇一六年には、一年間で六万人以上の中国人が西ケープ州を訪れた（WESGRO 2019）。このように、一七世紀から中国と関わりがあるケープタウンには、オールドカマーの中国人移民に加えて、毎年中国からの新しい訪問者もやって来ている。

複雑な移民史を持ったケープタウンには、様々な人種と民族の人が集まっており、全世界の料理が集合していると言っても過言ではない。アフリカ系の人々に好まれる牛や羊のシチューとトウモロコシを乾燥させた粉（Mielie pap）を合わせる料理もあれば、白人がよく食べる肉料理を中心にパンや白米、ポテトなどを主食としたメニューもある。また、インドやマレーシア人が好むカレー料理も少なくない。東アジアの食も人気で、旅行口コミサイト「トリップアドバイザー（Tripadvisor）」で検索した結果によれば、驚くべきことにデリバリーを含めて、ケープタウンには寿司屋や中華料理店が二百軒以上もある。

中華料理は華人系の客だけでなく、非華人系の人々にも人気が高い。ケープタウンにある中国協会（Western Province Chinese Association）は中華料理博覧会（The Chinese Food Fair）のようなイベントを開催して、中国文化を宣伝している

（Cape Town Magazine 2022）。また、中華料理店が多いのは、中華料理の販売形態も影響していると考えられる。華人系の南アフリカ人は今でも家で中華料理を作って、家族団らんで食べる習慣を持っている。その習慣のない非華人系の人は当然、買うか食べに行くかしかないが、ケープタウンに出来合いの中華料理を買える場所は少ない。近年は、冷凍やレトルトのような簡単なものは増えてきているし、スーパーマーケットのデリコーナーでは寿司やカリフォルニア・ロールはよく見かけるが、中華料理はあまり見かけない。中華はやはり出来上がったばかりのものでないとおいしくないからだろう。デリで買えないかわりに、テイクアウトを提供する中華料理店は数多くある。

南アフリカに移民してきた中国人の歴史やアパルトヘイトの爪痕と言うべきか、ケープタウンの中華料理は店の場所と作り手によって、どのような顧客が食べに来るかが決まると言っても過言ではない。料理だけを見ると、大まかに「クラシック欧米風」、「オーセンティック庶民風」、「現地化」という三つのカテゴリーに分けられる。以下三つの例を挙げながら、ケープタウンの中華料理の特徴を描きたいと思う。

三、クラシックな欧米的広東料理

Tai Ping は静かなニューランズ（Newlands）地域に位置する中華料理の老舗である（写真9-1）。レストラン自体は広く、明るく、「Tai Ping」という看板は道を通る誰の目にも入るようになっている。Tai Ping の漢字「太平」は太平洋という意味ではなく、中国語で「平和」を指している。

背景

オーナーのWさんは南アフリカで生まれ育った。彼の祖母が中国の広州出身で、一九三〇年代に南アフリカにやってきたという。つまり、南アフリカで金が発見されたゴールドラッシュにやって来た中国人移民の第二波の一人である。

Wさん自身はヨハネスブルグの保険会社に勤めていたが、一九八二年にTai Pingを経営してきた親戚のKさんがカナダに移住することになったため、Wさんと妻がそのビジネスを引き継いだ。前オーナーのKさんは中華料理のシェフで、自家製のファミリーレシピをTai Pingのメニューに活かして経営していた。現在キッチンチームには合計一四名のスタッフが雇われており、その中には中華系もいれば、隣国のジンバブエ人もいる。一番長いスタッフは三七年間もTai Pingで働いている。Wさんの言葉で言えば「私たちは家族のようだ」ということである。

Tai Pingは四〇年間も同じ場所で店を続けているため、この地域では最も古い料理店である。テイクアウト料理から始まったが、その後ビジネスを発展させ、店をどんどん拡大し、現在では当初の四倍にもなる面積を占める大型店舗になっている。Wさんの話によると、近所に住む中流階層以上の白人の常連が長年通ってくれているという。白人の家庭が三世代揃って来店することが多く、夕飯時にはほぼ毎日満席になっていた。

写真9－1　Tai Pingの中の様子（2022年）

料理の特徴

店に着席したら、優しそうなアフリカ系のウェイトレスがメニューを渡してくれる。メニューは高級レストランのように革のカバーが付いた冊子になっている。料理の名前には英語と中国語が併記されていた。店の中には四人席のテーブルが一〇卓以上置かれており、店内の飾りは中洋折衷で、中国風の柱や提灯が飾られている一方、バーカウンターも置かれており、壁に書かれているおすすめのメニューもすべて英語表示である。

料理の多くは、チャプスイ、春巻、ワンタン・スープなど、アメリカの中華料理店の看板メニューになっているような定番料理である。Wさんが

写真9－2　看板料理の牛肉のトウチ炒め（Black Bean & Garlic Beef）（2022年）

店を引き継いでから四〇年が経ったが、メニューは当時からあまり変えていないし、開店当時と同じ味の料理を提供するように努力している。途中で広州からシェフを雇ったが、そのシェフもTai Pingで働いてもう二五年になる。彼も開店当時の料理と全く同じ味を心がけ、正統な広東料理を目指している。ウェイトレスが勧める牛肉のトウチ（豆鼓）炒め（Black Bean & Garlic Beef, 写真9‐2）には、ブロッコリーや大きめのニンジン、タマネギが入っており、欧米化した中華料理の特徴と合致する。そもそも欧米で定着した中華料理は広東料理が原型であり、Tai Pingもその系統に位置づけることができると言えよう。

ビジネスの特徴

Tai Ping は料理の真正性（Authenticity）（張 二〇〇五）を保つために、いろいろな工夫をしている。前オーナーのKさんは店の経営を手放してから四〇年も経ったが、今でも毎週ビジネスを引き継いでくれたWさんと連絡を取りあって、運営上の問題を一緒に解決し、Tai Pingの経営に精力を尽くしている。また、Kさんは隔年でケープタウンに戻っており、その際にはTai Pingの料理を味わい、料理の味が保たれているかを確認している。これは自分が立ち上げたビジネスに対する愛着であり、真面目に商品を作り妥協を許さないという職人の精神でもあろう。

Tai Pingを成長させてきたWさんも、店の経営と維持に関してこだわりがある。この四〇年間は家族企業のようにやってきた。食品の購入は毎日自分で行っている。会計関係は妻が担当で、ウェブサイトの更新は長男が時間のある時に手伝ってくれている。「毎日とても忙しい、家に帰ったらすでに夜一〇時。常連を失うことを心配し、二週間以上の長い休暇は抑えている」という。自分の子どもたちがＩＴ企業や金融機関に勤めているのを誇りに思っている一方、

「四人の子どもの中で、この店を引き継いでくれる子は一人もいない。ほかに後任者も見つからない」と残念そうに語っていた。自分がいつになったら引退できるかと悩みながらも、現地の人に任せることはあまり考えていないようで、「四〇年間の努力で立てた看板があっという間に倒れるのではないか」という懸念があるという。Wさんは、中華料理は絶対に経験があり料理感覚に優れた中国人のシェフが作らないといけないと考えている。「現地人は中華料理の作り方をまねることはできるが、正統な中華を作ることはできない」というのが彼の持論だ。それは、中華料理のシェフになるためには相当な訓練とセンスが必要だからだという。「私自身も四〇年間この店で働いているから、シェフからいろいろ学んできた。しかし、ある程度の料理はできるが、忙しいときにも、普段と同じくおいしい料理を作れる自信はない」と、Wさんは料理の味と質の維持に執念を持って取り組もうとしている。

四、オーセンティックな庶民的東北料理

Tai Pingと同じ経営理念を持ち、料理の真正性を第一にするもう一軒の店がある。ただし、Tai Pingとは異なり、その真正性とはクラシックな海外の広東料理としてではなく、今日の中国の料理としてである。店はケープタウンの観光地シーポイント（Sea Point）に位置する小さなレストランHe Sheng（合盛）である。経営者は中国大連市（遼寧省）出身の女性である。

背　景

ケープタウンの中国人の留学生から「おいしい中華料理を探しているなら、He Shengに行ってみたら。でもオーナーは怖くて、怒りんぼうおばさん（Angry Mum）と呼ばれているよ」と言われる店がある（写真9-3）。もう一人の中国人の友人も「私の知り合いが最近、予約した時間より三〇分遅れたということで、怒りんぼうおばさんに叱られたよ」と

写真９－３　He Sheng の中の様子（2022年）

言っていた。この He Sheng のオーナーは接客の態度が悪いということで、悪い意味で有名人になっている。しかし、料理は大変人気が高いので、悪い態度で接されても食べに行く人はたくさんおり、ほぼ毎晩満席ということである。

店は看板からインテリアまで極めて簡素である。店内の天井には赤い灯篭が吊り下げており、中国風の扇子や絵が赤い壁に飾ってある。席を探している筆者を見つけたオーナーは「一名ですか。そうしたら、こちらの小さいテーブルでどうぞ」と餃子の皮に具を包みながら、親切に案内してくれた。キッチンでは何人かのアフリカ系のスタッフが餃子の具を作っており、オーナーの怒りんぼうおばさんが熟練した職人のように、出来上がったミンチと野菜の具を麺棒で広げた餃子の皮に一つずつ包んでいる。「すべてが手作りで、毎日気が狂ったように忙しい」と彼女は私にメニューを渡しながらつぶやいた。

料理の特徴

メニューに写真は一つもなく、英語と中国語を併記して料理名が書かれている。料理のほとんどが、トマトとたまごの炒めものやチンゲンサイと豆腐のスープのような中国東北部の家庭料理である。価格は一品六〇ランドから二〇〇ランド（日本円にして約五〇〇円から一五〇〇円程度）に設定されている。

焼き餃子は皮が金色になるように焼かれている。普通の焼き餃子は、皮がワンタンのように薄いものが多い。しかし、これは手作りのおかげで、皮は水餃子のような厚さでもちもちしており、外側がぱりぱりと焼かれている。ネイティブの筆者にとっても、見た目、触感とも申し分なく思われる餃子であった（写真9-4）。

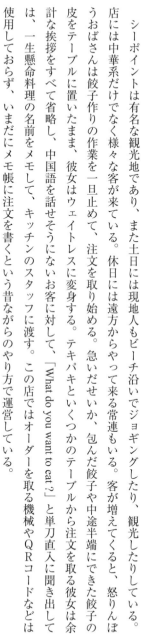

シーポイントは有名な観光地であり、また土日には現地人もビーチ沿いでジョギングしたり、観光したりしている。店には中華系だけでなく様々な客が来ている。休日には遠方からやって来る常連もいる。客が増えてくると、怒りんぼうおばさんは餃子作りの作業を一旦止めて、注文を取り始める。急いだせいか、包んだ餃子や中途半端にできた餃子の皮をテーブルに置いたまま、彼女はウェイトレスに変身する。テキパキといくつかのテーブルから注文を取る彼女は余計な挨拶をすべて省略し、中国語を話せそうにないお客に対して、「What do you want to eat ?」と単刀直入に聞き出しては、一生懸命料理の名前をメモして、キッチンのスタッフに渡す。この店ではオーダーを取る機械やＱＲコードなどは使用しておらず、いまだにメモ帳に注文を書くという昔ながらのやり方で運営している。

写真９−４　He Sheng の手作り焼き餃子を黒酢で食べる（2022年）

ビジネスの特徴

怒りんぼうおばさんは一八年前に南アフリカにやってきたという。当時は飲食店ビジネスの調子が良くて、たくさん儲かった。しかし、近年はインフレーションのため、南アフリカの貨幣ランドがとても弱くなってきた。店が観光地にあるので、毎月店の賃貸料は相当な額で、経営は大変である。彼女は「現地のアフリカ人スタッフに料理の作り方をいくら教えても、毎回同じ味の料理を作るのは無理だわ」と言い、現地人のスタッフにはキッチンで料理の下準備のみしてもらっている。中国からシェフを雇うことも考えていたが、その場合は南アフリカで宿泊場所の提供やビザ申請のサポートをしなければならず、手続きも面倒だし、お金もかなりかかるので、断念したという。そのため、店の運営と料理は怒りんぼうおばさんと夫の二人が担っている。「高校生の娘から聞いたよ。TikTok で私の接客態度が悪いと広く言われているわ」と怒りんぼうおばさんは率直な態度で自分の評判を明かしてくれた。「私はいつもお客さんに言います。あなたがおいしい料理を食べたければ、私の態度に我慢しないといけない」。料理を作るために、丁寧な接客が難しいという彼女の葛藤が伝わってくる。

怒りんぼうおばさんのような新移民は一攫千金を夢見て南アフリカにやってきたケースが多い。しかし、中華料理店には Tai Ping に代表される老舗もあるし、同じ観光地にはほかの料理店がたくさんあるので、競争が激しい。家賃も高いため、毎日なるべく多くの客を入れることを目指している。生き残るため、彼女は人件費を削って、なるべく自分たちで多くをこなすようにしている。また、中国人経営の店が中国人以外をキッチン・スタッフとして雇うのはヨーロッパや日本では珍しい形態であるが、南アフリカでは移民労働者を安く雇うことができるので、多くのジンバブエ人が雇われてキッチン・スタッフを担っている。

怒りんぼうおばさんの話によると、今年彼女の娘がヨーロッパの大学に合格したし、この店の契約も最後の一年になったので、そろそろ店をたたんで、中国に戻ることを考え始めているという。彼女にとって、He Sheng は日本の老舗のような事業の継続性を重視する家業ではなく、ただの生計を得る手段であり（加藤 二〇〇八）、経済的な目的が満たされたらケープタウンでの生活に未練はなく、中国で安定した引退後の定年生活を送るのだろう。

五、現地化した中華料理

南アフリカの名門大学ケープタウン大学（UCT）付近にある Hong Da（鴻達、写真9-5）は安くて量が多いということで地元の人々の人気を集めている。店外のインテリアはいかにも中国らしい雰囲気で、町行く人の目を引く。

写真９－５　Hong Da（鴻達）中国物産店の入り口（2022年）

写真９－６　ホイルのお皿に乗せられた牛肉のトウチ炒め（2022年）

店の概況

店のオーナーは福建省から十数年前に南アフリカに来た中華料理のシェフで、ケープタウンの観光地であるシーポイントで中国物産店兼デリバリー中華料理店を運営していたが、新型コロナウイルス流行期の間にこの店をチェーン店として開店したという。店には小さなテーブル二つしか置かれておらず、主な注文はデリバリーである。ランチやディナーの時間帯にはＵＣＴの学生からの注文が多く入る。店の隣は以前の店舗と同じように中国物産店で、冷凍食品、調味料、お菓子、日本産のラーメン、さらに食器などが売られている。

料理の特徴

メニューにはチョプスイや甘酢だれ系（Sweet & Sour）の料理やチャーハンに揚げ餃子など、北米のテイクアウト中華でおなじみの品が並んでいる。ゆっくり味わう料理というよりは、低価格でボリューム重視のお手軽中華の典型である。肉まんや餃子は作るのに手間がかかるので、冷凍食品を使っている。ほかの料理はジンバブエ出身のキッチン・スタッフが食材を用意し、やはりジンバブエのシェフが作っているという。メニューには中国語がまったく記載されておらず、英語のみとなっていて、中国人向けの中華料理店ではないことが明らかである。南アフリカの現地人向け中華料理の特徴といえば塩辛いことで、現地の料理よりはっきりとした味付けに調理されている。

料理が出てくるのは早く、十分もかからない。店内で食べる場合も、料理はテイクアウトのようなホイル製の容器に入れられている。牛肉のトウチ炒め（Black Bean Beef, 写真9-6）は、トウチジャン（豆豉醬）がたっぷり使われていて、ご飯なしだと塩辛く感じるが、柔らかい牛肉と薄くカットされたニンジン、ピーマン、タマネギとキクラゲのスライスがバランスよく炒められていて、見た目も出来も悪くない。この店はデリバリーがメインだが、店で食べる場合は、箸ではなく、フォークとスプーンが提供される。

ビジネスの特徴

料理を担当するTさんは二年前にジンバブエからケープタウンにやってきて、去年からこの店で働いている。高校卒業後、ジンバブエにある中国系の会社で一年半ほど働いた経験があり、その後、Hong Da の物産店のマネージャーだった父のコネで雇われたという。Tさんはオーナーから五か月間、中華料理の作り方を教えてもらった。メモを取りながら毎日練習し、今やっと一人前になったところだという。彼にとって一番おいしい中華料理は酢豚の鶏肉バージョン（Sweet & Sour Chicken）である。しかし、中華料理店の料理人でありながら、夕飯にはやはりジンバブエの料理サザ（とうもろこしの粉で作った固い練粥）とシチューを食べたいと話す。月曜日から土曜日まで、毎日午前一一時から午後九時まで勤務しており、日曜日が唯一の休日である。給料はそれほど高くないので、家賃と毎日通勤にかかる交通料金を除いた後はあまり残らない。ケープタウンに来てから三年目だが、一度も実家に戻ったことがない。幸い父も姉のGさんも同じくHong Da で働いているので、心の支えになっている。そのGさんは開店してからずっと店のレジを担当してきたが、来月からはメニューに寿司が追加されるため、五か月間、南アフリカの寿司シェフに寿司の作り方を教えてもらう予定だという。

近年はHong Da のように中華料理をマニュアル化し、少し練習すれば誰でも作れるようなシステムで運営する中華料理店が増えてきている。このような中華料理店は経済的な中間層である現地の中華系の人や中国から移住したばかり

表9－1　調査対象料理店の詳細

店の名前	創立時期	創立者の背景	顧客の特徴	料理の値段（一品）	料理の特徴	シェフ
Tai Ping 太平	1982	オールドカマー・広東省	現地の中流階層及びそれ以上、現地の白人	100–200ランド	クラシック欧米風の広東料理	広州からの専門シェフ
He Sheng 合盛	2004	ニューカマー・遼寧省	中国からの新移民・現地の中流階層	100–200ランド	オーセンティックな庶民的東北料理・麺類	経営者自身
Hong Da 鴻達	2021	ニューカマー・福建省	現地の下流階層、大学生	100ランド以下	現地化した中華料理	ジンバブエ人

（100ランド＝約800円）

のニューカマーにはあまり人気がないが、学生や低所得者層に重宝されている。一人分のチャーハンは四九ランド（約四百円）、一皿の牛肉水餃子（一二個）もわずか四九ランドという超安価な中華料理店が儲けを出してやっていけるのは、低賃金での雇用が可能なためである。中国から中華料理のシェフを雇うならば毎月数万ランドの給料のほか、ビザや宿泊の提供も必要になる。しかし、外国人労働者の身分で南アフリカに滞在しているジンバブエ人ならば、現地の南アフリカの状況から言えば安価な毎月五千ランドで雇用することができる。それは彼らの母国の経済情勢があまりにもひどく、南アフリカで何とか仕事を見つけるしかないからである（Liu 2018）。一方、新移民である中国人も南アフリカでは弱い立場にいる。南アフリカの市場はすでに飽和しており、インフレーションのため、ビジネスで稼いだランドを人民元に換算すると、利潤がほとんどない。このような状況で、自身より低い社会階層に置かれているジンバブエ人出稼ぎ労働者を雇って、低い賃金で彼らの労働力を買うことが生き残る唯一の道になっているのである。

おわりに

これまでの三軒の事例から、南アフリカに移民してきた中国人の歴史と南アフリカのアパルトヘイト制度の一面が、中華料理店の運営のあり方と提供される料理に表れていることが明らかになっただろう。表9–1にまとめたよう

表9-2　インタビュー調査対象者一覧

店の名前	対象者の名前	対象者の役割	日にち
Tai Ping（太平）	Wさん	オーナー	2022-8-24
He Sheng（合盛）	Aさん	オーナー	2022-8-27
Hong Da（鴻達）	Tさん	シェフ	2022-8-25
Hong Da（鴻達）	Gさん	受付係	2022-8-15; 2022-8-25

注：インタビュー対象者のプライバシーを守るため名前は仮名。

に、店の経営者たちが南アフリカに来た時期や移住の背景によって、料理店の運営方法やビジネスの理念も異なる。ケープタウンという多民族が暮らす社会においては、多様性と表現の幅広さが求められている。同じ食材を使う中華料理であっても、誰が作るのかによって味が違ってくる。また、真正性を保つのか、それともコストパフォーマンスを重視するのか、どのような客層を狙うかによって、様々に調整がなされている。

オールドカマーであるTai Pingのオーナーは店の看板や評判を大事にし、支持されてきた品質の維持を追求している。一方、ニューカマーであり言葉の壁さえ乗り越えていないHe Shengのオーナーは厳しい経営条件の中で、接客サービスを犠牲にしても手作り料理の味で勝負するという戦略に絞って、それを貫いてきた。そして、やはり二者とは対照的に、同じニューカマーであるHong Daのオーナーは、料理の真正性にこだわらず、コストパフォーマンス重視で生き残ろうとしている。これは南アフリカにいるほとんどのニューカマーに共通する戦略であり、Hong Daはその典型例と言えよう。そしてそれは、かつて欧米で中国系移民たちが中華料理店に見出した戦略でもあった（Liu 2015）。

中華料理店のこうした多様なあり方は、植民地支配とアパルトヘイトに代表される複雑な歴史過程によって、文化が複層的に混淆しているケープタウンならではの特徴であろう。見方を変えると、ケープタウンの中華料理にはスタンダードがないとも言えるかもしれない。しかし、そこには中華料理の柔軟性と創造性が存分に発揮されており、食材や様式の規定に縛られず、様々な階層や文化的背景の人が中華料理を楽しむことができる大きな要因を見て取ることができるだろう。そしてこれこそは、ケープタウンにとどまらない、中華料理の特徴であり魅力なのである。

参考文献

加藤司 二〇〇八「日本の商業における事業継承の特殊性」『経営研究』五八（四）：一二七—一四三。

張展鴻 二〇〇五「返還後の香港広東料理」森川眞規雄編『アジア遊学（特集）——世界の中華料理』勉誠出版、三四—四四頁。

Armstrong, J. 1997. The Chinese at the Cape in the Dutch East India Company period, 1652–1795. Paper presented at the Slave Route Project Conference, Cape Town.

Richardson, P. 1982. *Chinese Mine Labour in the Transvaal.* London: Macmillan.

Harris, K. L. 2007. Waves of migration: A brief outline of the history of Chinese in South Africa. *The China Monitor* 21: 4-5.

Harris, K. L. 1998. A history of the Chinese in South Africa to 1912. Doctoral thesis, University of South Africa, Pretoria. [https://uir.unisa.ac.za/bitstream/handle/10500/16907/thesis_harris_kl.pdf;sequence=1]（二〇二二年八月二〇日閲覧）

Liu, H. 2015. *From Canton Restaurant to Panda Express: A history of Chinese Rood in the United States.* Rutgers University Press.

Liu, Y. T. 2018. (Mis) communicating through Conflicts: Chinese Restaurant Owners and Zimbabwean Employees in Johannesburg. *Africa Journal of Management* 4 (4): 426–446.

WESGRO. 2019. Tourist Market Insights China. *Cape Town and Western Cape Research.* [https://www.wesgro.co.za/uploads/files/Research/China-Tourism-Market-Insights_2019.pdf]（二〇二二年一〇月一七日閲覧）

Cape Town Magazine. 2022. Explore Chinese Food, Culture, and Heritage at This Spring Fair (6 September 2022). [https://www.capetownmagazine.com/food-fair]（二〇二二年一〇月二〇日閲覧）

IV

第IV部

ヨーロッパ

「東西」という対置的な言葉から言えば、東の中国の対極にあるのが西のヨーロッパであろう。それは単に地理的な配置のみならず、文化や価値観も含め、あらゆるものごとが東と西では対照的にとらえられてきた。自分たちは家族との関係や社会の規範の中で生きねばならず、一方でヨーロッパ人は個人主義で自由を重視する、とは中国の人々が一般的に抱く西のイメージである。食事にしても、箸、米/麺、大皿から取り分けという中国に対して、ナイフとフォーク、パン、個人ごとの皿の西洋というように、両者は常に対照的に特徴づけられる。文化・思想的に対極にあるとされ、また食の体系としても隔たった馴染みのない中国の食は、ヨーロッパでどう展開してきたのか。

ドイツの特徴は、中華と言えば高級料理であったものが、屋台やフードコート、さらにはスーパーでの取り扱いによって、大衆路線へと転換していることであろう。一方、オランダは、植民地としたインドネシア料理と混淆した「シニーズ・インデシュ」という独特のスタイルが定着していたが、やはり最近ではオーセンティック路線が優勢となっている点で、日本の「町」と「ガチ」とも通じて大変興味深い。中欧のスロヴァキアではベトナム系が中華も含めたアジア料理を担い、中華系住民が多いハンガリーでも、料理としての中国のプレゼンスが高くないことは意外に思われるかもしれない。

他方でこれら三つの地域に共通する点は、中華が、寿司に代表される日本料理や、ベトナム、タイなどとともに「アジアン」という枠でとらえられている点である。日本では、「エスニック料理」という、極めて奇異なカテゴリーがあるが、そこに中華は入らないことを考えるなら、この「アジアン」を比較対照してみると興味深いだろう。確かにいずれもが地理的にはアジアに属するとはいえ、日本の感覚では、日本料理と韓国料理、中華料理、ベトナム料理、タイ料理がひとくくりにされていることに違和感を覚えるだろう。しかし、「エスニック」もまた、タイ料理もインド料理もエチオピア料理も含みうる、言い換えると、日本以外に、欧米と中国を除いた、「アジアン」以上に広範かつ珍妙な概念なのである。これに関して言えば、各章で示されているように、ヨーロッパにおいてアジアンの最近のトレンドとして注目される「ウォック」料理は注目に値する。広東語の「鍋」を意味するウォックは、鍋一つで何でも作れるという中華料理の真髄を示しているかのようであり、そこでアジアはすべて調理されてしまいそうな迫力さえ感じさえる。他方で、日本の「エスニック」はどうであろうか。単に日中欧以外の、物珍しさといった以上の思考を欠いた浅薄なカテゴリーにすぎないのではないか。ヨーロッパの中華から、図らずも日本が照射されたのである。

第10章

ドイツ

Germany

異国風高級料理から汎アジア料理へ

陳玨勳

一、ドイツの中華とは

「ドイツの中華料理」というと皆さんは何をイメージするだろうか？　現地で生活しているドイツ人に聞くと、二つの派に分けられ、一つは北京ダックのような高級料理のイメージを抱いており、もう一つは屋台の食べ物である炒麺（チャオミェン）をイメージする、という回答が得られた。

その背景には、中華系移民の飲食にある歴史的な要素が大きな影響を与えたことがあると考えられる（Amenda 2008: 304）。ドイツ社会での生活において、中華系移民たちは、自らが体得してきた食文化にもとづき、異郷において、新たに独自の料理を生み出していった。その際、別の国家へと生活の場を移し、故郷で使い慣れた食材や調味料の入手が困難になったため、調理方法や味には大きな変化が起きている。ではドイツの中華料理には具体的にどのような特徴があるのだろうか。以下に詳しく見ていきたい。

二、高級料理店で異国情緒を味わう

ドイツへの中華料理の伝播

ドイツにおける中華料理店は、一九世紀から今日まで大きく発展してきて、各都市に少なくとも一、二軒は存在し、首都ベルリンでは約四百軒の中華料理店が営業している（Taz 2023）。ドイツ語では「chinesische Küche／ヒネーズイッシュエ　キュッヒェ」で「中華料理」のことを指す。この言葉からみると、「chinesische／ヒネーズイッシュエ」は「中国の」を意味し、「Küche／キュッヒェ」は「台所」を意味する。二つの単語から作られたこの言葉には、「中華料理と台所のつながりが深い」という印象と、調理方法が重視されるというイメージが現れているといえよう。なお、古代ギリシャ語である「Gastronomie／ガストロミー」の用語について、日本語では「美食」と訳されるが、複合語で「胃袋」を「規範」づける術というのが原意である（福田 二〇一七：二六六、川口 二〇二三：二八〇）。中華料理店は「Chinesische Gastronomie／中華美食」を作る場所であり、早くも一九二〇年代からドイツで開業し、現地の人々にアジアの味を提供してきた。ベルリン初の中華料理店は一九二三年にカント街に開業し、「天津」という店名であったという（Taz 2023）。そして、ベルリンは一九三六年のオリンピック開催都市として世界各地から観客を呼びこみ、日本代表選手が当時のレストランでチャーハンを味わったことが日記に記されている（張 二〇二〇：二一二）。なお、一九六〇年代には西ドイツ、とりわけハンブルグで多くの中国料理店が開業し、十数年後には西ドイツ全体で五百軒をこえていたという（岩間 二〇二一：四六七）。この時期から、広東料理、四川料理、北京料理などを専門とする中華料理のコックが、台湾や香港から西ドイツへ渡航するケースが多くなっていった（陳 二〇一九：一九五）。

一方、東ドイツでは、第二次世界大戦以降、基礎的な建設や生産に必要な労働者が不足したため、同じ共産圏に入ったベトナムとポーランドから多くの労働者が移住してきた。ベトナム移民はその後も大きく増加し、労働契約者の中で最大のグループになり、旧東ドイツの経済の発展に大きな貢献をしたことが指摘されている（村上二〇一四：一五三）。一九八九年代以降、多くのベトナム移住者はドイツ国籍を獲得し、現地で長期的に生計を立てる必要に迫られた。その際、中華料理店を含むアジア料理店の開業は、典型的な選択肢の一つであった。なかでも、移住者は日本料理や中華料理、あるいはベトナム料理店などを経営する場合が多かった。

しかしながら、こうした背景があるにもかかわらず、現在のドイツに「チャイナタウン」が存在しないのは驚くべきことである。既述の通り、歴史的にみると、第二次世界大戦後、ベトナム系の移民は労働者として旧東ドイツに移動し、ドイツに定着した。一方、中国移民は、まず第二次世界大戦前にナチス政権の迫害を受けて一旦ドイツを離れ、一九七九年に中国において改革開放政策が始まったことを契機に、再びドイツへ渡ったケース多い（Giese 2003: 155）。一九八〇年代以降、ドイツへ移入した中国人は三つのグループに分けられる。一つ目のグループはレストランの飲食業での労働者であり、二つ目は専門職と管理職、いわゆる企業の派遣社員、三つ目は留学生である（Leung 2004: 49–51）。加えて、二〇〇五年からメルケル政権下において対中国経済政策が強化され、両国の関係がより緊密になり（山口二〇一一：三六）、それが現在まで続いている。こうしたアジア系移民の増加に伴い、ドイツにおける中華料理店の店舗数も増えて多様化した。しかしながら、ベルリンでは横浜や神戸のような規模の中華街には発展していないのが現状である。

王宮でのフルコースと高品質のサービス

次に、中華レストランの店名や意匠など、具体的な側面での変化について言及したい。一九八〇年代には、台湾や香港の出身者が経営する中華料理店は、華麗な彫刻が施された梁と赤く塗装された内装、そして室内には木で彫刻された龍の模様の椅子と華麗で大きな染付磁器が飾れ、天井から赤い提灯が吊るされているのが特徴であった。店名に関しては、香港出身者は「酒家」や「酒楼」、台湾出身者は「飯店」などをつけることにより、自分自身のルーツを表明していた。また「龍」・「明朝」・「唐朝」などの中国の象徴物や王朝名を店名につけ、いわゆる移民の出身地の味と特徴をもっている中華料理店は移住者のルートにより広がっていた。またこの時期には、ドイツ人に興味を持たせるため、西洋料理のような正式な献立によるフルコースが提供された。一般的には、オードブルとして辛く酸っぱい中華スープと春巻に始まり、メインディッシュとして北京ダック、鶏肉、牛肉や魚、スペアリブの甘酢あんかけなどの一品、それからご飯や炒麺が供され、最後はデザートにコーヒーやお茶で終わる豪華な宮廷風コース料理が味わえた。さらに、ウイスキー、赤ワイン、白ワインや紹興酒とお茶が料理と共に提供されていた。一九八〇年代には中華料理店で高級料理が提供され、客は中華料理を楽しみながら、アジアの異国情緒を味わうことができたのである。

ただし、この時期の中華料理店はアジア系の移住者のルートに伴ってドイツの大都市に点在するのみであり、そのイメージは異国の高価な宴席料理であった。遠い東洋の雰囲気を味わえる空間で、コース料理の提供に高品質のサービスがついた。一般的に、中華料理店では中央に回転テーブルが置かれ、客はその円卓を囲んで座る。西洋料理と食べ方も異なり、店員が高品質のサービスをし、料理を丁寧にテーブルまで運び、客を心地よく感じさせるのがこの時期の中華料理店の特徴であった。中華料理店の役割から見ると、単なる食事を提供する場所ではなく、アジア料理という飲食文化の特色をドイツ人に展示する場所でもあったといえよう。こうした事象は、現地の華僑華人との生活や移民の歴史にも深くかかわっていると考えられる。

中華料理店は人と人の交流の場

現在のベルリンにおける中華料理店は主に三種類に分けられる。一つ目はレストラン、二つ目は軽食屋、三つ目はテイクアウト、つまり量販店や大都市のショッピングセンターに付属している持ち帰り料理の店である（Roberts 2002: 187）。一九八〇年代からドイツに移住する中国人が増加するにともなって中華料理店も比例して増え、従業員の多くは移民であった。こうした中華料理店は各都市へ進出し、新店舗を開業していった。

その後、中華料理店の営業形態としては、初期の高級コース料理から変化し、現在では、数人のグループで来店し、様々な料理を単品で注文し、回転テーブルに置き取り分けて食するのが一般的となっている。また、昼食の時間は低価格のビュッフェを提供し、より多くの顧客を呼び集めている店もよく見られる。炒め物や揚げ物類からチャーハン、炒麺をはじめ、日本食ではあるがドイツでは人気の高い寿司までが並び、アイスクリームや揚げバナナなどのデザートも用意されていることが特徴的である。

客層に関しては、一般的にドイツ人の他に、おもに中華圏の客を中心に混み合っているところが多く、友人グループや家族・親戚を連れての来店者も目立つ。特別な目的として、誕生日の祝宴・結婚の披露宴・旧暦の大晦日や新年の祝宴などが行われることもよくある。特にドイツに中長期にわたって滞在する中華系移民および留学生にとって、中華料理店は年に一度の重要な新年のお祝いをしたり、共に年越しをする場所にもなる。また、ドイツ人とのいわゆる国際結婚や、同郷人どうしとの婚姻など、人生の重要な通過儀礼である結婚式後の披露宴場所としても使われる。

こうした中華料理店の多くは家族で経営されている。例えば、先に開業していた中華料理店のオーナーを頼って同郷の出身者が家族ぐるみで渡独し、さらに別の中華料理店を開業することはよく見られるパターンである。中華料理店の開業には地縁と血縁の結びつきが関わっていることが多く、こうしたつながりをもとに形成された人間関係をもとに、ドイツという異郷において二世、三世も経営者として店を営業し続けることで、社会ネットワークが発展拡大し、より大きな移民の集団が形成されていくのである。

三、軽食屋の炒麺（チャオミエン）

中華軽食屋のブーム

ドイツでは、軽食屋を「Imbiss／インビス」という。一般的に、ドイツの駅や街角の屋台のような軽食屋のことを指す。小腹がすいたとき、自家製のソーセージやドイツの代表的なパンであるプレッツェル、ビールなどが簡単に買える場所でもある。その便利さゆえ、中華、日本、ベトナムやタイなどの料理を出す軽食屋もこの十数年の間に増え、ブームになっている。しかしながら、顧客であるドイツ人側はどこの国の料理かを区別していないことが多い。一般的に、寿司、フォー、炒麺などアジア系オールミックスのような料理が提供される店の人気が高い。

ドイツの町でよく見かけられるドネルケバブ店は、戦後ドイツの経済復興のため、労働者として一九六〇年代から家族と共にドイツに移住してきたトルコ人による経営が多い。トルコ系移民は、現在では第二世代、第三世代となり、最大の移民集団となっている（丸尾 二〇〇七：一三）。そして、近年の中華料理のブームに伴い、ケバブを売っている軽食屋も炒麺やチャーハンを販売し始めた。ただし、料理と一緒に提供するのは紹興酒や緑茶ではなく、トルコ料理になくてはならない飲み物のチャイ、いわゆる紅茶である。こうしたケースも含めて、ドイツにおける中華料理店の料理人は必ずしも中華系の人々とは限らず、ベトナム人やタイ人、そしてトルコ人も多い（写真10-1）。炒麺やチャーハンはすでに「ドイツの屋台料理」になったと言えるだろう。

写真10-1　ベトナム人が経営している中華料理の軽食屋（2023年）

中華鍋料理と炒麺セット

ドイツにおける中華軽食屋のブームに伴い、近年、中華料理屋はスーパーマーケットへ進出している。内部に設けられた軽食屋では、ウォック、すなわち中華鍋を使った炒め物などが提供され、その場で食べることができる。店の前に写真が多用されているほか、料理セットに（1）や（2）などの番号をつけるのが特徴である。ドイツにおける軽食屋ではこのような「番号」で注文するのが基本的なスタイルであり、中華軽食屋もそれを踏襲しているということになる。料理の味付けはドイツ人の好みに合わせ、やや塩気が強くなっていることが多い。一般的に、スーパーにある中華軽食屋は店が狭く席が少ないため、テイクアウト用の四角い箱に炒麵やチャーハンと野菜、肉などの具を詰めて持ち帰るスタイルが定着している。特に、スーパーやショッピングセンター内の軽食屋には、昼食時にテイクアウトボックスを待つ行列がよく見られる。

料理を注文する手順は以下の通りである。客はまず、主菜を肉料理、野菜炒め、豆腐料理から、主食をご飯類か麺類の二種類から選び、最後に米や麺に添えるソースを選択して、番号で注文する。ドイツにおける中華料理の主菜としては、肉の揚げ物が一般的である。軽食屋のメニューには、揚げた鶏肉、鴨肉、エビなどがあり、ドイツ料理で好まれる揚げ物食文化に大きな影響を受けていると言える。また味は、いわゆる本場の中華料理と大きく異なっていることが多い。その要因として、食材や調味料が代替品となることのほかに、火力の違いが挙げられる。一般的に、アジア系はガス火力による調理が行われるのに対し、ドイツではほどんとの場所で電気コンロが設置されているため、本来の中華料理の調理に必要な火力が得られない。そのため、特に炒麺については、香りと歯ごたえが、台湾出身の筆者のような中華圏ネイティブには物足りなく感じられてしまうことが多いのである。

料理についてのより具体的な特徴としては次の点が挙げられる。まず、チャーハンに使う米はタイから輸入されたジャスミン米が一般的である。料理は野菜、卵、肉類などの具を分けず、すべてを一つの大きな皿に盛り、箸ではなく西洋料理でよく使うフォークとナイフと共に供される。店員は客のリクエストに細かに応じ、味付けを調整しているという。よく注文が入るのは、ダック炒麺だという（写真10-2）。炒麺に鴨肉を入れるのは、ドイツにおける中華料理の嚆矢である北京ダックの影響で、ドイツに特有の料理だと思われる。

料理の価格としては、最も安価な野菜炒麺やチャーハンは四ユーロから六ユーロほど、エビあるいは鴨の炒麺やチャーハンは九ユーロほどで提供されている。さらに独特なのは、春巻と炒麺のセットが販売され、人気を博していることだろう。加えて、その春巻についてくる定番がタイのスイート・サワーソースである点も興味深い。中華料理にタイ料理の要素が混淆してきており、よりアジアのボーダレス化が顕著になってきているともいえるだろう。

料理に不可欠なソース

ドイツを代表する料理といえばソーセージ、そして家庭料理としてはアイスバイン（骨付き豚肉煮込み）が挙げられるだろう。総じてドイツ料理は、フランス料理と違って、優雅さや洗練された味よりも、ボリュームを重視する傾向があるように思える（猪俣 一九九七：二〇五）。ドイツでは、一般的に、朝食は主にパンにバターやジャム、夕食も、パンにチーズやソーセージ、ハムなどの肉類にサラダが付いた冷たく簡単な食事ですませることが多い。一方、昼食が一日のうち最も重要視され、ボリュームもあり、温かく手の込んだ料理が出されることが一般的である。主菜は肉や魚介類などを小麦粉などの粉類や衣をつけてから油で揚げるものが多い。主食はじゃがいもが多く、現在はヨーロッパ大陸のほぼ全域で栽培されている（近藤 一九九八：一五〇）。特にじゃがいもは一九世紀末にドイツ人の国民的食物になってから、ドイツの料理書には必ず登場するようになった（南 二〇一五：三六）。じゃがいも料理は蒸す、炒める、揚げる、マッシュするなど、バリエーション豊かである一方で、味付けは塩のみとシンプルなことが多く、代わりにソースで味に変化をつける。これは肉料理などでも同様である。仕上げにピリッとした香辛料が加えられ、全般的には甘酸っぱい仕上がりや、ソースに酸味や香辛料を加えたものが多い（大沢 一九七八：二四八）。

こうしたソースはドイツ料理だけでなく、中華料理にも添えられる。一般的に、中華料理店の炒麺には、主にチリソース、カレーソース、スイート・サワーソースという三種類ものソースが提供される。中華圏では基本的に炒麺にソースは添えないことを考えると、この麺にソースはドイツのソース文化から及ぼされた影響であると言えよう。なかでもスイート・サワーソースは、客が自分でチャーハンや炒麺に加えることが

写真10-2　ダック炒麺。高級料理であった北京ダックと屋台料理の炒麺が融合している（2023年）

できるように、常に中華料理店のテーブル上に置いてあるほどで、ドイツ中華料理を代表するソースだと考えられている。

ドイツでアジアを代表する調味料と認識されるのは醤油であり、そして醤油の味を模倣した「Würze」という液体調味料を必需品として台所に置いている家庭が多い。ドイツ語の「Würze」は「調味料、薬味」を意味し、少量で料理の風味を引き立て、食欲を増進することに役立つものとされる。「Würze」ソースは一八八六年にジュリアス・マギーが設立したマギー食品会社によって開発・販売された。マギー社は豆を原料とした食品の風味と栄養を高めるため、多くの調味料を創出し、インスタントスープをはじめ、コンソメ、ブイヨン、インスタント袋麺など生産し、世界中で販売している（Nestle 2023）。ドイツでは、中華料理の炒麺やチャーハンにもこのシーズニングソースを入れて炒めるのが一般的である。

こうしたドイツの家庭での中華料理として一般的なメニューは次のようなものである。主食にご飯を選んだ場合、主菜は肉類と揚げエビ、副菜に人参・玉ねぎ・パプリカなどの野菜炒め、もしくはサラダという組み合わせがよく見られる。それらを一つの大皿に盛り、上から先述のソース類をかけるのである。なお、甘酸っぱいフルーツであるマンゴーとパイナップルは、アジアを象徴する食材として、料理にも使われることが多い。

総合すると、ドイツ中華料理の特色としては、料理にかけるソースの種類が豊富なことと、すべての料理を大皿にまとめて盛った上でソースをかけるという点が挙げられるだろう。

四、スーパーのアジアキャンペーンにおける中華料理

中華系・アジア系食材の広まり

では、今日ドイツでアジア料理を作る際に欠かせない調味料類は、どのようにドイツに移入されてきたのであろう

か。まず、アジア料理の代表的な調味料である醤油は、戦後に日本企業がヨーロッパ再進出を始めた一九六〇〜七〇年代にかけて、駐在員とその家族によって構成される日本人社会の需要を満たすために、日本レストランや日本食を扱う日本食品料店が発展したことからドイツに流入してきた。今日、ドイツのスーパーで常設販売されるアジア料理の代表的な調味料であるキッコーマン醤油は、早期にアメリカから輸入され、一九七三年にはドイツへ進出し、レストランの事業と連携してチェーン展開をした。また、一九九七年から、オランダ北部のフローニンゲン州ホーヘザンド・サッペメア市でキッコーマン醤油のヨーロッパ工場が設置された。こうした経緯で、キッコーマン醤油はグローバル商品になっていったのである（染谷 一九九九：九七四―九七六）。

近年までは、ドイツ居住者がアジア料理を作るためには、アジア系スーパーで食材や調味料を調達するのが一般的であった。アジア系スーパーでは、ドイツでは珍しい食材や調味料、調理器具まで購入することができる。食材では、独特な香りを持つ香菜／コリアンダーから、チンゲン菜、ごぼうなど、調味料としては、みりん、ゆず酢、カツオつゆ、その他にもカレールー、味噌汁、納豆などがある。調理器具も、お茶碗、箸、炊飯器、蒸し器、中華鍋、包丁まで、豊富に揃っている。

しかし最近ではアジアブームの影響もあって、ドイツ系一般大手スーパーでも、日本・中国・インド・ベトナム・韓国など各国の製品と野菜や果物、食材や調味料を一般的なドイツ系食品と同じ売り場で販売するようになっている。例えば輸入された柿、北海道かぼちゃなどの生鮮食品から旬の食材、あるいは各種カップ麺や、もちアイスなどの購入も可能である。くわえて、中華料理の代表的な食材である椎茸とチンゲン菜はドイツで栽培されるようになり、全国のスーパーで購入が可能になっている。

スーパーのアジアフェア

また、ドイツ全国にチェーン店がある中型食品スーパー「Lidl／リドル」と「Aldi／アルディ」では、約三か月に一度はアジアフェアが行われる。アジア食材としての寿司専用の米、はるさめ、そば、麺、ココナッツミルク、ライスペーパー、のり、乾燥わかめなどのほか、調味料としては醤油、味噌、ナムプラー、酢、わさび、カレーペーストなどが販売される。キャンペーン中は、箸、中華鍋、炊飯器までが展示販売される。中華即席食品なら、北京で味わえる北京ダックのような鴨肉料理から、家庭でよく食べる「家常菜」、小腹を満たすファストフードの春巻、蒸し餃子や日本式のギョウザなどの冷凍食品までも販売される。

ただし、これらは中華や日本食というそれぞれ単独のカテゴリーの料理というよりは、アジアという大枠で展開されていることが特徴である。例えば、アジアフェアの期間中に販売される即席食品としての炒麺にはいくつかの種類があり、特にアジアの国名を付けた、「中国炒麺」、「シンガポール炒麺」、あるいはインドネシア語の「Bami Goreng／ミー・ゴレン」、インドの「Tikka Masala／チキンティッカマサラ」などの商品が並んでいる。さらには、テイクアウト用の四角い箱に入っている「Tokyo／トウキョウ」、「Bangkok／バンコク」などの商品まである。こうした各種炒麺の相違点は主にソースである。中国炒麺のソースは醤油、シンガポール炒麺はケチャップとおろし玉ねぎ、ミー・ゴレンはおろし玉ねぎとニンニクソース、チキンティッカマサラはインドカレーソース、トウキョウはテリヤキソース、バンコクはチリソースである。そして、刺激的な香辛料であるしょうが、ニンニク、ウイキョウ、とうがらし、コリアンダーなどはいずれにも多く使われる。

こうした即席炒麺を開発した会社は二〇〇五年にオランダで張兄弟によって創立された「Orient Plaza／オリエントプラザ」である。二〇〇六年にドイツへ進出し、主にドイツ系のスーパーでアジアの即席食品の開発と販売を始めた(Plazafoods 2023)。各種炒麺商品の共通点は、調理する必要がなく加熱すればすぐ食べられるという利便性があり、家でもアジアの異国風味が味わえることだといえよう。

さらに、ドイツでは寿司も厳然たる「日本」食ではなく、アジア食品という枠組みに入っていることがある。当初、寿司は回転寿司店や日本レストランで提供されていたのだが、そのオーナーの大半が中華系やベトナム系などの移民だったため、アジア系の食のイメージが混入していったのである。十数年前から続く日本食ブームの影響で、スーパーでも冷凍寿司が販売され、ますます人気が上昇している。また、本来は中華料理である「餃子」は、日本語の「Gyoza／ギョウザ」という単語でドイツの社会に定着しつつある点も興味深い（写真10－3）。

スーパーのアジアンブランド

こうしたアジアキャンペーンで期間中に限定販売される商品は、主に野菜、麺類、基本食材と即席食品であり、顧客が購入した後で家でも簡単に調理できると宣伝されているところも特徴である。また、箸もアジア料理の特徴的な食器として食材や調味料とともにチラシに掲載され、「手軽に買って使える」ことが謳われている。

写真10－3　中華料理の「Gyoza」にスイート・サワーソース（2023年）

さらにキャンペーンのみにとどまらず、大手スーパーのエデカは「Ming-chú／ミンチュ」というブランドを立ち上げ、数百種類のアジア専門的な食品や調味料を生産発売しているし、前掲のリドルは「Vitasia／ウィタシア」、アルディは「福霞」という食品会社を立ち上げ、アジア系食品を積極的に開発し、スーパーで販売している。店舗数で最多のレーヴェ（Rewe）もアジアに目を向け始め、マギーやクノール食品会社と連携して主にアジア料理の必要な調味料と香辛料を販売している（写真10－4）。

そのレーヴェのホームページ（Rewe 2023）においては、中華料理の基本的な紹介や宣伝が行われている。例えば、顧客がスーパーで必要な食材と調味料、あるいは半製品のスープを購入し、麺やご飯と野菜類などの食材をスープに入れると簡単に調理でき、家で家族や一人でも中華料理が味わえるとされている。興味深いことに、中華料理の代表的な料理は「北京ダック」、「中華鍋料理」、「炒麺」、「春巻」の四つであると示されていて、これらは実際に中華料理店でも売れ行きの良い料理である。他地域にもそのまま当てはまるとは言い難いが、ドイツで好まれている品であることが分かる。

以上のように、ドイツのスーパーにおけるアジア系商品は、簡便さを売りにしながら汎アジア的に展開されていることが特徴である。中華は、日本やベトナムなどともに、その中のサブカテゴリーという位置づけであるが、消費者にとっても、担い手の側も、各々の個別性よりも、より大きなアジアという枠の方が優位かつ有意になっていると言えるだろう。

写真10-4　スーパーのアジア食品と調味料（2023年）

五、新たな中華料理の多様化

首相と宮保鶏丁

現在のドイツにおける中華料理は、長い移民の歴史と各地の状況により、多くの特色をもっている。中でも最近定番となってきた料理に、四川料理の「宮保鶏丁《ゴンバオジーディン》」がある。ドイツの前首相アンゲラ・メルケルは在任中、中国への投資を拡大するなど、中国と緊密な関係を築くことを目標としており、中国への公式訪問回数は在任期間の一六年間で一二回に及んだ。二〇一四年の報道によると、メルケルは中国訪問中に、四川のレストランの料理長から鶏肉とピーナッツを唐辛子とともに炒める宮保鶏丁という四川料理を習っている（BBC NEWS 二〇一四）。その際には、ドイツにおける中華料理店で宮保鶏丁の注文が殺到したという。

メルケル前首相は料理が趣味で、公務外の時間帯に一人でショッピングバッグを持ってスーパーへ行って買い物する姿がしばしば報道されていた（Merkur 2018）。このメルケル前首相の影響で、中華料理店では、ご飯が付いた宮保鶏丁セットが提供されるようになり、花椒や唐辛子の辛みや刺激的な味を求めるドイツ人が急増したという。現在ドイツにおける初心者向けの料理雑誌以外では、スーパーの公式サイトでもレシピを公開している。例えば、上述のレーヴェのホームページには四川料理の紹介が載せてあり、定番料理として「麻婆豆腐」、「宮保鶏丁」、「四川火鍋」の三つが挙げられている（Rewe 2023）。

火鍋料理とビーガン料理

ドイツ中華料理として最近流行り出したのは火鍋料理である（写真10－5）。火鍋料理は主に冬の料理で、食材を煮込むとき仕切りのついた鍋を使うのが特徴であり、一つの鍋で同時に二、三種類のスープを味わうことができる。利用者はドイツ人だけでなく在独中華圏移民など多岐にわたるが、特にドイツ在住の中華圏留学生たちの間で会食が行われる際によく利用される。学生にとって、大人数で食べることで料金が低く抑えられるメリットもある。特に、年越しの行事として中国語で「年夜飯」と呼ばれる大晦日の晩餐会には、火鍋店が利用されるケースが多い。

写真10－5　ドイツの火鍋料理（2023年）

ドイツの火鍋料理店には二つの種類がある。一つ目は「単点」という、火鍋そのものを単独で注文する店である。まず「鍋底」（スープベース）を昆布、漢方薬、麻辣などから選び、具材を野菜、豚肉、牛肉の薄切り、海鮮などから一つずつ選んで注文する。ドイツでは珍しい豚の耳、豚の皮などの食材もメニューに載っていることがある。二つ目は「吃到飽《チーダオバオ》」、いわゆる食べ放題の店である。固定料金で、鍋の具材である肉、海鮮、野菜や練り物などの他、フルーツ、ケーキ、アイスなどもすべて食べ放題となっており、こちらも人気が高いスタイルである。火鍋店は、他の料理店と異なり、複数人で複数の食材を一つの鍋を共有して食することができる点が最大の特徴である。こうした共食体験は、親密な会話を生み、より緊密な関係を築くことへと繋がると考えられている。

また近年、ドイツをはじめとするヨーロッパでは、健康、動物愛護、環境保護、食の安全などの観点からベジタリアンが広まっており、なかでも卵や乳製品をも摂取しない厳格なビーガンスタイルを選択する人が増えている。こうした状況下で、豆腐はビーガンにとって肉に代わる貴重なタンパク源として重視されており、また家庭での調理が容易であることからも需要が高まっている食材である。今日、一般的なドイツ系スーパーでも豆腐はほぼ必ず販売されている。さらにオーガニック系スーパーでは、燻製豆腐や豆腐ハンバーグの他、味付き豆腐（マンゴカレー・オリーブ・バジル・パプリカ・チリなど）十数種類もの豆腐が陳列されているところもある。また、ドイツの国民食であるソーセージでも、肉の代わりに豆腐を使った商品が登場し、様々な風味のものが販売されている。中華料理店においても、ベジタリアン用の野菜炒め定食なども提供されるようになってきており、先述の宮保鶏丁も、鶏肉の代わりに豆腐を使った宮保豆腐という別メニューが用意されているほどである。また、ドイツ中華として最もよく知られる「Frühlingsrollen／フリューリングスロレ」、すなわち春巻にも豆腐春巻が誕生した。餃子も豆腐餃子が定番化し、特に揚げ餃子が人気だという。なお、春巻とギョウザの定番ソースは、本場中華ではあまり合わせせられることのないスイート・サワーソースである。ベジタリアン料理は一般的な食事より低カロリーであることからも、特に健康志向の若者が増えつつあるドイツにおいて、今後も関心が高まっていくものと思われる。

おわりに――ドイツ中華料理とは

本章では、ドイツにおける中華料理の移入経緯と今日までの状況を明らかにしてきた。上に見てきたように、ドイツにおいて中華料理は、まず一九二〇年頃に中国からの移民と共にドイツへ進出したことに始まり、さらに第二次世界大戦後には多くのベトナム人が東ドイツに移住することで、ベトナムの食文化の要素が中華料理の一部分になってきたという経緯がある。一九六〇～七〇年代には香港や台湾からの移民によって、洗練された中華料理が持ち込まれ、中華＝高級料理というイメージが定着した。一九八〇年代以降には中国からの移民が増加し、各地食文化の要素が絡み合って広まった。それによって中華料理店のイメージは、珍しい異国情緒が味わえる高級なものから、屋台のようなカジュアルな食べ物へと切り替わり、ドイツ社会でより受け入れられつつある。

本書の第1章で川口が提示しているように、日本における中華料理はすでに日常的な家庭料理になり、外食の選択肢の一つにもなっているし、第15章で見るように、アメリカではチャプスイに代表される定番料理から近年の本格志向の料理まで、中華料理はすっかり社会に定着している。これに対してドイツの場合、中華料理は一定の広まりは見せているものの、日本やアメリカの親しまれ方には程遠く、また中国系移民に加えて東アジアからの移民も深く関わっているために、汎アジア料理としてとらえられている点も特徴的である。さらに最近ではスーパーが新たな商品を相次いで開発し、家庭でも手軽に汎アジア的なドイツ風の中華料理を楽しめるようになった。そうしたドイツ風中華の代表とも言える炒麺では、「ダック炒麺」のように、従来の高級料理であったものと、近年広まった大衆路線の融合が見られる。そして、そのいずれにおいても、様々なソースが不可欠な点も顕著な特徴の一つである。

これらを改めてまとめるなら、現在のドイツにおける中華料理の特徴は次のように要約される。すなわち、①スーパーが主導する汎アジア路線としての中華料理、②高級料理と大衆料理の融合、③それらをまとめる各種ソースの三点であり、これが隣国のオランダ（第11章参照）とも大きく異なる、ドイツ中華の特質をかたちづくっているのである。さらに、ビーガン中華や火鍋の流行など、ローカル的要素と、他地域とも共通するオーセンティック路線の新展開も今後ますます顕著になっていくであろう。

参考文献

岩間一弘 二〇二一『中国料理の世界史――美食のナショナリズムをこえて』慶応義塾大学出版会。

猪俣美知子 一九九七「ドイツ食と料理における一考察」『東京家政大学研究紀要 一 人文社会科学』三七：二〇五―二一三。

大沢はま子 一九七八「ドイツ料理」『調理科学』一一（四）：二四八―二五二。

川口幸大 二〇二三「規範なき模範――「町中華」に見る日本的中華料理店の展開」高山陽子・山口睦編『規範と模範――東北アジアの近代化とグローバル化』風響社、二七九―三〇八頁。

近藤みゆき 一九九八「ドイツ料理について――原著から「じゃがいも料理」を読む」『名古屋文理短期大学紀要』二三：一四九―一五五。

染谷光男 一九九九「オランダでの醤油造りとヨーロッパにおける事業展開」『日本醸造協会誌』九四（一二）：九七四―九七九。

陳玉箴 二〇一九「料理人と料理教育者――台湾から日本に輸出した「中国料理」：一九四五年から一九七〇年を中心に」岩間一弘編『中国料理と近現代日本――食との文化交流史』慶応義塾大学出版会、一九三―二〇四頁。

張星賢 二〇二〇『我的體育生活』國立臺灣歷史博物館。

福田育弘 二〇一七「ガストロノミーあるいは美食はどう語られ、どう実践されるか――ガストロノミー・美食言説とガストロノミー・美食という概念」『早稲田大学教育・総合科学学術院学術研究（人文科学・社会科学編）』六六：二六五―二九〇。

丸尾真 二〇〇七「ドイツ移民法における統合コースの現状及び課題」内閣府経済社会総合研究所。

南直人 二〇一五『〈食〉から読み解くドイツ近代史』ミネルヴァ書房。

村上俊介 二〇一四「ドイツにおけるベトナム人の社会関係資本――カリン・ヴァイス／マイク・デニス編『ニッチでの成果？――ＤＤＲと東ドイツにおけるベトナム人』を読む」『社会関係資本研究論集』五：一五三―一八一。

山口和人 二〇一一「ドイツの対中国外交戦略」『レファレンス』六一（七）：三一―四八。

BBC NEWS 二〇一四「圖輯：墨克爾成都訪問品嚐宮保雞丁」二〇一四年七月六日配信 https://www.bbc.com/zhongwen/trad/multimedia/2014/07/140706_gal_merkel_chengdu（二〇二三年五月六日閲覧）

Amenda, L. 2008. Metropole, Migration, Imagination Chinesenviertel und chinesische Gastronomie in Westeuropa 1900–1970. *Zeithistorische*

Forschungen/Studies in Contemporary History 4: 287–310.

Giese, K. 2003. New Chinese migration to Germany: Historical consistencies and new patterns of diversification within a globalized migration regime. *International Migration* 41 (3): 155–185.

Leung, M.W.H. 2004. *Chinese Migration in Germany: Making Home in Transnational Space*. New Jersey: Transaction Publishers.

Merkur 2018. HIT-Supermarktchef verrät: So kauft Kanzlerin Angela Merkel in seinem Laden ein. 二〇一八年八月一五日配信　https://www.merkur.de/politik/angela-merkel-supermarkt-hit-chef-verraet-so-kauft-kanzlerin-ein-zr-10113253.html（二〇二三年四月六日閲覧）

Nestle 2023. 125 Jahre Maggi-Produkte aus Deutschland. 二〇二二年八月一五日配信　https://www.nestle.de/medien/medieninformation/125-jahre-maggi-produkte-aus-deutschland（二〇二三年五月一〇日閲覧）

Plazafoods 2023. Sortiment. https://de.plazafoods.com/Sortiment（二〇二三年四月一〇日閲覧）

Rewe 2023. Chinesische Küche. https://www.rewe.de/ernaehrung/asien/chinesisches-essen（二〇二三年五月一一日閲覧）

Roberts, J.A.G. 2002. *China to Chinatown: Chinese Food in the West*. London: Reaktion Books.

Taz 2023. Die Gaststätte als Ausstiegsmodell. 二〇二三年一月五日配信　https://taz.de/China-Restaurants-in-Berlin/!5903912&s/（二〇二三年五月四日閲覧）

第11章

オランダ

Netherlands

異国情緒と食文化が融合するシニーズ料理

艾煜

アメリカ、日本など世界各地における中華料理の研究が近年盛んになされている一方、オランダで一般に中華料理と認識されている料理は独自の展開を遂げ、オランダでしか味わえないメニューに仕上がっている。この特徴的な中華料理はオランダではシニーズ・インデシュ（Chinees-Indisch、以下シニーズ）として知られており、植民地支配の影響下で中国、インドネシアとオランダの食文化が融合した結果として、歴史や経済の側面から研究されてきた。

シニーズ料理店は変化を遂げ、飲食業界においても中国系移民が新たな潮流を生み出しているが、最近の展開については注目されることが少ない。よって本章は、オランダのシニーズ料理の発祥と展開をオランダ飲食業界の歴史的背景に位置付け、さらに近年のオランダ飲食業における「オーセンティック中華」の台頭という新たな発展についても注視しながら、海外における中華料理の多様な変容についての特質を考察する。

一、オランダの植民地統治、移民と料理

歴史上のオランダの味

「オランダの台所にはレンブラントがいない」とするヴァン・オッテルロー（Van Otterloo 2013: 157）の表現は、オランダには画家レンブラントのように著名な料理人がいないことを揶揄し、オランダ料理の味わいがあまり評価されないことを仄めかしている。現在のオランダでは、パスタ、タコス、カレーなど様々な種類の料理が日常的に食されているが、オランダ料理自体は、本質的に調理法もシンプルで、ジャガイモや豆類などオランダで生産されている産物を使うことで、これらの料理とは大きく異なっている（Buijtenhuis 2021）。

歴史的に見ると、一六世紀およびそれ以前のオランダの食生活は、穀物、塊茎、肉、魚、チーズが中心だったが、アムステルダムに東インド会社（Verenigde Oost-Indische Compagnie, 以下ＶＯＣ）が設立されたことで、アジア産の食品も徐々にオランダの食文化に影響をあたえるようになった（Van Otterloo 2013）。特に一八世紀にＶＯＣ貿易を通じて導入されたコーヒーと紅茶は、長期的にオランダの食生活を根本的に変化させ、今日人々に知られているような、冷たい朝食と昼食からなるオランダの食事パターンと、コーヒーブレイクを形作った（Van Otterloo 2013）。さらに一九世紀におけるジャガイモ農業の大ブームは食料供給の安定化をもたらし、それに伴いジャガイモを含む食生活も定着した。だが、この時代、食事はまだ社会的な機能を持つものではなく、単に必要なものとしてしか捉えられていなかった（Buijtenhuis 2021: 8）。一九世紀後半には、オランダの一般労働者は所得の上昇によって多様な食生活を送ることができるようになり、食事は単に空腹を満たす以上の意味を持つものとして捉えられるようになった（Van Otterloo 2013）。しかし、オランダ料理にエキゾチックな味わいへの道を切り開き、食生活に巨大なインパクトを与えたのは、二〇世紀半

ばから大量にオランダに流入してきたインドネシアと中国からの移民である（Van Otterloo 2013: 156）。

中華系移民とシニーズ料理店

オランダの華人を研究するピーケ（Pieke 2021: 7）は、二〇〇〇年時点のオランダにいる中華系移民を、中国東南部出身者とオランダの旧植民地出身者の二つのグループに分類した。彼の指摘によれば、後者の旧植民地出身の人々は特定の職業には集中していないが、前者の内の一九六〇年から一九八〇年にかけてオランダに渡った中国東南部出身者は、ほぼ全員が飲食業に集中している（Pieke 2021: 7）。これに基づけば、現在オランダの飲食業界で働いている華人の大半がオランダの植民地ではなかった中国東南部出身者であることがわかる。しかし、シニーズ料理の形成と発展は、オランダのインドネシアにおける植民地化の歴史と密接に関連している。

中国人が港湾労働者としてオランダにやってきたのは一九一一年まで遡ることができる。やがて、経済危機の影響で海運の仕事が減ると、一部の中国人労働者は方向転換を迫られ、街頭で手作りのピーナッツクッキーの販売や中華料理店の経営を始めた（Tropenmuseum 2023）。当時は店舗の規模が小さく、また経営者も少なかった。しかし第二次世界大戦とインドネシアの独立により大きく変化した。帰国した元兵士や帰還者によるインドネシア料理の需要が高まったので多くの中華料理店は、インドネシア出身の料理人を雇い、インドネシア料理の作り方を学ぶことで集客の増加を図ったという（Tropenmuseum 2023）。やがてこのような飲食店は「シニーズ・インデシュ」と称して宣伝を行い、中華料理だけでなくインドネシア料理も提供していることをアピールした。現在、オランダでは一般に、このような料理を略称で「シニーズ（Chinees）」と呼ぶことが定着している。

これらのシニーズ料理店では、インドネシア料理と中華料理の要素が組み合わさった様々な料理が提供されており、例えば、串焼き料理のサテ（Sate）、焼き飯料理のナシゴレン（Nasi goreng）、麺料理のバミ（Bami）など、インドネシア料理を代表する料理のほか、日本でも親しまれる中華料理のかに玉のようなフーヨーハイ（Foe Yong Hai, 写真11-1左）、酢豚のようなクーローヨー（Koe Loe Yuk）も一般に提供されている。さらに、インドネシアでは華人や他の非ムスリムが主に消費する豚肉料理のバビパンガン（Babi Panggang, 写真11-1右）や、中華の春巻から変化した、インドネシアでも日常的に消費されるルンピア（Loempia）といった、中華料理とインドネシア料理の要素が融合した料理も提供されている。これらの料理は、シニーズ料理の定番メニューであり、ほぼすべての店舗で共通して提供されている。

このようなシニーズ料理は、質素な食事に慣れ、冷食を好むオランダ人の食習慣とは対照的であり、当初は「移民の食事」としてのイメージや「ニンニク臭い」といった悪評を受けていた（Van Otterloo 2013: 157）。しかし、料理の辛さを抑えてオランダ人の好みに合うようにアレンジされ、また手頃な価格で大盛りという特徴を持つシニーズ料理は、引揚者だけでなく、東洋の料理や味に慣れていなかったオランダ人にも徐々に受け入れられるようになっていった（Rijkschroeff 1998）。

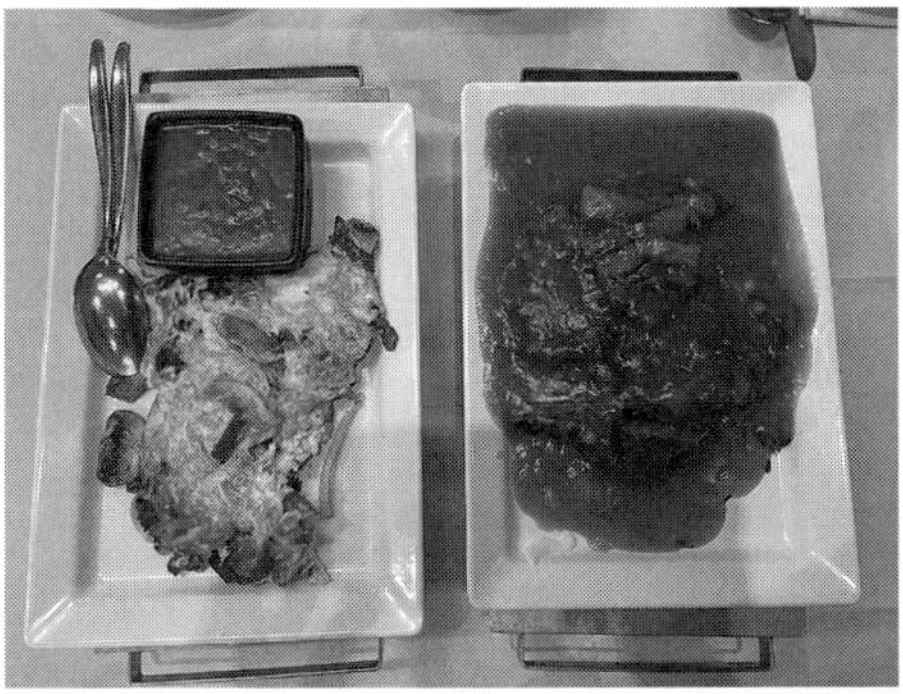
写真11-1　フーヨーハイ（左）とバビパンガン（右）（2023年）

オランダ食文化におけるシニーズ・インデシュ料理の位置づけ

シニーズ料理店が流行する以前はオランダでは料理店が普及していなかったため、シニーズ料理は多くのオランダ人にとって初めて触れた外国の料理であり、初めての外食経験でもあった（Buijtenhuis 2021: 17; Van Hasselt 2015）。シニーズ料理店は小さな町にも出店し、その利便性と「安くてボリュームがある」という特徴が知られ始め、一九八〇年代になるとオランダ人の半数以上が定期的にシニーズ料理店を訪れるようになった（Netherlands Intangible Heritage Knowledge Center 2023）。さらに一九九七年には、オランダのシニーズ料理店は二二五〇店舗に達し、エスニック料理の分野では最も多い存在となった（Vogels, Geense and Martens 1999）。

「中華を食べに行こう」という当時の流行は、次第にオランダ人の家庭内にも浸透してきた。現在では、バミやナシゴレンなどのシニーズの既製品料理はどのスーパーでも手軽に入手できる。これにより食事の準備や調理の手間を省くことができ、忙しい現代の生活に合わせた便利な選択肢となっている。一方、シニーズ料理店は中国人経営者が客集めのためにインドネシア料理を中華料理店で提供したという経緯はあるものの、その料理は中華料理とインドネシア料理の単純なミックスではなく、オランダの土地で生まれたハイブリッド料理とも言える。例えば、インドネシアやマレーシアなどで見られる豚肉を用いたグリル料理のバビパンガンと中国由来の卵料理のフーヨーハイは、オランダで入手しやすいトマトベースのソースが添えられるようになった。また、インドネシアで食される春巻、ルンピアもピーナッツソースが添えられ、サイズがホットドッグ程度に大きくなるという変化も生じた。こうして、シニーズ料理は中国料理やインドネシア料理の食文化にルーツを持ちながら、オランダの地元の味や好みとオランダで手に入る食材に合わせてアレンジされ、オランダでしか食べられない「中華料理」となった。さらに二〇二一年には、オランダ無形遺産知識センターはシニーズ・インデシュ料理店を、「料理店に入ると、まるで旅に出たかのような気分になる」と評価し、その料理店文化が中国、インドネシア、オランダという三つの文化の独特な融合であるとの理由から、オランダの無形文化遺産に認定した（Netherlands Intangible Heritage Knowledge Center 2023）。このように近年では、シニーズ料理は公的にもオランダ文化の一部として認知されている。シニーズ料理がオランダで発展したことは、植民地時代の予期せぬ結果としても捉えられるだろう（Van Otterloo 2013: 153）。

二、変貌しつつあるシニーズ・インデシュ料理店

消えゆく伝統的シニーズ・インデシュ料理店

シニーズ料理店は、オランダの食事に重大かつ長期的な影響を与え、オランダの飲食業界において大きな成功を収めた。しかし、現在ではオランダにおけるシニーズ料理店の数は約一六〇〇店舗となり、全盛期の二二五〇店舗から約二五％も減少している（Vogels, Geense and Martens 1999; Verschoor 2019）。さらに、過去五年間では減少のスピードが加速していることも報告されている（Verschoor 2019）。このシニーズ料理店の減少の要因は、供給する側と消費する側の双方に求められる。

供給する側の主な要因として、二〇世紀後半より中国東南部からオランダに渡った移民一世を中心に高齢で一線を退く経営者が増えるなか、飲食店の後継者不足が問題になっていることが挙げられる。二〇一一年の調査によれば、働く中国人移民の第一世代の約半数が飲食業に従事しているが、第二世代ではこの割合は約一一％に低下している（CBS 2011）。高学歴で社会的地位の向上に成功した中華系第二世代には、職業選択上ではより多くの選択肢があるうえに、重労働である飲食店の仕事に抵抗感を持つ傾向があるとされている。ほかにも、料理人の確保が難しいこと、飲食業での競争が激しいことが挙げられる。

一方、消費者の側では、大量の油を使用するシニーズ料理は健康的な食事が求められる現代の理想的な食生活と乖離していることなども料理店の減少を促進しているとされている。ただし、全体的な減少傾向の一方で、シニーズ料理店の人気の低下には地域性も見られる。高齢者が比較的多い地域にある伝統的なシニーズ料理店はまだ一定の人気があると言えるが、エスニック料理の選択肢が豊富な主要都市を含む西部都市圏のランスタッドでは状況は大きく異なる

（Verschoor 2019）。その中でも、シニーズ料理にノスタルジーを抱かない都市部の若い世代には、より関心が低い傾向が見られる。調査協力者である四十代のオランダ人男性は、「友達からは新しい韓国料理屋に行ったかどうかを聞かれるかもしれないが、新しいシニーズ料理を食べたかどうかは誰も聞いてこないでしょう。聞いたら逆におかしいと思われるだろう」と語っていた。この語りからは、韓国文化の流行によって韓国料理の人気が高まっている一方、伝統的なシニーズ料理は時代に取り残されたような印象を持たれていることがわかる。

現在、食事の傾向の変化に伴い、ゆったりとした健康的な食事体験が重視されるようになっている。そうした中で、かつてシニーズ料理の特徴であった「安価でボリュームのある」利点は、市場の変化と激しい競争の中で徐々に失われつつある。このような厳しい状況に対応するために、伝統的なシニーズ料理店の経営者は、次に見るような新たな戦略を導入しようとしている。

テイクアウトから食べ放題、ウォックレストランまで

シニーズ料理は安くてボリュームがあったことに加え、地方の小さな町に比較的早く浸透していた（Rijkschroeff 1998）。そのリラックスした雰囲気が、当時外食の習慣がなかったオランダ人にとって気軽に訪れることのできる場所を形成した（Van Otterloo 2013: 160）。シニーズ料理は、料理をする気分ではないとき、誕生日パーティーや友人を自宅に招待する際など、特定のシーンに限定されずに幅広く親しまれている。サテやバビパンガンなどの定番のシニーズ料理をテイクアウトで注文することは便利でコスト効率が良いため、シニーズ料理は家庭で作る料理というよりもテイクアウトのイメージが強いと言える。このようなテイクアウトの経験は多くのオランダ人に共有され、「持ち帰りシニーズ」（afhaalchinees）という呼称、またシニーズ料理に対するイメージの定着にも繋がった（Buijtenhuis 2021: 17）。しかし、一九八〇年代からオランダにおけるエスニック料理店の増加とともに、近年ではアプリなどを介した飲食店へのデリバリー注文が普及し、かつてシニーズ料理店が独占していた「外食の定番」という地位を揺るがしている。このよう

な状況を受けて、シニーズ料理店はテイクアウト以外の経営戦略を試みるようになった。

オランダでは過去二〇年間で食べ放題のレストランが人気を集め、多くのレストランが開店した。これに伴い、人気が低下したシニーズ料理店の経営者たちは、顧客を引き付けるために従来の形式から完全に業態を変えて、食べ放題形式のレストランや、広東語で「ウォック」(Wok)と呼ばれる丸い中華鍋を調理に使用するウォックレストランに転換することが一般的となっている(Buijtenhuis 2021)。シニーズの食べ放題レストランでは、他の食べ放題レストランと同様に「少ないお金で多くの料理を提供する」というマーケティング戦略を活用しており、主に飲み物から収益を得ているとされている(Buijtenhuis 2021)。一方、中華鍋で作る料理を提供するウォックレストランは、客自身が好きな材料を選び、厨房を開放的にすることで、人々が持っていた衛生面への懸念が解消される(Buijtenhuis 2021)。さらにこのような形態のレストランでは従業員は少人数で済むため、人員確保の難しさに直面していたシニーズ料理店経営者にとって好都合であった。

伝統的なシニーズ料理店からテイクアウト、そして食べ放題とウォックレストランへの転身は、経営者が需要と状況の変化に対応し、収益性を確保するための戦略であった。このような形態のレストランは、伝統的な経営方針と同様の「安くて量が多い」というマーケティング戦略を維持することで利益の向上を図っている。しかしその一方で、次に見るように一部の経営者はこのイメージを変えるための取り組みも行っており、高品質な食材の使用やこれまでとは異なる中華料理の提供にも注力している。

シニーズ料理から「オーセンティック」中華料理の提供へ

伝統的なシニーズ料理店の業態変化の流行に乗って、一部の伝統的なシニーズ料理店も「オーセンティック」な中華料理の提供に経営方針を転換している。例えば、創業五八年の老舗シニーズ料理店Mei Wah(美華酒家)は、二〇一九年からシニーズ料理と共に中華料理を提供し始め、さらに二〇二三年三月にはテイクアウト・デリバリーの提供を終了し、完全に「現代中華料理」の提供に特化することを公表した（Mei Wah 2023）。このメニューや経営形態の変化は、伝統的なシニーズ料理店のイノベーションの一例として、ニュースでも取り上げられている（Piscaer 2023）。

写真11-2　ドライアイスの煙で冷たさが演出されるピータン豆腐と白ワイン（2023年）

Mei Wah の経営者は、メニューの変更について「料理店の存続のためには、正しい選択である」と取材で述べ、さらに「これまでの中華料理の安くて量が多いイメージを取り除きたい」と語っている（Piscaer 2023）。そのため、伝統的なシニーズ料理から、点心などの他にもキャビアや北京ダック、麻婆豆腐など、中国大陸各地の郷土料理や西洋料理を組み合わせたメニューに変更した。さらに中華のコース料理も提供するようになり、六品のコースなら平均消費額は一人当たり一三〇ユーロと、伝統的なシニーズ料理店よりはるかに高額になっている。こうして、Mei Wah は経営方針を変更し、精緻な中華料理の提供に重点を置くようになった。同時にまた、今回の変更に伴って西洋料理の要素もメニューに取り入れられている。こうした取り組みにより、Mei Wah は伝統的なシニーズ料理店、あるいは食べ放題やウォックレストランの「安くて量が多い」というイメージを払拭し、高級志向へ路線転換を打ち出しているのである。

シニーズ料理と並行して「オーセンティック」中華料理を提供する、あるいは徹底的に「オーセンティック」中華料理店に転換した元シニーズ料理店の数に関する統計はないが、Mei Wah のような戦略をとる料理店は複数確認できる。このような転換は近年の新しい傾向であり、そこには伝統的なシニーズ料理に慣れたオランダの消費者たちに新しい「中華料理像」を打ち出そうとしている中華系料理店経営者の姿勢が現れている。

三、現地の人々が語るシニーズ料理

異国情緒が漂うシニーズ料理店

シニーズ料理は、長年にわたりオランダ人の食生活の重要な一部を構成してきたが、オランダ国外にルーツを持つことに変わりはない。現在のオランダでは、シニーズ料理を中国人が現地で食べている料理として認識しているオランダ人も少なくない。二〇一九年に放送されたオランダのリアリティ番組「Frans Bauer in China」では、「中華料理」を好むフランス・バウアーが妻と一緒に中国に旅行し、現地で食文化を体験する様子が記録されていた。番組の中で、バウアーと妻は中国の料理店でシニーズ料理の代表であるバビパンガンやバミを注文しようとしたが、スタッフは理解できず、出てきた料理も予想とは異なるため、奇妙な顔をするシーンがあった。

実際のところ、近年のオランダにおける「オーセンティック」中華料理店の発展により、一部の人々はシニーズ料理と中国で食べられる中華料理が異なるものであると認識するようになっている。しかし、バウアーのやや大袈裟な反応は番組の演出効果もあるだろうが、一般のオランダ人が自分の知らない中華料理を初めて味わうときの様子を示している部分もある。この反応から、オランダ人の「シニーズ料理＝中国で中国人が食べている中華料理」という誤解が見て取れる。

一方、シニーズ料理店の多くは、このような消費者の誤解を解こうとするどころか、自らエキゾチズムを表現しているように見受けられる。二十代のオランダ人男性は、自分が訪れたあるシニーズ料理店の内装について以下のように語った。

玄関の前に石造りのライオンが二頭。そして、中に入ると、鯉が泳ぐ池にかかる小さな橋で中に入るんだ。そして店内の壁は非常に中国的な風景画、つまり空白の多い山水画か、霧の山のような絵で覆われていて、もちろん内装も真っ赤。……このような異国情緒の演出はシニーズ料理店の鍵のようなものだと感じるよ。

このように、地元のオランダ人には、店内外に可視化された中華的な要素がシニーズ料理店の特徴として受け取られているのである。確かに、このような分かりやすい中華的な表象は、オランダに存在するほとんどのシニーズ料理店にも当てはまる。続けてこの男性は、「オランダ人はそういうエキゾチックな雰囲気の場所で食事をするのが好きだからかな、中華料理店というものをそのようにイメージしているのだと思う」と言い、以上のような演出はシニーズ料理店のあるべき姿と評している。

こうしてシニーズ料理は公式的にオランダ文化の一部として認められ、「オランダ的」になるにつれて、興味深いことに、料理店の装飾やインテリアなどの「中華的な」要素の積み重ねを通じてよりエキゾチックな個性を強調している。この一見すると矛盾しているような状況は、長年にわたり構築されてきたオランダの人々が抱く「中華」に対するイメージに応えた集客のための戦略なのである。

中華系二世から語られるシニーズ料理店のストーリー

次にここでは、福建省福州市出身の両親のもと、オランダで生まれ育った二十代の中華系二世の女性であるツァイの視点を通じて、シニーズ料理店経営者の娘としての経験を紹介したい。大学院生のツァイは、叔母と父のシニーズ料理店でアルバイトをしたことがある。彼女によれば、両親は一九八〇年代後半にオランダに移住し、シニーズ料理店に雇われて働き始めたという。料理店での仕事を始めた頃のことについて、彼女の父親は「見たこともない料理ばっかりで、シェフに一から調理法を教わった」と話していたという。興味深いことに、彼女が子どもの頃に両親と外食する際にはシニーズ料理店ではなく、いつも両親の口に合う広東料理店に連れて行かれ、また自宅で料理をするときには魚か麺類などが主であった。両親だけでなくツァイも、両親が経営する料理店で提供される料理をあまり食べたくないという。彼女らはみな、店で提供するシニーズ料理が自分たちの好みに合わないと感じているからである。

家では父が作ったものを食べるけど、それはお客さんのために作ったものとは別もの。私の両親は自分のレストランで出しているものは食べない。「それはオランダ人が食べるものだ」と父はよく言っている。私は「あなたが経営しているのは中華料理店でしょう」と父に言い返したけど、本当に意味がわからないよね。

このようにツァイの両親の料理店ではオランダ人向けに調理された料理が提供されており、対照的に自宅ではそれとは大きく異なった中国の家庭料理を楽しんでいる。ツァイは父の説明に矛盾を感じたが、両親が経営しているレストランの料理に強い文化の混同を感じている。

一度うちのキッチンでパスタを見たとき、父に「なんでここにパスタがあるの」って聞いたの。すると父は、「うちのバミはパスタで作るんだよ」って言った。別にインドネシアの食材を使っているわけでもないのに、イタリアのパスタで作った料理にインドネシア語の名前をつけ、そしてお客さんに「これは中華料理ですよ」と言うのは、ややこしすぎるでしょう。

彼女は、実家のシニーズ料理店が食材も名前も中国のものとは見なしがたく、複数の食文化の混成である料理を「中華」として提供していることに違和感を持っている。一般的なオランダ人にとってシニーズが中華料理と認識されるのとは異なり、現地生まれの中華系の若者であるツァイにとってシニーズは異なる文化の混合物なのである。このようにシニーズ料理は、見る人の背景によって異なった認識のされ方をし、異なった意味を持っている。それがオランダ社会の食の大きな特徴の一つを形成しているのである。

四、中華系移民による飲食業界の新たな展開

「オーセンティック」中華料理への進出

オーセンティシティ（Authenticity）という概念は非常に複雑で柔軟なものではあるが、近年、特にグローバルノースの都市部の裕福な若者にとって、オーセンティックな料理の味を体験することは、食における重要な要素となっている（Verriet 2023）。このような背景から、新世代の中華系起業家たちはアジア料理市場に「オーセンティック」中華料理という新しい息吹を吹き込もうとしている。オランダでは、一般的に「オーセンティック中華」（authentiek Chinees）とされる料理として、四川料理や東北料理など、中国各地の郷土料理を提供する料理店が都市部で見られるようになっている。とりわけ四川料理、中華風火鍋などを提供する料理店が増えている傾向にある。

このような「オーセンティック中華」は、シニーズ料理店とは対照的に、味や辛さの調整をほとんど行わず、店舗の外見からもステレオタイプの中華的な印象を感じさせることが少ない。「オーセンティック中華」料理店は、雰囲気と味の両面で、地元のオランダ人向けにはほとんど改変されておらず、中国での料理の味に慣れている人々をターゲットにするという特徴を持っている。このような海外での「オーセンティック」中華料理の展開は、第1章で川口も「ガチ中華」として言及しているように、近年では日本やアメリカなどでも同様に進んでいる。しかし、オランダの場合は、四川や北京地方の料理が広く注目を集めつつある一方で、比較的早い時期から点心等を提供する本格的な広東料理店も存在した。

このような広東料理店は、上述の中国大陸の郷土料理店と同様に「オーセンティック」な味をアピールするが、全く

異なる発展を遂げてきた。現在、アムステルダムやロッテルダムで好評を博している広東料理店の中には七〇年代中に創業した店舗もある。こうした一部の広東料理店は当時人気のあったシニーズ料理店と並行して発展してきたが、都市部に集中することが多く、シニーズ料理店が地方で盛況だったのとは対照的である。また、シニーズ料理店ほどオランダ人には親しまれず、また中国大陸由来の「オーセンティック」な郷土料理ほどメディアの注目も受けていない。広東料理店は、シニーズというオランダ中華と、オーセンティックのいわゆるガチ中華に挟まれたグレーゾーンに位置することで、これまでの研究でもほとんど注目されてこなかった。しかし、近年のように「オーセンティック」中華がほとんど存在しなかった時代において、こうした正統的な広東料理店は、ツァイの両親のような中国東南部出身者の食欲を満たすために重要な役割を果たしていたのであろう。

近年人気を集める中国郷土料理店、正統派の広東料理店、さらに「オーセンティック」中華を提供するようになったシニーズ料理店は、いずれも「オーセンティック」な味を強調し、それぞれ一定の人気を博しているが、全く異なる展開のパターンを辿ってきたと言える。オランダの場合、シニーズが流行していた時代には中国東南部以外の華人出身者が経営者や消費者として関与することはほとんどなかった。しかし、近年では飲食業界に中国本土の各地からも様々な背景を持った人々が提供者としても消費者としても進出し、オランダの飲食業界に新たな状況をもたらすことになっているのである。

「オーセンティック」中華食材・料理のデリバリー

オランダでは、他のヨーロッパの国々と同様に、アジア食料品を入手できるエスニックスーパーや物産店が数多く存在している。アジア食料品を提供する専門店だけでなく、一般の大型スーパーマーケットでも、アジア食料品や商品を見つけることができる。また近年では、中国出身者をターゲットとする一部の食料品や料理をオンラインで注文し、宅配サービスを利用して自宅まで届けてもらうことが一般的になっている。これにより、日常的な買い物でも一般的なアジア食材を比較的簡単に入手することができるようになり、エスニックスーパーに足を運ぶ必要性は減少した。

一方、商品、また料理を直接注文・購入するサービスは、各販売者や料理店の運営者自身が作成するWeChatグループ内においても発達している。これらのグループは地域性が強く、常連客や自分の知り合いの紹介からメンバーを募集し、グループの規模を拡大させることが一般的である。筆者が加入している三つのグループでは、経営者の広告宣伝に加え、共同での商品や料理の購入も行われている。グループ内では常に中国語が使用され、支払いもユーロによる銀行振込以外に人民元の利用が可能なケースが多い。さらに配達先が自由に設定できない場合でも、運営者によって指定される配達先には該当地域の留学生寮が必ず含まれる。このような食材や料理のオンライン購入は中国で一般的な買い物方法であり、中国でのオンラインショッピングの慣習がオランダの地で実践されていると言える。また、こうしたオンラインサービスの客層はオランダ人でもアジア出身者でもなく、中国語を話す、中国のSNSアプリを使いこなした留学生を中心とした中国出身の若者たちである。このような中国出身者は一般的に、シニーズ料理への関心が少ないため、上記のようなサービスの提供は「オーセンティック」な中華食材と料理を提供する販売者に限定されると言える。

「アジア料理」とスナックバーへの進出

余暇活動としての外食の定着に伴い、近年ヨーロッパの食事文化では、「エスニックレストラン」と呼ばれる、ヨーロッパ以外の料理文化を代表するレストランの成長が重要な特徴となっている（Jacobs and Scholliers (eds.) 2003）。オランダでも近年「アジア料理」への指向が高まっており、韓国、ベトナム、タイ料理などを出すアジア料理店の数は二〇一九年までの過去五年間で一九％も急増している（Verschoor 2019）。その中でも、二〇〇〇年代初頭から飲食業に就く一部の中華系の人々が、特にスシバーやスナックバーなど、人気が高いジャンルで活躍している様子はすでに注目されている（Pieke 2021: 9）。二〇〇八年の調査によると、オランダで日本食を提供するレストランの約九割が中国人起業家によると指摘されている（Rijkschroeff 2008）。また、寿司や鉄板焼きに加え、近年人気のラーメン、韓国風焼肉、ミルクティーなどへの中華系経営者の関与も注目されている。これらの店舗は特定の国や地域の料理に限定するよりも、複数の人気料理をミックスした形で提供することが多く、多様な好みを持つ顧客を引き寄せようとしている。こうした中華系経営者たちによって提供される料理は、近年では「中華」の枠を超えて、より広い意味での自分のルーツであり、さらに飲食業のトレンドである「アジア」をセールスポイントとして掲げる姿勢が見られる。更には、中華系経営者による非中華系料理への進出の勢いは「アジア」に留まらず、近年ではオランダ本土の様々な飲食業の経営にも進出している。

報道によると、二〇一九年には、オランダの伝統的なスナックを提供するスナックバーの約四割が、中華系移民によって提供されているという（Alberts 2019）。スナックバーでは、フライドポテトやフライドフィッシュなどの揚げ物のメニューが一般的であり、運営上は伝統的なシニーズ料理店の経営に比べて投資資金が少なく、料理人の確保やトレーニングも必要ないため（Aalbers 2023）、経営者にとって魅力的な選択肢となっている。このような中華系の人々による非中華系アジア料理、さらにスナックバーの経営は、自身を取り巻く環境と市場のトレンドを踏まえた、より利益性の高い料理分野への進出と言えよう。

おわりに――多様なオランダ食文化を牽引する中華料理

こうして、以前は中華系業者が従事していた料理店は、名称の上からも「中華」というカテゴリーに限定されることが多かったが、近年では「アジア」、さらにオランダの地元料理の分野などにも浸透している。中華系の人々はオランダに到って以来、絶えず自らを、そしてオランダのレストランシーンを革新することで、オランダの食文化を多様化してきた。このような海外における中華料理の展開は、中華料理特有の柔軟性と融通の利きやすさによるものであり、様々な料理や食材の組み合わせにより、新たな味わいを生み出し続けている。エスニック料理が依然として大きなビジネスである今、起業家精神を持つ中華系の人々が柔軟性と融通性を持つ中華料理を現地の食文化と融合させ続けることで、料理という分野に引き続き新たな可能性が加わってゆくだろう。その中から「料理界のレンブラント」が生まれてくるかもしれない。

参考文献

Alberts, R. 2019. Vier op de tien snackbars inmiddels van een Chinees. https://www.ad.nl/koken-en-eten/vier-op-de-tien-snackbars-inmiddels-van-een-chinees~a8e35f80/?referrer=https%3A%2F%2Fwww.google.com%2F&cb=02570a482c914096391cbdb9d1596931&auth_rd=1（二〇二三年四月一〇日閲覧）

Buijtenhuis, L. 2021. "Chinese innovation force in the Dutch restaurant scene" University of Leiden MA Asian Studies: Politics, Society and Economy Master thesis.

CBS 2011. Chinezen in nederland in het eerrste decennium van de 21 ste eeuw. Bevolkingstrends, 4 e kwartaal, 28–45. Den Haag: Centraal Bureau voor Statistiek.

Dutch Center for Intangible Cultural Heritage. 2021. The Chinese-Indonesian Restaurant Culture. https://www.immaterieelerfgoed.nl/nl/ChineesIndischeRestaurantcultuur（二〇二三年四月一〇日閲覧）

Gijsberts, M. Huijnk, W. and Vogels, R. 2011. *Chinese Nederlanders: van horeca naar hogeschool*. Den Haag: Sociaal en Cultureel Planbureau.

Jacobs, M. and Scholliers, P. 2003.（eds.）, *Eating Out in Europe: Picnics, Gourmet Dining and Snacks since the Late Eighteenth Century*. Oxford: Berg.

Mei Wah 2023. News: Mei Wah Eindhoven focuses on Contemporary Chinese Cuisine. https://www.meiwaheindhoven.nl/（二〇二三年四月二三日閲覧）

Netherlands Intangible Heritage Knowledge Center 2023. The Chinese-Indonesian restaurant Culture. https://www.immaterieelerfgoed.nl/en/Ch

ineesIndischeRestaurantcultuur（二〇二三年四月三日閲覧）
Pieke, F. N. 2021. China's invloed en de Chinese gemeenschap in Nederland. https://leidenasiacentre.nl/wp-content/uploads/2021/03/F.N.-Pieke.-Chinas-invloed-en-de-Chinesegemeenschap-in-Nederland.pdf（二〇二三年四月一三日閲覧）
Piscaer, L. 2023. De Chinees 2' 0. https://fd.nl/samenleving/1469539/de-chinees-2-0（二〇二三年四月一一日閲覧）
Rijkschroeff, B. R. 1998. *Etnisch ondernemerschap: de Chinese horecasector in Nederland en in de Verenigde Staten van Amerika*. Labyrint Publication.
—— 2008. *Oosterse gastvrijheid: van stoker tot restaurateur*. Amsterdam: in eigen beheer.
Tropenmuseum 2023. How Chinese is Chinese Food. https://www.tropenmuseum.nl/en/hoe-chinees-chinees-eten（二〇二三年四月一三日閲覧）
Van Hasselt, L. 2015. The culinary revolution of the sixties. https://anderetijden.nl/aflevering/524/De-culinaire-revolutie-van-de-jaren-zestig（二〇二三年四月一三日閲覧）
Van Otterloo, A. H. 2013. Chinese and Indonesian restaurants and the taste for exotic food in The Netherlands: a global-local trend. *In Asian Food*, Routledge, pp. 153–166.
Verschoor, G. 2019. De Chinees-Indische restaurants in beeld. https://www.spronsen.com/brancheinfo/de-chinees-indische-restaurants-in-beeld/（二〇二三年四月一一日閲覧）
Verriet, J. 2023. 'Foreign' foods in the Netherlands. https://www.voedselgeschiedenis.nl/en/foreign-foods-in-the-netherlands/（二〇二三年四月一三日閲覧）
Vogels, H.M.G. Geense, P.H. and Martens, E.P. 1999. *De maatschappelijke positie van Chinezen in Nederland*. Assen: Van Gorcum.

第12章 スロヴァキア／ハンガリー
Slovakia/Hungary
アジア系移民と曖昧な存在の中華料理

神原ゆうこ

かつて社会主義を経験した中央ヨーロッパ（中欧）諸国は、西欧と比べると、アジア系住民の数が総じて少なく、中華料理もそのほかのアジアの料理もそれほどなじみのあるものとはいえない。ただし、一九八九年の体制転換以降、アジア系住民の数が増え、中華料理を含むアジア料理を提供する店も増えたことで、都会では珍しいものではなくなった。とはいえ、その歴史が浅いこともあり、現地で「中華料理」として認識されている料理と、アジア料理の境界は非常に曖昧である。

一、スロヴァキアとハンガリーのアジア系住民

スロヴァキアとハンガリーのアジア系食堂

筆者は二〇〇〇年代初めにスロヴァキアの首都ブラチスラヴァの大学に三年間留学し、以降も定期的にスロヴァキア

でのフィールドワーク調査を続けてきたが、最初の留学時代に、アジアの料理を提供する飲食店に行った記憶があまりない。当時は、学生として大学や寮の食堂も利用していたし、安価でおいしい昼食を提供する、セルフサービスのスロヴァキア料理の食堂が街の中心部にあったので、それに満足していたのかもしれない。目立つ外観の中華料理レストランは目にしていたし、ショッピング・モールのフードコートでアジア料理を食べることができるのは認識していたが、現地の友人と「一緒に行こう」という話になったことはほとんどなかった。

一九九三年のチェコスロヴァキアの連邦解体により、独立を果たしたスロヴァキアの首都ブラチスラヴァは、チェコの首都プラハの人口の半分以下で、チェコスロヴァキア時代は五〇万人程度が住む地方都市だった。外国人の滞在者も観光客も当時は多くなく、街の中心部を歩く人も地元の生活者が大半であった。ただし、二〇〇〇年代のEU加盟前後から、首都ブラチスラヴァへの外資系企業の投資が増え、観光化も進み、物価も上昇するなかで、市街地から手頃な価格のスロヴァキア料理の食堂は減っていった。そのなかで相対的に存在感を増したのが、アジア料理を提供する食堂だった。アジア食堂は、一等地では見かけないが、市街地の利便性の高いエリアに店を構えていることが多い。その頃から、「あのアジア食堂は安くておいしい。日本人であるあなたの口にも合うのではないか」などと、スロヴァキア人からアジア食堂の話題を聞くようになった。

ここでいう「食堂」とは、基本的に地元の人を主たる客とする、セルフサービスの店を指す。給仕してくれる人がいるレストランとは異なり、店舗の入り口に並び、口頭でケースのなかにあるすでに調理された総菜か、その場で調理してくれるメニュー（炒飯や焼きそばなどの調理時間が短いものが多い）を注文し、自分で料理を運ぶ。メニューもレストランほど豊富ではない。なお、スロヴァキアの場合、中華（čínske）を名乗る食堂よりも、アジア（ázijské）を名乗る食堂のほうが目立つが、これは後述のとおり、スロヴァキアは、中華系よりもベトナム系人口のほうが多いことに関係がある。逆に、二〇一六年に一年間滞在して以降、定期的に訪問するようになった隣国のハンガリーの首都ブダペストでは、同じ現地人向けのアジア料理の食堂でも、中華（kínai）を名乗る店が多くみつかる。おなじ中欧の隣国でも中華料理をめぐる状況は異なっている。

両国におけるアジア系移民の歴史

スロヴァキアとハンガリーはともに中欧に位置する国で、一九八九年の体制転換を経て、現在はＥＵ加盟国となっている。現在の人口は、ハンガリーが九七〇万人、スロヴァキアが五四〇万人である。人口一七〇万人を超える大都市ブダペストを抱え、人口の一極集中が進んだハンガリーと比べると、スロヴァキアは国内に複数の中規模都市が点在する多極分散型の国である。いずれの国も、地方の平野部では広大な農地を活用して農業が営まれ、特にハンガリーは歴史的には豊かな農業国であったが、現在はどちらも製造業の比率が高い国となっている。

この両国において、アジア系移民をとりまく状況はやや異なっている。ハンガリーは、旧社会主義の中東欧諸国のなかでは、中華系住民、特に新華僑の多い国として知られている（Nyiri 2007, 2018）。二〇二二年に実施された国勢調査の結果によると、ハンガリーには一万七八八五人の中国国籍を持つ住民が暮らしている（Hungarian Central Statistical Office）。一方、隣国スロヴァキアの二〇二一年の国勢調査結果によると、中国国籍を持つ住民は一六五六人である（Statistical Office of the Slovak Republic）。この差は、両国の人口差を考えても無視できるものではない。スロヴァキアでは、ベトナム国籍を持つ住民のほうが一九四七人と多く、後述するように移民の歴史も長い。国籍でなく、民族帰属意識についていえば、スロヴァキアではベトナム系を名乗る住民が二七九三人いるのに対し、中華系は、一二〇七人と、さらに差が広がっており、スロヴァキアではベトナム系のほうが優勢である。

ハンガリーもスロヴァキアも、第二次世界大戦以前は、ほとんどアジア系住民がいなかった。戦後、両国に社会主義政権が成立し、中国やベトナム（北ベトナム）などのアジアの社会主義国と、学生や技術研修生の交流のための協定が結ばれたが、一九六〇年代からは中ソ対立の影響により、中国からの人の受け入れは、一九八〇年代まで非常に限られていた。したがって、ベトナムとの交流のほうが重視されていた。チェコスロヴァキアの場合、一九七〇年代後半にべトナム戦争が終わって、ベトナムがコメコン（経済相互援助会議）に加盟すると、両国の関係はさらに深まり、一九八〇年代には、学生、研修生に加えてゲストワーカーも受け入れたことで、チェコスロヴァキア全体で四万人近いベトナム人がいたという（Hlinčiková 2015: 43）。体制転換後、これらの人々のうち、高学歴で国内外にネットワークを持つ者は、それまでの製造業から、貿易業や小売・卸売業に転身して、現地にとどまった（Williams and Baláž 2005: 5）。

ハンガリーにおける中華系住民の増加は、一九八九年の体制転換後に、中国人に対して実施された大幅なビザ緩和政策の影響が大きい。一九八九年にはわずかしかいなかった中華系住民の数は、一九九一年には三万人近くまで急増した。その多くは、中国製品の小売・卸売関係の企業家か、その下で働く従業員であった。ただし、ビザ発給は、一九九二年に厳格化したため、その後は中華系住民の数が減少した。このとき、スロヴァキアをはじめとした周辺諸国へ新たなビジネス・チャンスを探しに移住した者も多い。このような紆余曲折はあったが、ハンガリーの中華系コミュニティの規模は依然として大きく、首都ブダペストでは、ハンガリー語と中国語の公立バイリンガル・スクールや中国語の補習校などの移民の子どもたちのための教育環境が維持されている（山本 二〇一九）。現在、ブタペストの郊外には、衣料品や生活雑貨の販売を行う中華系移民の商店が集積している地域が複数ある。近年ではショッピング・モールに近い形態の中華系商店街もあり、世界のチャイナタウンの分類を行った山下によると（山下 二〇一九：三一二）、このような郊外に商店が集まる形態のチャイナタウンは、ヨーロッパの旧社会主義国に、現地人向けのビジネス・チャンスを求めてやってきた新華僑に特徴的なものであるという。このような地域であれば、冒頭であげたような現地人向けの食堂だけではなく、現地に在留している中国人向けの中華レストランもみられる。

二、スロヴァキアにおけるアジア料理と中華料理

アジア食堂の存在感

中華系住民よりベトナム系住民のほうが歴史的に存在感を持つスロヴァキアにおいて、「中華」を名乗った飲食店は多くない。むしろ、中華料理を含めたアジア料理を提供するアジア食堂が目立つ。メニューはどの店も似ていることが多く、クンパオ（Kung-Pao）と呼ばれる鶏肉と野菜とナッツの甘辛炒め（宮保鶏丁、写真12-1）、肉野菜炒め（牛肉と野菜、豚肉と野菜、豆腐と野菜などバリエーションは店により異なり、味付けも醤油によるものからカレー粉に至るまで多様である）、鶏肉のフリッター、クリスピーチキン、揚春巻、炒飯や焼きそば、フォー（ベトナム風スープと書かれていることが多い）などが提供されている。中華を含むアジアの料理は、ベトナム系の店員が調理していることが多く、庶民にとって手軽な中華料理はアジア料理として提供されている。

アジア食堂の特徴は、値段が比較的安価で、営業時間が長いことにある。円相場にもよるが、二〇〇〇年代後半であれば三百円強、二〇二〇年代はじめでも七百円弱くらいで食べることができるのは、首都の食事代としては安価な部類に入る（ただし、二〇二〇年代は異常な物価上昇のため、一般市民はそもそも外食代を節約していると考えられる）。また、スロヴァキア料理の食堂の多くは平日昼間のみの営業だが、アジア食堂は土日も夜まで営業していることが多い。新型コロナウイルス感染症の流行以前からテイクアウトにも対応しており、持ち帰る人も多かった（スロヴァキア料理の食堂もテイクアウトに対応してくれるが、コロナ禍前は自分でタッパーを持参する必要があった）。なお、アジア系食堂で、アジア系住民や観光客などに出会うことはほとんどなく、客のほとんどはスロヴァキア系の現地の人々である。アジア系住民の絶対数が少ないというのもその理由の一つであるが、メニュー表も現地語表記のみであることが多いセルフサービスのアジア食堂は、現地に不慣れな観光客には入りづらいと考えられる。中華系モチーフの飾りが置いてあることもある

が、簡素な机とテーブルが置かれただけの食堂の客層は、スロヴァキア料理の食堂と比較すると、男性の一人客が目立つ。一人暮らしで食事を簡単に済ませたい人の需要に応えていると予想されるが、客がアジア系の料理に慣れているかどうかは、判断し難い。筆者は、鶏肉のフリッターやクリスピーチキンに付け合わせとしてフライドポテトを注文している客をしばしばみかけたことがあるが、この組み合わせは、アジアの料理というよりは現地の食事に近いものである。

興味深いことに、アジア食堂の料理は、スロヴァキアの一般的なランチ定食と同様の形式で供される。スロヴァキアやハンガリーでは、学生食堂でもレストランでも昼食の場合は、たいていスープとパン、主菜（肉料理）と付け合わせ（ジャガイモか白飯）、場合によってはミニサラダがセットとなっている。アジア食堂の場合は、セットメニューこそ提供していないことが多いが、主菜の注文時には、何か付け合わせを注文することが期待される。例えば、クンパオや揚春巻を注文すると、一般的には付け合わせとして白飯（ピラフのこともある）か、付け合わせ用の具の少ない焼きそばか、フライドポテトを併せて注文することが期待される（口絵カラー写真の春巻を参照）。サービスのいい店ならば、そこに「サラダ」としてキャベツの千切りが添えられて一つの皿に盛られる。

写真12−1　スロヴァキアのアジア食堂で提供されるクンパオのメニュー写真。当時2.5ユーロであったが、付け合わせの注文が期待されているので、さらに1ユーロ程度必要（2015年9月）

スロヴァキア料理は、一般的に、主菜は鶏肉、豚肉などの肉料理で、ゆでジャガイモ、炒めジャガイモ、フライドポテト、マッシュポテト、白飯から付け合わせを選ぶ（家庭料理ではジャガイモの付け合わせが多いが、バター風味の白飯はスロヴァキア料理のレストランや食堂でも定番の付け合わせである）。アジア食堂の場合も、ジャガイモのバリエーションが少ないかわりに焼きそばが入っているなどの違いはあるとはいえ、主菜と付け合わせによって構成されるメインディッシュの形式は踏襲されている。ただし、スロヴァキア料理のレストランや食堂で、スープとともにセットで提供されるパンは、さすがに用意されていないことが多く、そもそもスープを注文する人もあまりみかけない。また、炒飯や焼きそばやフォーについては、単品で注文されることも一般的である。

ブラチスラヴァの中華レストラン

首都であるブラチスラヴァでは、アジア食堂以外に、看板に漢字が使用され（「城堡飯店」、「金山城」、「中華大飯店」など）、中華圏をイメージさせる装飾を多用した外観を持つ中華レストランも見つかる。こちらはアジア食堂とはかなり雰囲気が異なり、メニューも多彩で、日本にある中華レストランに近い。ただし、スロヴァキアもハンガリーもレストランの料理はシェアを前提としないことが多いので、アジア系の客以外で、料理をとりわけしているのはあまり見ない。一人が一皿を食べることが前提とされている。市街地の中華レストランは、昼間はランチビュッフェを実施したり、白飯とスープがセットでつくランチセットを提供していたりと、近隣で仕事を持つ、働き盛りの世代の人々の昼食の選択肢の一つとなっている。

中華レストランは、裕福な層をターゲットにした高価格帯の店から、レストランとしては手ごろな価格のものまで幅がある。ランチに客があつまるような標準的な価格の中華レストランであれば、職場の同僚と思われる二〜三名が連れ立って来ることが多く、単身でやってくる人が多いアジア食堂とは客層がやや異なる。なお、中華レストランも食堂も、アジア系とみてわかる筆者に気を使って箸が必要か聞いてくれることはあるが、料理はフォークとナイフで食べることが多い。

三、ハンガリーにおける中華料理とアジア料理

多彩な中華料理の選択肢

ハンガリーはスロヴァキアに比べて中華系住民の数が多いこともあり、中華料理を提供する飲食店も多様である。冒頭に述べたように、ハンガリーでもスロヴァキアのアジア食堂に該当するようなセルフサービスの中華食堂を、首都ブダペストの市街地やショッピング・モールのなかに見つけることができる。ただし、ハンガリーで「中華」を名乗る食堂では、基本的にベトナムやタイの料理はメニューになく、中華料理中心で、現地の人になじみのある食材を用いた肉野菜炒めや、鶏肉のフリッターが提供されることが多い。味も醬油の味が強く出るスロヴァキアのアジア料理に比べると、ハンガリーの中華食堂は甘めのチリソースを多用した料理が多く、全体的な味の傾向にも違いがある。例えば、スロヴァキアではソースなしで提供されることが多い鶏肉のフリッターも、ハンガリーではチリソースがかかっていたりする（写真12-2）。ただし、比較的安価で営業時間が長く、現地の一人客が多いのはスロヴァキアと同じである。店舗の内装も、中華系を思わせる飾りがついていることもあるが、基本的には簡素なものが多い。

写真12-2　ハンガリーの中華食堂で注文した鶏肉のフリッター。付け合わせはピラフ（2022年9月）

ブラチスラヴァの三倍以上の人口を抱え、観光都市でもあるブダペストには、もっと本格的な高級中華レストランや、中華系住民を主たる客とする中華街の近くの中華レストランもある。また、旅行者や若者が集まるようなエリアにも、中間価格帯で入りやすい、中華やアジア料理のレストランが多数ある。このような店は、メニューに炒飯やラーメンがあったり、店舗外観に部分的に漢字が使用さ

写真12−3　幅広の平麺が特徴のビャンビャン麺（2019年６月・本宮じゅん氏より写真提供）

写真12−4　ショッピング・モールのなかにあるパッタイ・ウォック・バー（2022年９月）

れていたりするので、中華料理やアジア料理を提供することはうかがえるが、内装や外観に必ずしも中華系の装飾がふんだんに使われていないことが多い。このようなエリアにある中華系住民にも人気と聞いたレストランの一つに行ったことがあるが、それはカフェのようなたたずまいのビャンビャン麺の店であった。ビャンビャン麺は陝西省周辺で食されてきた麺料理で、近年は日本でも店舗が増えているが、ベルトのように幅が広い平麺にピリ辛のたれをからめて提供される（写真12−3）。様々なタイプの中華料理がハンガリーに入ってきている一例といえよう。

アジア料理のウォック・バー（Wok Bar）

このほか、ハンガリーで中華料理を提供する店のジャンルとして、ウォック・バー（Wok bar）の存在も指摘しておきたい（第11章オランダ「ウォックレストラン」191頁参照）。ウォック＝中華鍋でつくる料理ということで、焼きそばや炒飯、そのほか炒め物が提供されることが多い。レストランのようなフルサービスではなく、入店時にレジで注文して料理を作ってもらう気楽な雰囲気の店舗も多いが、中華食堂ほど安価ではない。また、必ずしも中華料理だけを扱っているわけではなく、寿司などの日本食を含めたアジア料理を扱っている場合もある。中華食堂とくらべるとスタイリッシュで都会的な雰囲気の店が多く、立地にもよるが、客は外国からの旅行客を含め、経済的に余裕のある人々が来店しているようである。

　この形態の店のうち、ブダペストで目立つのは、市内の中心部やショッピング・モールに、チェーンで出店しているパッタイ・ウォック・バー（PADTAHAI Wok

Bar）である（写真12－4）。名前どおりタイ料理のパッタイを前面に出したチェーン店だが、麺はパッタイ用の米麺も中華麺も、うどんも選ぶことができ、米や玄米に変更して炒飯にすることも可能である。味付けも醤油、チリソース、カレー粉などを選ぶことができ、アジア系の中華鍋料理屋といえる。具材の指定によりベジタリアンにも対応でき、アジア系の料理を食べ慣れていなければ、くせのない味付けの注文も可能である。このような店では、中華料理はアジア料理の選択肢の一つにとりこまれている。写真の通り、エキゾチックな要素は少ないカフェ風の外観で、メニューもハンガリー語と英語のみであり、見た目も現地に違和感なく溶け込んでいる。

四、中華料理／アジア料理の位置づけ

本章で描いたスロヴァキアとハンガリーの中華料理、アジア料理の話はいずれも首都の話であり、地方にいくとその存在感はさらに弱くなる。とはいえ、スロヴァキアやハンガリーで、中華料理をはじめとしたアジア料理の存在感が弱いのは、この地域の食生活のありかたを考えるとやむをえない側面がある。外食は特別な機会にするものであり、日々の食事は、家で準備するか、学校や職場の食堂で食べるものという認識は根強い。友人と外で会うときも、昼ならカフェ、夜でも食事よりはお酒を主として提供する店を利用することが多い。安価な外食は、一人暮らしの人や学生、旅行者が多いエリアに需要はあるのだか、この需要に対して、世界的なファーストフードチェーンのほか、現地のサンドイッチ販売店や、ケバブなどを提供するトルコ料理店など、現地の人々にとっては中華料理よりなじみ深い選択肢も豊富にある。

スロヴァキアもハンガリーも、アジア食材の入手は首都であればそれほど困難ではない。しかし、いずれの国も現地の一般家庭で食べられるほど普及はしていない。例外は、たいていのスーパーで売られているインスタント麺くらいである（写真12－5）。鍋での調理は不要で、深皿に乾麺を入れ、粉末スープをかけて湯を注げば食べることができる。ただし、このインスタント麺を通して、現地の人々がアジアの食に親しんでいるかどうかは別である。スープの粉末を使

わずに湯切りをして、ケチャップをかけてパスタとして食べる友人をみたことがある。生活の変化のなかで、食の嗜好を広げる人もいるが、慣れ親しんだ味が好きな人もいる。その意味では、中華料理をはじめとしたアジアの食は、まだまだ現地に広くなじんだものとはいえない。

それでも、現地の人を主な客とする中華食堂やアジア食堂は、鶏肉を用いた炒め物や鶏肉の揚げ物など、比較的現地の食に近い料理を、現地の食事に近い形式で提供し、営業時間のアドバンテージを生かして、顧客を獲得して営業を続けてきた。手軽な外食が都市住民の身近な選択肢となることを含めて、食生活が徐々に変容していく可能性は十分にある。

写真12-5　スロヴァキアで購入した豚肉風味の粉末スープ付きインスタント麺。なお、同じ商品はハンガリーでも販売しているためにハンガリー語も併記されている（2022年9月）

おわりに

本章では中欧の二つの国の中華料理の状況を概観した。スロヴァキアとハンガリーは隣り合った国で、言語は違うとはいえ、食文化も共通する点が多い。しかし、中華料理をめぐる状況は異なっていた。そこには、入国管理政策の違いも影響を与えている。中華系移民が多いハンガリーでは、「中華」と名付けられた料理を提供する店がそれなりにあるのに対し、ベトナム系移民のほうが多いスロヴァキアでは、アジア料理と中華料理の境界は非常に曖昧であった。裏話をすれば、本書の編者とやり取りをするまで、筆者はスロヴァキアのアジア料理は、中華料理ではないと考えていた。現地の人も好んで食べる、鶏肉のフリッターやクリスピーチキンなどは、中華料理としてのみ提供される料理ではない。スロヴァキアでよく食べていたクンパオは、ハンガリーの中華食堂で定番料理の扱いではなかったことから、ずっとベトナム料理と思っていたが、「宮保鶏丁」という中華料理であることを知って、初めてスロヴァキアの章を書き進めることができた。スロヴァキアのように中華系住民が多くない国でも、アジア料理の一部として中華料理が現地に浸透しているのは興味深い。

その一方で、中華系住民が多いハンガリーでも、中華料理のアジア化は進んでいる。細かいオーダーが可能なウォック・バーの登場は、「中華料理」「タイ料理」「ベトナム料理」「日本料理」といった枠組みを超えて、自分に食べやすい食材と味付けの選択を可能にした。食べ慣れない異国由来の料理を食べることを経験するのでなく、異国由来の料理を自分の食べやすい食材や味に変換して日常に持ち込むことは、アジアの食を食べ慣れない人への新たなアプローチである。

［謝辞］本章の執筆にあたっては、ハンガリーの中華料理、アジア料理について倉金順子さん（一橋大学大学院生）からの助言と情報提供、およびハンガリーで知己を得た本宮じゅんさん（フードライター・ブロガー）から写真の提供を得た。ご協力に深く感謝いたします。

参考文献

山下清海 二〇一九『世界のチャイナタウンの形成と変容――フィールドワークから華人社会を探求する』明石書店。
山本須美子 二〇一九「ハンガリーにおける中国人家族にみる教育戦略」『アジア文化研究所研究年報』五三：一一六―一三一。
Hungarian Central Statistical Office https://www.ksh.hu （二〇二三年五月二六日閲覧）。
Hlinčíková, M. 2015. The Social Integration of Vietnamese Migrants in Bratislava: (In) Visible Actors in Their Local Community. *Central and Eastern European Migration Review* 4 (1): 41–52.
Nyíri, P. 2007. *Chinese in Eastern Europe and Russia: A middleman minority in a transnational era*. Routledge.
―― 2018 (1999). *New Chinese Migrants in Europe: The case of the Chinese community in Hungary*. Routledge.
Statistical Office of the Slovak Republic https://www.statistics.sk （二〇二三年五月二六日閲覧）
Williams, A.M. and Baláž, V. 2005. Vietnamese Community in Slovakia. *Sociológia* 37 (3): 249–274.

V

第V部

南北アメリカ

最後の一皿、デザートというよりは、締めくくりのメインディッシュとも形容すべきアメリカである。中国から見て、ほぼ地球の裏側、地理的には最も遠いアメリカ大陸には、世界の中華料理の一大フォーマットとなってきた北米中華や、「アンデスの町中華」と言ってもよいだろう、ペルーのチーファなど、本書の最後を飾るにふさわしい品が並ぶ。それらからすれば、グアテマラにおける中華の馴染みのなさには意外な感さえ受けるが、郊外の幹線道路沿いのレストランで地元住民にとっては雰囲気も価格も料理そのものもハレの食事体験を提供する中華料理店は、彼らにとってまさに愛憎半ばするアメリカ体験でもあるのだ。

吃飯《チーファン》、すなわち食事をするという意味の中国語に由来するペルーのチーファは一九三〇年代に定着し始めたというから、日本の町中華にはるかに先行する。近年では、中国系新移民向けのオーセンティックな「中国料理」（提供する側がチーファと区別するためにあえてそう呼んでいる）も現れているが、かといってチーファがそれにとって代わられるわけではなく、それどころか現地人が開業するチーファも増えており、減少ゆえに再発見され注目される日本の町中華の状況ともやはり大きく異なっている。

一九世紀半ば過ぎからのゴールドラッシュに大挙して押し寄せた広東からの移民たちが二〇世紀初頭から涵養し、かつそのフォーマットが世界に流通した米国中華は先行研究でも数多く取り上げられてきたが、今日の米国において、なんであれ米国を描くことは困難であり、それは中華料理とて例外ではない。もちろん、言ってみればこれはある程度はどこでもそうだろうが、しかし日本で町中華と言ったときに多くの人に共有されるノスタルジックなイメージや、韓国のチャジャンミョンやタイのパッタイのようなナショナルフードとしての中華、あるいは中国由来の食を、今日の米国に見出すことはできない。そこには、無数の「私の」中華料理があるからであり、よって本稿でもそうした個々の視点からニューヨークの中華を提示してもらっている。中華料理がはたして米国の「国民食」たり得るのかの結論を急ぐことはできないが、現時点で最もそれに近いのが中華である可能性は感じ取っていただけるだろうか。

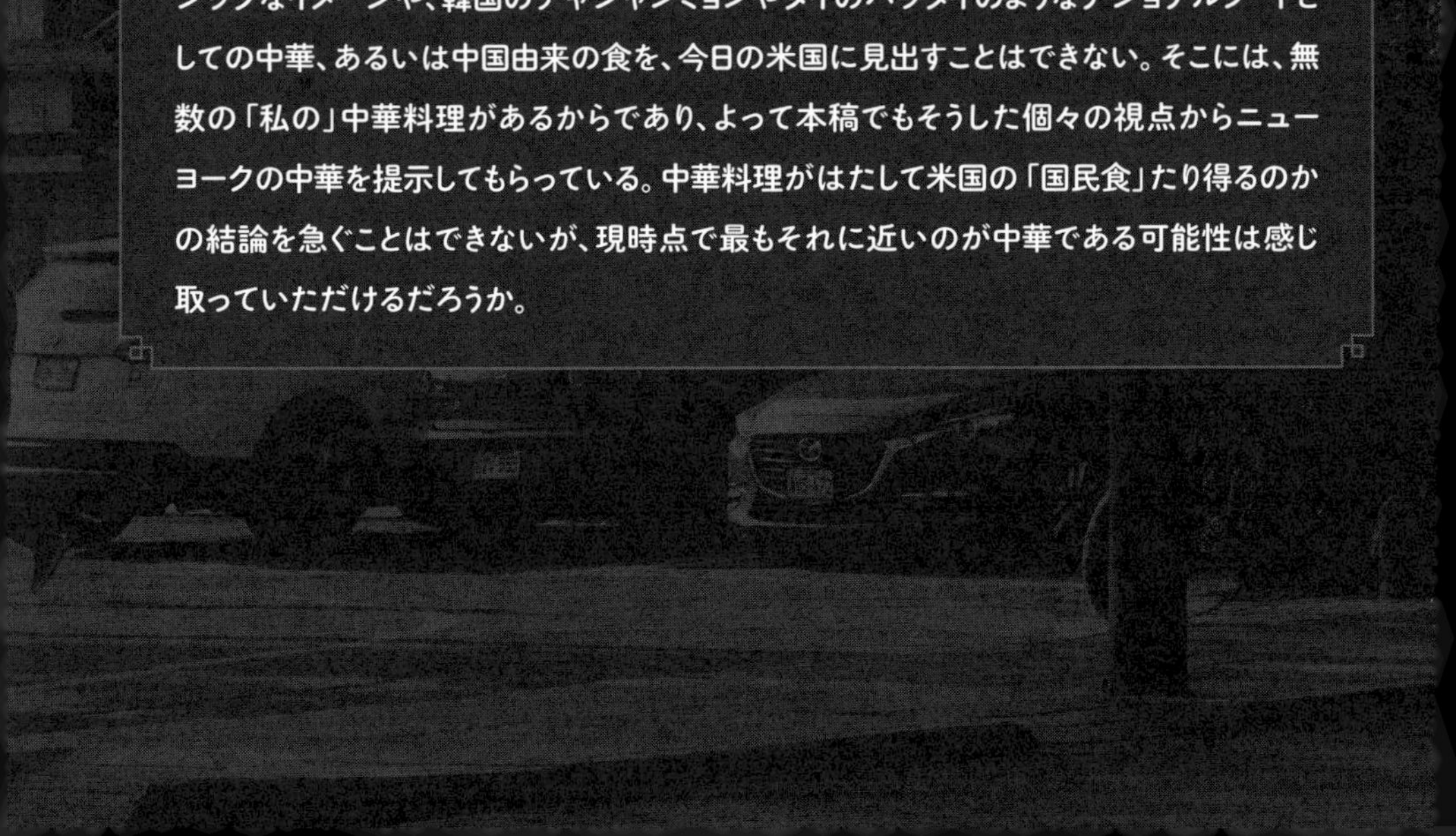

第13章

グアテマラ

Guatemala

混淆と受容の国にみる北米と「チノ」

津川千加子

一、グアテマラの味の形成

苦難と混淆の歴史

グアテマラ。中央アメリカに位置し、一七〇〇万余の人口を擁する観光立国である。この国はマヤ文化の中心地として栄えた後に、イベリア人による植民地支配を経て、米国を中心とする西洋諸国からの経済支配、そして内戦を経験した。人々の苦難がグアテマラの歴史であるならば、混淆し受容する逞しさもまた、この国のテーゼである。現在の国民の内訳は、マヤの人々が四割、イベリア系入植者とマヤの混血の子孫であるラディーノが五割強であり、グアテマラ文化の根幹を共に築いている（Instituto Nacional de Estadística Guatemala 2018）。国民が属するルーツや経済条件、地理条件は多様であり、その中で主体的に選択された生活様式や文化観も変化に富む。グアテマラが「モザイク国家」（高橋 二〇〇〇：二〇〇）と称されるゆえんである。

グアテマラの近代は米国の功罪共々の影響なしに語れない。一九三〇年代前後の米国資本の介入によって、国土には幹線道路が敷かれ、ラジオ等のメディアが発達し、首都グアテマラシティを中心に消費文化が定着した（Herrán Alonso 2003; Munro 2014）。米国は今に至るまで富のアイコンである。他方で、グローバル経済への参入はグアテマラを搾取される側に追いやり、親米政権と軍部の衝突がきっかけに三六年間続いた内戦は、とりわけマヤの人々に甚大な被害をもたらした。

グアテマラへの中華系移民は広東人が主である。米国との移動手段が海路・空路共に整備されてきた一八八〇年から一九三〇年にかけて第一波の入国があった（Elías 2016）。現在、首都には中華街、慈善協会、移民の歴史を伝える博物館があり、移民の多くが首都に暮らしていることがうかがえる。中華系移民の人口は国勢調査において明らかにされていない。グアテマラで移民ルーツとして数えられる人口が三万六千人であり（Instituto Nacional de Estadística Guatemala 2018）、中華系移民はこれに満たないことを考慮すると、本書別章が取りあげるペルー（第14章）や米国（第15章）と比較して、国人口に占める割合は少ない。中華系移民がこの国の多民族的スキームに影響を及ぼす余地はほとんどなかったといえる。それでも中華料理は消費され、文化的な表象をまとっている。本章では、中華料理を食べないメメ、特別な機会のご馳走として味わうルイスという二人のパースペクティヴを参照し、北米文化という補助線を引きながら、その様相を示す。

食文化に見る混淆

グアテマラの食文化はマヤおよびイベリア系入植者の文化の混淆を母体とし、北米的な消費文化もそれに加わる。人々と文化の多様さゆえ食文化も均一ではない。しかし、内戦後の急速な観光地化に伴い、民族的差異を統合した国民文化が定着する中で「グアテマラに固有な（típico de Guatemala）」味は輪郭を伴って人々に共有されつつある。例えばタマレス（tamales）は、バナナやミハウの葉でトウモロコシ粉（masa）、豚肉・ソース等の具を包んで蒸し上げる料理で、先住民の料理にルーツを持っているが、クリスマス等の特別な食事としてラディーノの家庭でも作られる。食文化のルーツは取り沙汰されないし、元より人々はそれを逐一把握していない。ただし観光地では、ルーツによって再帰的に食を形容するシーンが散見される。レストランでは、香辛料の効いた「マヤ風の」スープが薪の火で煮込まれて小さな壺で供され、中庭ではコマル（comal）と呼ばれる円盤状の焼き板で民族衣装の女性らがトルティーヤを焼き上げる。喫茶店のホットチョコレートは先コロンブス時代のカカオ飲料と対置され、「征服者（conquistadores）の」飲み物として紹介される。

北米に追従する産業的な食文化は、しばしば富への憧れを交えて消費されるが、グアテマラの味として定着しつつある。例えば、アメリカのファストフード店を模して国内資本が展開するチェーン店のフライドチキンは「国民の味」として絶大な人気を誇る。出稼ぎ先のアメリカに向かう人々は、同郷者への土産として紙袋いっぱいのフライドチキンを手に飛行機に乗り込む。日々の暮らしにおいても、欧米諸国で標準化されてきた加工品、例えばヨーグルトやシリアルなどの消費は一般的である。ただし、これらの製品の大部分はメキシコをはじめとする他国からの輸入品で割高であるため、日常的な食品でありながら、嗜好品としての側面も残っている。

グアテマラにおいては北米文化こそが外来文化の最たるものである。その他の、いわば非主流的な海外文化にアクセスし消費できるのは都市部の富裕な人々に限られる。中華料理は都市部では外食の選択肢ではあるものの、多数の人々は一度も食べたことがないのが実情であろう。

グアテマラ料理の食材と調理

本章の事例に登場するメメとルイスは、サカテペケス県アンティグア市の市民である。アンティグアは中米最古のコロニアル都市で、グアテマラの粋を集めた景観を誇り、高度に観光地化した街である。本節ではアンティグアのラディーノの中流家庭における日常食の食材、調理法、味付け、食べ方を示す。

どの家庭でも食事のベースとして供されるのは、トルティーヤとフリホレス（frijoles）、食事用パンである。トルティーヤは小麦を使わずトウモロコシ粉のみを原料としており、小ぶりで厚みがあり香ばしい。フリホレスはインゲン豆の一種であり、薄味に煮た状態ないしペースト状で食べられる。食事用パンはコッペパンに近い形状であり、油分の少ない簡素な味わいである。これに加えスープ、ワカモル（guacamol, アボカドのディップ状のサラダ）、卵料理、淡白な白チーズ（queso blanco）、茹で野菜、パスタや麺、ピラフ、果物も食べられる。時にはチキンナゲットなどの加工食品も食卓に上がるが頻度は稀である。人々はトルティーヤないしパンに他の料理の味を吸わせながら食べる。食卓ではスプーン、フォーク、ナイフを使うが、トルティーヤやパンを食べる際には手を用いる。食後はパンドゥルセ（pan dulce）を薄めのコーヒーに浸しながら食べる。パンドゥルセは植民地時代から引き継がれてきた多種多様な形の菓子パンないしビスケットである。

アンティグアの中流家庭の人々は、日常の買い物を市場で行う。スーパーマーケットの利用も可能であるが、割高であるという理由から副次的な位置づけである。市場では、野菜や果物は安く手に入りやすい。肉は鶏、豚、牛が売られており、安価な鶏が最もよく消費されている。安定した冷蔵状態を保つ輸送ルートが確立されておらず、鮮度の良い魚介類を購入することは困難である。トルティーヤは行きつけの個人商から買うことが多い。メキシコから輸入した日用品・加工食品を扱う店が数軒あるものの、基本的に市場にはローカルな食材が集まる。

日常的な調理方法は、煮込む、茹でる、焼くが主である。揚げや炒め（freír）の調理は家庭では行わない。コンロの火力が弱くせいぜいとろ火であること、油が高価であることがその条件的な制約である。調理には曳く、すり潰すといった工程が多く、電動のブレンダーは必需品である。食材は概ね柔らかく調理される。それもあって調理時に具材を食べやすい大きさに切り分けることは稀である。ワカモルおよび果物は好んで食されるが、それ以外に生野菜を食べる機会は少ない。

味付けは塩コショウのみの簡素な品が多く、辛みや香辛料はほとんど使われない。調理時に風味のアクセントとして使われるのは、ライムの絞り汁とパクチーである。もしも塩気や風味が欲しければ、サルサベルデ（salsa verde）かトマトケチャップを各々の皿上で足せばよい。サルサベルデは、ハラペーニョ、タマネギ、パクチー等の野菜をペーストにして酢や塩等で味を調えた緑色のソースである。ケチャップ同様にボトルで販売され、アンティグアではどの家庭にも常備されている。味は「ピリ辛」であり、刺激はあまり強くない。なお、菓子に限ればシナモン、カルダモン、クローブ等のスパイスが入る。

三十代の観光業従事者のメメは、中華料理を食べる気にならないという。メメの語りは後述するが、味と調理法に馴染みがないことが理由に挙げられた。先述の調理方法と味付けを参照すると、それも納得である。彼は中華料理に揚げや炒めの手法があることを知識として知っており、多量の油を摂取することに抵抗を感じていた。また、未知の香辛料や食材には、用心深い目を向けている。車を持たないアンティグア市民は首都に赴く機会が少なく、炒めの手法も、北米以外の海外からの食品の入手も、ほぼ経験しない。中華料理屋に足を踏み入れない限りその実態は明らかでなく、ストレンジな印象が先立つ。

二、「中華－チノ」をめぐる印象

「チノ」の遠さと親近感

筆者が二〇一五年に通った語学学校の老講師は、日本は中国《チノ》の一部だろうと述べ、別の国家であるとは知らなかった。とはいえ老講師の言うことにも一理ある。チノ（Chino）は「中国」という国を意味する以前に、中華文化が浸透している東アジア諸地域という概念的な範囲を指示してきた。ちょうど「中華」の語義に近いだろうか。

グアテマラの文化と経済は、イベリア人の侵略から観光経済の時代に至るまで大西洋沿いの地域を舞台にしてきた。

「チノ」は地理的な隔たりもさることながら、グアテマラのパースペクティヴの最果てにあり、地理的、文化的な解像度は低い。これらの地域に関して人々が知りえるのは、テレビやSNSを介する断片的な情報が主である。その結果「チノ」は、中華文化を軸に広域な文化が混ざり合った総体としてイメージされる。子供向けの遊び歌のアニメではアオザイ風の服を着た人物が「中国人」として皿回しをしているし、アンティグアで出会った何人かの人々は筆者に手を合わせてタイ風の挨拶をした。グアテマラの広東系移民が、自他から「チノ」ではなく「カントネス（cantones）」と標榜されるのは、「チノ」という語の示す範囲の曖昧さを避けての選択なのであろう。なお、アジア人を「チノ」、「チナ（China, 女性系）」と呼ぶこと、およびステレオタイプの集合体を相手に押し付けることの不躾さは、観光業従事者をはじめとする多くの人々によく理解されている。

筆者はアンティグアに滞在中、ひとりの「チナ」として、日本の文化事象を、時に過剰な一般化や誇張を伴いながらも、出会う人々に語り伝えてきた。語り合う際、「チノ」ないし日本は、北米文化に対してオルタナティヴな文化と位置づけられるのみならず、グアテマラ、特にマヤの文化に親近感を持って重ね合わされた。多神教の世界観、ユニークな食べ物や衣装、独自の言語と文字。これらはマヤの人々が搾取の歴史で奪われてきたものであり、均質的で合理性を追求する北米的消費文化の対局にあるものとして理解される。西洋と異なる文化を擁しながら経済発展を遂げた日本への賞賛には、もちろん筆者へのリップサービスも多分に含まれるが、マヤが支配に屈さなければあり得たかもしれない世界が想起されており、搾取によって文化を荒廃させた北米への恨みが滲む。

食文化について追記すると、マヤ社会の一部には、中国の陰陽思想に類似する「熱い食べ物」と「冷たい食べ物」の分類がある。これを遵守する人々は、身体を冷やすことを恐れて生野菜を避ける。都市生活を営むラディーノはこの考え方を迷信とみなし、農村部の栄養失調の原因であると非難する。しかし彼ら自身も「冷たい食べ物」について断片的に知識を持ち、日常生活において多少は留意しているようである。例えば「アボカドは体を冷やすから一日にひとつ以上は食べない」、「魚介のスープを食べて下痢をするのは、魚介が身体を冷やす力が強いからだ」という具合である。

中華《チノ》料理と東《チ》アジア《ノ》料理

「チノ」の語義の幅広さについて先述したが、「チノの料理（comida china）」といえば、いわゆる「中華料理」を指し、東アジア全体の食文化が想起されるわけではないようだ。メメは、誰もが知っている中華料理として、「炒飯（arroz frito）」、「焼きそば（Chaw Mein）」、「チャプスイ（Chop Suey）」の三品を挙げた。他にも様々な中華料理があるだろうことを彼は理解しつつ、メメはそれらを日本や韓国の料理と識別できないと述べる。「（中華料理を食べないのは）生魚は苦手だから」という彼の発言には、おそらくは日本の寿司のイメージが混入している。

アンティグア市にも数軒の中華レストランがあり、中華系のシェフがそこに勤め、料理を紙箱に入れてデリバリーしているとメメは言う。筆者もアンティグアの街において料理服のまま道を歩く華人を何度か目にしている。

メメの中華料理に対する印象は手厳しい。曰く、「脂っこい。カシューナッツを炒めるのは不思議だ」、「値段は高めで、量はふつう。ジャンキー」である。中華料理を食べない理由は「食品の使い回しをしているとSNS上で噂があった」、「グルテンが強い麺が苦手だが、スープの中にどんなパスタが入っているか分からない」、「中国では犬や猫を食べると聞いた。自分の食べる料理の中に入っていたらと想像してしまう」からであり、「中国出身の友人がいたら、逐一材料や味をガイドしてもらいながら食べてみたい」という。これらの発言に共通するのは、未知の文化に対する不安ないし不信感である。メメは観光業に従事しており、筆者の他にも多くの「チノ」、「チナ」と語り合ってきた。それでも奇をてらう情報に惑わされる。「チノ」はそれほど遠く曖昧で、お伽じみた文化圏なのである。北米文化が持つ顕現的で普遍的な印象とは真逆である。

なお、メメが中華料理を食べない理由は、経済的問題にも拠る。観光業に従事し収入が安定しないメメにとって外食は大変な贅沢である。その機会に供されるのは、よく知らない料理より、家族の誰もが味を楽しめる料理が良いというメメの考え方はもっともである。グアテマラ料理の次に選択肢に上がるのは、北米的な料理、いわゆるジャンクフードであり、中華料理ではない。

三、グアテマラの中華料理チェーン店

ハレの日の外出と中華料理

ルイスは六十代の男性で、かつては法務関係の職についていた。彼は筆者の二〇一九年のアンティグア滞在時のホストファザーである。ある土曜日の朝、ルイスは「家族の特別な時間を楽しむため」、中華料理を食べに行こうと筆者を誘った。ルイスと妻、その娘と孫、そして筆者は、ガレージで火山灰をかぶっていた車に乗り込んだ。石畳の道でがたがた揺られ、祝祭的に彩られたコロニアルの街並みを抜けると、車は一気にスピードを上げ、景色は一変する。山間を曲がりくねる幹線道路沿いには巨大な広告看板が立ち並ぶ。

ルイスたちが目指すL店は、グアテマラ資本の中華料理チェーン店で、アンティグアと首都を結ぶ幹線道路沿いにある。L店の三〇ほどある支店の立地の大半は同様に、首都ないしその近郊の幹線道路沿いに位置している。一行は途中、ショッピング・モールに寄り、買い物をした。蛍光灯に照らされる広大な店舗は資本主義経済の華やかさに満ちて、アンティグアにはない雰囲気である。購入したのは日常品に加え、メキシコ資本の有名な製パン会社の薄切りパンであった。

L店は、日光が明るく差し込み、清潔でカジュアルで、アジア的な装飾はいくつかの壁飾りを除いて見当たらない。客から見える範囲に中華系の従業員はいない。箸も使用できるが、スプーン、フォーク、ナイフが揃っている。紙製のランチョンマットは赤を基調として、福耳で目が吊り上がった清服のマスコットキャラクター（写真13-1）とクロスワードパズルが印刷されている。クロスワードは「中国はどの地域にある？（アジア）」、「中国にいる強くて縁起のい

写真13−1　L店のランチョンマットに描かれたマスコットキャラクター（2019年）

写真13−2　L店の揚げワンタン（2019年）

い動物は？（トラ）」といった中国に関する基礎知識ないしステレオタイプ化された知見で解ける。店の「チノ」的な意匠は、ほとんどそこにのみ集約されている。ルイスたちは前菜の揚げワンタンを食べながらクロスワードを解いた。揚げワンタン（写真13−2）はチリソースをつけなければ風味に乏しいが、ざくざくした歯ざわりがグアテマラでは新鮮であった。揚げ料理は家庭で作らないため、この食感はご馳走である。ルイスたちが続いて注文したのは、ひとり一皿の「焼きそば」である。普段、家族が大皿の品を各々で取り分けるのとは対照的である（つまり、普段の食事の方が「中華的な」取り分けをしている）。

焼きそばの一皿は六〇ケツァル程度である。ケツァルはグアテマラの通貨で、当時、一ケツァルは一七円に相当した。ルイスは財布を取り出す筆者を制し、カードで全額を払った。ざっと計算して、この一度の食事の支払いはメメの月収に匹敵する。一kgの豆を一〇から一五ケツァルで購入できるローカルな物価と比べると、いかに食事が高くついたかが明らかである。なお、ルイスたちも決して金銭的余裕があるわけではない。家計の足しにするため、中庭に置いていた古いトタン材やレンガを売り払い、ほつれたパジャマを何年も縫い繕う生活である。L店での食事は、まさにハレの日の特別な経験であった。

L店のメニュー

ルイス一家と筆者が食べた焼きそばの味を記述する前に、L店で提供される品について、公式のメニューを参照して記述する。メイン料理の分類は「スペシャリティ」、「鉄板焼き（Tie Pan）」、「焼きそば／炒飯」、「チャプスイ」、「海鮮料理」、「ベジタリアン料理」、「肉料理」である。実態として、これらのほとんどが種々のバリエーションのあんかけ炒めである。これらに加えて、スープ、前菜、デザートの提供がある。チャプスイは北米中華でポピュラーな「八宝菜」に類似する品名であるが、メメの語りとL店のメニューを参照すると、グアテマラではカシューナッツが入った炒め物（北米中華における cashew chicken）を指すらしい。

料理には野菜がふんだんに使用されている。ブロッコリー、セロリ、ピーマン、ナスは、アンティグアの市で流通が少なく、高価である。逆に、市場で最もポピュラーな食材、例えばトマト、パクチー、ホウレンソウ、ウィスキル等の瓜類は、料理に使用されていない。普段食と共通する野菜は、タマネギ、ネギ、レタスくらいである。肉や海鮮の中で目を引くのは、エビの豪勢な使用である。エビも市場では鮮度の良い品の購入が困難である。一方、グアテマラでは常食されていない食材、例えばきのこ類、白菜、もやし、レンコン、豆腐は料理に使用されていない。概して食材は現地語で名称が認知されつつもローカルな流通では入手が困難な品であり、素材が分かる形で使用されている。

風味は、店内に香りがほとんど立っていないように、香辛料やニンニクの使用は少ない。辛みに関しても同様で、甘めのチリソースが添えられる品はあるが、品自体の辛い味付けは稀なようだ。メニューを見る限りでは、スープに赤唐辛子を加えた「北方風の（al estilo norte）」一品と、サルサベルデを使用していると思われる緑色の「辛焼きそば」があるのみである。香りや辛さの刺激を抑えた味付けは、現地の普段食に寄せられている。

焼きそばとトルティーヤ

L店の焼きそばは具沢山であった。ピーマン、セロリ、タマネギ等の野菜と肉は一口大の薄切りで、鶏ガラ風の旨味のある薄味あんをまとい、汁だくである。油気はなく、弱火でゆっくり調理したような、くたりとした食感である。飽きのこない味ではあるが、卓上のサルサベルデで味の変化を楽しむことができる。

筆者は焼きそばの味に驚き、楽しんでいた。語弊を恐れずに言えば、それはアンティグアでの家庭で担保されるレベルを上回る衛生と鮮度の食品を久々に口にした感嘆だった。そして、筆者にとってその焼きそばは外行きの味ではなかった。母が味より家族の健康を優先して野菜を多く入れて作る品と似て、いじらしく、素朴だった。

筆者が焼きそばを一食として食べ切った傍らで、グアテマラの家族たちにとって焼きそばは野菜サラダと同じ類の品であり、併せる主食が欲しかったようだ。ルイスは、ショッピング・モールで購入した薄切りのパンを開封し、家族にすすめた。メキシコ製の白いパンは、普段の食事用パンとは異なり、甘味が強く、柔らかくきめが細かい。場違いではないかという筆者の懸念をよそに、ルイスたちはフォークを手放し、パンで焼きそばを包み、汁気を含ませて食べ進めた。普段、トルティーヤや食事用パンでするのと同じ要領である。薄切りの肉や野菜は、ちょうどパンと共に食べやすい。

パンで満腹の家族が食べ残した焼きそばは、会計時に店員が紙箱に入れてくれた。帰宅すると、焼きそばはトルティーヤに合わせる「おかず」の扱いである。手焼きのトルティーヤは香ばしく、フリホレスも合わせると、白いパンと食べるときとは別の味わいがある。パンの残りもまた、翌々日まで家族を楽しませた。

四、混淆の国の中華料理

北米を模しつつグアテマラ化する

L店の料理の美味を決定づけたのは、味付けや調理方法を差し置いて、新鮮な野菜や肉そのものであった。食材は一般的に知られているが市場で購入が困難な種のものを用いている。味付けはシンプルでグアテマラ料理の普段の食事と調理法も似ており、「チノ」のストレンジな側面は、注意深く取り除かれている。ヘルシーな食材の使用は、メメが想像する「脂っこい」中華料理とは対照的である。

L店の戦略は、ミドルクラスをターゲットとして興隆したアメリカの中華料理チェーン店PF Changが料理を脂っこく仕上げず新鮮な食材を売りにしたこと（Liu 2015: 132）を想起させる。ただしL店は味、価格設定、立地をして、グアテマラの中流階級の中でもとりわけ裕福な人々をターゲットとしている。L店の店舗のほとんどが幹線道路沿いに立地することは、客層の絞り込みに多分に関連している。車を所持しない人々、例えばメメにとって、幹線道路沿いの店はアクセスすら叶わない。

L店での体験の要は北米的なスタイルにある。旧き街や村（pueblo）を抜け出し幹線道路を車で駆け、広告看板やショッピングモールで享楽的な消費社会の雰囲気を味わい、贅沢な食事を味わうことは、富める北米への憧れを体現する一連のレジャーなのである。そこにはアンティグアの街中でフライドチキンやハンバーガーを食べるような俗っぽさはなく、より特別なステータスが裏打ちされている。ルイスがトルティーヤではなくメキシコ資本のパンを店内に持ち込んだのも、彼なりの矜持なのだろう。この際、中華料理の「中華らしさ」は重要ではない。むしろ、パンやトルティーヤに包みやすく、家族の皆が味を楽しめる親しみやすい味付けこそが、ルイスたちを惹きつけていたのである。

北米と「チノ」、二者への眼差しの交点

以上、ルイスの事例を参照すると、グアテマラの中華料理はアメリカン中華のバリエーションである。ディテールこそグアテマラ風ではあるが、それは現地化という普遍的事象の一例に過ぎない。それよりもグアテマラの中華料理を特徴づけるのは、中華料理が北米文化に内包され、また中華圏が北米文化と対置されてきた文化的コンテクストである。

もちろん、中華料理が常に北米文化の一端に与するとは限らない。グアテマラシティには中華系移民が経営する広東料理店があるし、メメが想起する中華料理に北米文化は紐づいていない。だが、それらの「本物に近い」中華料理は富裕層の趣味の範疇を出ていないか、「チノ」の遠さというヴェールを被り、異質な印象をしている。中華料理が大衆に開かれるために、まずは「チノ」の文化的・味覚的な違和を北米的センスによるスクリーニングで一掃し、現地化しなければならなかった。しかし、北米文化への包括は、中華料理と富との結びつきをも再強化し、庶民を疎外する。誰しもの「チノ」への好奇心が、ソーシャルメディアの脚色された情報ではなく、己の舌で確認することで満たされる日は、グアテマラの人々が今日この日、そして明日をより豊かに生きられるようになってから訪れるだろう。誰もがそう望むが、歴史の歩みと諸国との関係に刻み込まれたひずみは、そう簡単に取り除けない。

それでは中華料理は、富める者に占有された食文化なのだろうか？　この問いに寄せて、筆者はあるセンチメンタルな情景を思い出す。アンティグアの大聖堂広場に面する老舗喫茶の中庭で、観光客がケーキを食べている。その傍らで少し居心地の悪そうな一組の客に焼きそばが差し出された。一皿を静かに分け合って食べていたのは、土産売りのマヤの母娘であった。筆者はこの事例に中華料理の拡がりの希望的観測を見出したいのではない。ただ、真にコロニアル的な情景に、北米経由のチノの料理が佇んでいたこと、マヤの母娘がその一皿を望んだということは、グアテマラの人々が貫いてきた混淆と受容の精神がそこに在ることを感じさせるのである。

参考文献

高橋早代　二〇〇〇「グアテマラの新しい社会と女性」国本伊代編『ラテンアメリカ——新しい社会と女性』新評論、一九七—二一八頁。

Elías, Á. 2016. Museo Chino abre en Guatemala. Guatemala City: *Prensa Libre*. https://www.prensalibre.com/vida/escenario/museo-chino-abre-en-guatemala/（二〇二三年九月一〇日閲覧）

Herrán Alonso, M. 2003. Pasado y Presente de una Ciudad Colonial: La Antigua Guatemala. *Ería: Revista Cuatrimestral de Geografía*（62）: 350–362.

Instituto Nacional de Estadística Guatemala 2018. Población total por pueblos, Porta de Resultads del Censo 2018. https://www.censopoblacion.gt/explorador（二〇二三年九月一〇日閲覧）

Liu, H. 2015. *From Canton Restaurant to Panda Express*: A History of Chinese Food in the United States. New Brunswick. New Jersey, and London: Rutgers University Press.

Munro, L.L. 2014. Inventing Indigeneity: A cultural History of 1930s Guatemala. Dissertation, University of Arizona, Department of History.

第14章

ペルー
Peru

街にとけこみ、あふれるチーファ

山本 睦

南米ペルーの街を歩くと、チーファ（chifa）の文字がたくさん目に入ってくる。チーファとは、ペルーで中華料理および中華料理を提供するレストランをさす言葉であり、諸説はあるものの、中国語のチー・ファン（吃饭：chī fàn：食事をする）に由来するともいわれる。また、チーファは、現在のペルーで最もポピュラーな外国に起源をもつ料理であるとともに、もはやペルー料理の一つとして認識されているものでもある。

本章では、中国人移民の歴史をひもときながら、チーファのペルーにおける位置づけについて考察する。また、中国人移民や非中国系ペルー人の語りを通じて、かれらにとってチーファがどのような存在であるのかを論じるとともに、チーファの今後の展開についても検討してみたい。

一、ペルーにおける中華料理

ペルーにおける中国人移民

ペルーにおける中国（当時は清国）人移民の公的な歴史は、移民たちが当時はポルトガルの植民地であったマカオを出発し、一八四九年に首都リマ近郊のカヤオへ到着したときにはじまる。かれらの大半は、クーリー（苦力）とよばれる労働者であり、その多くは綿花やサトウキビなどの大農園での労働や鉄道建設といった開発事業などに従事した。都市部では、調理もできる家内使用人として働く人たちもいたようだ（山脇 二〇一二：三三八）。初期の移民たちはマカオや広州の周辺地域から移住してきたと推測される（河合 二〇二〇b：三三一）。

一八四九～五七年ごろに一万七千人程度であった移民は次第に増加し、一八六〇～七四年までには約九万四千人の移民が渡航した（Rodríguez 2017: 36）。一八七六年のリマの人口が約一〇万人といわれた時代のことである（山脇 二〇一二：三三七）。なお、この中国人移民の歴史のなかで、ペルーと日本との関係がはじまる。それは、一八七二年に横浜に停泊中だったペルー船籍のマリア・ルス号から中国人移民が脱走し、近くの英国軍艦に助けを求めた事件に端を発している。

このようにして始まった中国人移民の歴史ではあるが、その中から次第に資金を蓄えて、それをもとに自営業をはじめ、経済的な基盤を築き、日用雑貨店や食料品店を営む人々もあらわれるようになった（山脇 二〇一二：三三九）。また、移民開始後まもない一八五四年からは、リマの中央市場の周囲でカジェ・カポン（calle capón）とよばれる通りを中心に、レストランや商店などが集まり、チャイナタウンが形成されはじめた（園田 二〇一七：三八四）。その動きは、一八六〇年代になってサンフランシスコから移ってきた豊かな広東系の人々によってさらに発展したという。

しかし、ペルーへの中国人移民の歴史を考察する際には、一九五〇年代～七〇年代、あるいは一九九〇年代半ば以降に移住した人々の多さにも注目する必要がある。これには、一九六〇年前後に広東省で飢饉が生じたことや、中国が改革開放政策を採択した後の一九八〇年代以降にペルーへ渡航する移民が増加したという背景がある（河合 二〇二〇b：三二九―三三二）。また、親戚や知人のなかにペルーへの移住者が存在したうえ、一九九〇年代半ば以降に米国やカナダでビザを取得することが難しくなって北米へ行くことを断念する人が多くいたなかで、当時のアルベルト・フジモリ大統領がアジア移民を奨励していたことも、その理由の一つであろう。その結果、特にリマのアビアシオン（Aviación）通りでは中国系の店舗が急増した。新しいチャイナタウンともいわれるほどである（河合 二〇二〇b：三三二）。現在のペルーには中国にゆかりをもつ人々が約三五〇万人もいるという（河合 二〇二〇b）。

ペルー料理とは

中国人移民がペルー社会にとけこんでいくなかで、中華料理も現地の食の体系に深く入りこむことになったが、そもそもペルー料理とはどんなものなのだろうか。ペルー料理は、太平洋、アンデスの山々や熱帯の雲霧林や低地といった多様な環境で育まれた豊かな食物にもとづいたうえで、先住民やスペイン、アフリカ、アジアなどからの移民がもたらした様々な食文化が融合したものである。ただし、一般には、ペルー料理といえば、主に海岸部の大都市近郊で近代に入ってから生みだされたクリオーリャ（criolla）料理をさすことが多く（柳田 二〇一七：一二）、その主食はコメである。代表的なものとして、セビーチェ（cebiche または ceviche）とよばれる魚介類のマリネがあるが、そこにはタマネギ、ニンニク、サツマイモ、トウモロコシやトウガラシなどもふんだんに盛り込まれている。ペルー料理と聞いて真っ先に名があがるもう一つの料理が、牛肉とタマネギ、トマト、フライドポテトなどを材料とするロモ・サルタード（lomo saltado）とよばれる醤油ベースの炒めものである。いずれの料理にも、中国や日本にとどまらず、旧大陸からもたらされた様々な調理法や調味料、食材がとりこまれているのが、その特徴であろう。こうした傾向は近年さらにすすんでおり、多様な文化的背景をもつ料理をとりこみながら展開しつづけるペルー料理には、現在、世界的な注目がそそがれている。例えば、二〇二二年版の世界のベストレストラン五〇では、在ペルーのレストラン三軒がランクインしており、そのうちの一つは全体で第二位、南米では第一位に輝く（Vialou-Clark 2022）。こういったこともあって、ペルーの人々のペルー料理にたいする情熱やプライドには並々ならぬものがあり、それは「ペルー人は胃袋でアイデンティティを感じる」（佐々木 二〇二一：二四〇）といわれることにもつながる。

ペルー料理と中華料理

先述した歴史をふまえて、ペルー料理と中華料理の関係を整理してみよう。山脇の先駆的な研究によると、当初、ペルーの中華料理は安い食堂といった形で、特に貧困層の間で受容されはじめたという（山脇 一九九六：五二）。一八六〇年代以降、中華料理は富裕層や中間層をふくむペルー社会にとけこみつづけていくが、その結果として、ショウガや醤油、ネギといった食材や中華鍋を用いた調理法もペルー社会へ浸透したようだ。「炒める（saltado）」という調理技術も、中国人がペルーに持ちこんで定着させたとされる（山脇 一九九六）。現在のペルーでは、都市部はもちろんのこと、山間部の村落にある売店などでも醤油が売られている。また、一九世紀後半以降には、コメがペルーの食卓になくてはならない存在となったが、そこには中国人の食習慣が大きな影響をあたえたとされ（山脇 一九九六）、その栽培には中国人移民の存在が密接に関連している（Rodríguez 1993: 192–194）。

こうした状況の中で、一九二一年にはじめての高級中華料理店がカジェ・カポンに誕生した（Rodríguez 1993: 206）。それにはリマ市長や大使をはじめとした有力者たちが支援をしており（山脇 一九九六：五四―五五）、中華料理がすでに富裕層に人気を博していたことがうかがえる。また、一九三〇年代以降、中華料理店の軒数は増加しつづけ、非中国系のペルー人の利用が拡大すると同時に、中間層向けの店もみられるようになった。中華料理店をチーファと呼ぶことが定着したのもこの時期のようだ（Rodríguez 1993: 217; 山脇 一九九六：五五）。初期の中国系移民の多くが広東語を用いる地域の出身であるにもかかわらず、チーファという語が標準中国語の響きに近いのは不思議でもあるが、公的な表現が重視された結果かもしれない。なお、「チー・ファン」に相当する広東語は「セッ・ファーン（sek faan：食飯）」である。その後、チーファには、ペルーのイベントでは不可欠のダンス会場を兼ね備えたものも現れるようになった（山脇一九九六：五五）。山脇は、以上のような歴史を、意図せざる「混血化」の過程と表現している。中国系の人々がペルー社会に提示した自分たちの料理が、ペルー社会で受容されるにつれて、ペルー人にとっての自分たちの料理となっていった（山脇一九九六：五七）ということである。

以上のことから、チーファがいかにペルー社会に深くとけこんでおり、もはやペルー料理といえる存在になっているかがわかるであろう。このような状況は現在も同様である。例えば、ペルー料理界の重鎮であるガストン・アクリオ（Gastón Acurio）は、二〇一一年にペルー料理の一つとしてチーファのレストラン、マダム・トゥサン（Madam Tusan）をオープンした。それは、食が各地の社会に合わせてローカル化する（ワトソン二〇〇三）といったことよりも、現地社会からのより主体的な動向のようにもみうけられる。隣国のエクアドルにも中国人移民の歴史があり、中華料理や中華料理店はある。しかし、それらはチーファだけでなく、中華料理レストランともよばれる。また、ペルーでは、チーファという呼称がペルーだけに存在するといった言説もみられる。やはり、ペルーのチーファは特殊な存在なのである。ちなみに、筆者の友人で在ペルーの中国人移民たちは、自分たちが日常的に食べる料理をチーファとはいわず、中国料理（comida china）と表現し、明確に差異化する。したがって本章でも、この意味において「中国料理」という表現を用いることにする。

二、街にあふれるチーファ

ペルーにおける中華料理の特徴と好まれる味

日本の中華料理は、味付けに日本料理の特徴をうけつぎつつ、客と状況が求めるニーズに柔軟に対応してきたとされる（川口 二〇二三：三〇二）。それでは、ペルーのチーファはどうであろうか。その一般的特徴を調理方法や味、料理構成などからみてみよう。

チーファでは、当初から移民が広東出身の人たちを中心に構成されていたということもあってか、基本的に広東系の料理が多いといわれる。ただし、郷土のそれとは見た目や味も違うようだ。例えば、チーファでは「揚げる」、「炒める」といった調理法が主として用いられる。一品一品の盛りがよく、とても一人では食べきれないほどの量が一人前として提供されるのも、その特徴である。その一方で、「蒸す」、「煮る」といった調理法は、中国系の人々を顧客対象としたチーファや、シュウマイや春巻といった一部の点心をのぞいてほとんどみられない。また、一般的に味付けの中心は醤油で、醤油の味しかしないのではないか、と思えるほどの量が用いられることもある。ただし、近年では、オイスターソースが流行しており、オイスターソース味の料理が氾濫している。さらに、高級志向ではない、多くのチーファでは、メヌー（menú）とよばれる、スープあるいは揚げワンタンとメイン料理からなるセットメニューが存在する。こうしたセットメニューを食べている客の大半は、非中国系のペルー人である。食事の順序としては、はじめにスープか揚げワンタンが提供され、スープの場合はそれらを食べ終えてからメインの料理に手をつけるのが一般的である。さらに、食事のお供には、水や茶よりも炭酸飲料が好まれる傾向がある。なお、チーファで茶といえば、ほとんどがジャスミン茶である。ただし、スーパーなどでも売られてはいるものの、チーファ以外の場所で非中国系ペルー人がそれを飲

写真14-1　チーファを代表する一皿、アエロプエルト（2023年）

写真14-2　炒めないけど名前はヤキソバ、タヤリン・（サルタード）・タイパ（2023年）

んでいるのをあまりみかけることはない。そのうえ、テーブルには、ペルー料理にはかかすことのできないアヒ（ají）というトウガラシをベースにしたソースが常備され、チーファでもスープやメイン料理にたっぷりとそれをかけながら食されることが多い。こうしたセットメニューでは、ペルー人に人気のある、本場ではみられないような組合せをふくむ料理が提供される（山脇 一九九六）。

チーファのメニューのなかで、ペルーの人々にとりわけ人気があるのが、アロス・チャウファ（arroz chaufa：チャーハン）とタヤリン・サルタード（tallarín saltado：ヤキソバ）である。前者は、広東語でチャーハンを意味するチャウファーン（炒飯：chau faan）が口語化されたともいわれているが、ペルーでは直訳するとチャーハン・ライスという名称で呼ばれている。後者は、名前はヤキソバであるが、茹でた麺、あるいは中華鍋などで少し焼かれるなどして温められた麺の上に炒めた具材がかけられたものや、同様に準備された麺と炒めた具材とを最後に中華鍋のなかであわせるようなものが多い。また、コメや麺といった炭水化物、そして盛りのよい料理を好むペルーの人々は、チーファにおいて、アエロプエルト（aeropuerto：空港）とよばれる特殊な一皿を生みだした（写真14-1）。それは、アロス・チャウファとタヤリン・サルタードを混ぜて炒め、一皿に盛ったソバメシに近いもので、非中国系のペルー人に特に好まれているメニューの一つである。その名前の由来には大きく二つの説があるといわれる。一つはレシピにふくまれる二つの中心的な材料である麺とモヤシがペルーへと到着（着陸）したことに関連するというもの、もう一つの有力なものは、この料理がリマの空港近くにある食堂でつくられたとするものである（El Comercio 2023）。

また、チーファでは、様々な種類かつたくさんの量という意味をもつタイパ（taypá）という言葉がメニューのいたるところにみられる。これは、キノコと鶏肉を使った料理（El Comercio 2022）、または、「大きい」や「たくさん」を意味する「ダイ・バ（dai ba：おそらくは大把）」に由来する言葉とされる（Cruz Soriano 2002: 196）。しかし現在では、例えばタヤリン・（サルタード）・タイパといえば、エビ、牛肉、豚肉、鶏肉にキクラゲやモヤシといった各種の肉と様々な野菜が入ったヤキソバをさす（写真14-2）。つまり、タイパはペルー社会のなかで料理そのものだけでなく、語の細かいニュアンスまでをも変化させながら、現地の料理名になっているのである。ちなみに、ペルー北部を中心に、タヤリン・タイパと同様のメニューが「タヤリン40×40（表記とは異なり、基本的にはクワトロ・ポル・クワトロ［4×4を意味する］とよばれる）」と称されることもあるが、40×40という名の由来は不明である。

様々なチーファと異なるメニュー

チーファは、ペルー風のローストチキンとハンバーガーにつづいて、ペルー人が最も好む料理の第三位に位置し、約三五％のペルー人が日常的にそれを口にするともいわれる（Horeca 2020）。また、リマはラテンアメリカの中で最も中華料理店が多く（岩間 二〇二一：四八三）、リマだけでも三千軒以上ものチーファがあるとされる（El Popular 2022）。こうしたペルーのチーファは客層や立地、店構えなどからカテゴライズされることもあるが（Rodríguez 2017: 276–283）、ここでは主としてオーナーやシェフの国籍、客層やメニューといった点からチーファの多様性にふれていきたい。

基本的にチーファは、オーナーやメインシェフ、主たるターゲットが中国系か非中国系の人々かによってわかれ、メニューや味付け、出される食器までもが異なる。オーナーやシェフが中国系の場合、メニューのバリエーションが豊富で、チーファだけでなく、中国料理を提供する店もある。特に、その傾向は二〇〇〇年代以降になってより顕著である。故郷とほとんど変わらない客家《ハッカ》料理を供し（河合 二〇二〇b：三三二）、看板にチーファと表さないレストランもあるが、SNSによる店の広告には「リマで一番のチーファ」といった表現も使われている。提供する料理はチーファではないが、店のカテゴリーとしてはチーファということなのかもしれない。また、こうした中国料理は、基本的には中国系の人々をターゲットとしたもので、一般的にはまだあまり知られていない。そのため、店によっては中国系の人々を中心にその存在を知っている人たちだけが火鍋を囲み、それ以外のペルー人たちはチーファの一般的なメニューを食べているといった光景を目にすることもある。ただし、近年では、チーファではなく、中国料理を好む非中国系のペルー人も増えてきた。上記のような店は、いわゆる高級あるいは中間層向けのチーファに該当し、そこでは、後述する他のタイプのチーファや家庭では食べることのできないメニューが選ばれるといった特徴がある（Rodríguez 2017: 278）。また、これらのチーファは、比較的治安がよいとされる新市街や大通り沿いを中心にみられる傾向にあるが、なかには中華街に古くから店をかまえるものもある。中間層向けのチーファでは、バリエーションをある程度保ったまま、アエロプエルトなどの非中国系ペルー人たちが一般的に好むものもメニューにふくまれることがある。さらに、上記のようなチーファでは、オーナーが中国系か非中国系であるか否かにかかわらず、店の内装がオリエンタルな雰囲気を醸しだすものであることが多く、ある種の洗練された雰囲気が求められているといえる。メニューリストがスペイン語と中国語の二通り、あるいは二言語で同時表記されていたり、フォークか箸のどちらかを使うのかを選べる店もある。

その一方で、ペルーには主として非中国系のペルー人のための、財布には優しいが、メニューが主に炒めものや揚げものに限定されるチーファがたくさん存在する。こういったチーファのオーナーやシェフが中国系の人であることもあるが、特に小さなスペースを利用した食堂のような形態のチーファでは、オーナーやシェフが過去に他のチーファで調理アシスタントやホールスタッフとして働いた経験をもつ人たちであることが多い。食材や調理法に関する基礎的な知識や技能を身につけた後で、自らがオーナーとしてチーファを出店するのである。この場合、味付けは非中国人系のペルー人が一般的に好む醤油ベースのものが基本となる。メニューリストがスペイン語のみで記載されていることはもちろん、品数も少なく、チャーハンとヤキソバを軸にしたセットメニューが中心である。箸も用意されていないことが多い。また、店の内装は、招き猫や漢字の入った提灯などが使われることもあるが、基本的にはシンプルである。日本の「町中華」に近いようにも思われるが、「町中華」とあえて対象化してノスタルジーに結びつけられることや、「町中華」と「ガチ中華」のように他のチーファや中国料理と対称的にとらえるような言説（川口 二〇二三）は、存在しない。このほか、より庶民的な屋台のチーファや、ショッピング・モールに展開するファストフードのチーファもある。

レストラン以外でもみられるチーファ

ペルーでは、チーファと名前のつかない村の食堂や家庭においても、チーファがよく食べられている。スーパーの食品売り場にはチャーハンやワンタンといった様々な料理が並ぶほか、醤油やオイスターソースだけでなく、日本のスーパーかそれ以上に中国の調味料が売られていることもある。町の小さな商店においても、醤油などの基本的な調味料は手に入れることができる。そのため、食堂や家庭においても、チーファ、とりわけチャーハンがつくられたりするのである。

しかも、それはリマや他の大都市だけに限られることではない。筆者が二〇〇五年より調査を続けるペルー最北部に、ポマワカという人口九千人ほどの町がある。町とはいっても中心部の人口は約三千人と小さな村落のようで、そこにはチーファはないものの何軒かの食堂が存在する。それらの食堂には決まったメニューはない。しかし、ペンシオン（pensión）とよばれる朝・昼・晩の三食を安く提供するサービスがあり、村に滞在する労働者などに毎日異なる家庭料理が出されている。そうしたなかにも、チャーハンはたびたび登場するのである（写真14-3）。しかも、筆者がお世話になっている食堂をきりもりする非中国系ペルー人のA氏（五十代女性）は、それを自分の得意料理かつ好物の一つだ

写真14-3　町の食堂で提供されるA氏のチャーハン（2023年）

という。海岸部の大きな町に住んでいたときにレシピを覚え、自分なりに改良を加えて現在にいたるそうだ。このチャーハンの味付けはもっぱら醤油味で、そこに隠し味（?）として結構な量の「味の素」あるいは中華料理用の化学調味料が加えられる。ちなみに、こうした化学調味料は、ロモ・サルタードといったペルー料理にも使われることが多々ある。ここで重要なのは、チーファ、特にチャーハンが、単にそのお手軽さを理由に調理されているのではないということである。日常生活においても、チーファは、ペルーのいたるところでつくられ、食べられているのである。

三、街にあふれる中華料理とあふれはじめた中国料理

中華料理と中国料理

ペルー料理としてのチーファがたくさん存在するなかで、現在では中国料理を提供するチーファもみられるようになってきた。ここでは、ペルー北部の大都市トルヒーヨにあるチーファのオーナー兼メインシェフへのインタビューを通じて、ペルーにおける中華料理と中国料理について考えてみよう。筆者と二十年来の友人であるB氏（四十代男性）は、広州出身で在ペルーの友人の勧めもあり、二〇〇〇年に一七歳で広州からペルーへ移住してきた。彼は中国の調理学校で三ヶ月間の集中コースを終えた後、すぐにリマに渡り、知り合いのチーファなどで調理を、語学教室でスペイン

語を学んだ。彼のように、ペルーのチーファで働こうとする中国人移民は、いずれかのチーファなどを通じてはじめにペルーの味付けを習う。それは、チーファが中国料理とは全く違うものであるからだという。その後、ペルー北部のカハマルカで修業し、同じく中国人移民のC氏（四十代女性）と結婚し、はじめはバグア、次にワマチューコ、そしてトルヒーヨで二軒のチーファを開いた。なお、バグアとトルヒーヨの一軒目のチーファは現在では閉店している。今、彼らが力を注いでいるのは、資金を蓄えて、二〇〇六年にトルヒーヨでオープンした店舗である。この店の内装は、オリエンタルなムードを醸しだすことが意図されている（写真14-4）。それ以前に開いた店よりもメニューのバリエーションも豊富で、中間層以上の客層が意識されているようだ。ただし、メニューリストの全体的な傾向としては、顧客の大半である非中国系のペルー人の好みが反映されている。コロナ禍以前に提供されていたランチのバイキングコースでは、チーファ以外にもセビーチェなどの典型的なペルー料理も並べられていた。つまり、この店で提供されるのは、チーファであって、中国料理ではないのである。また、二〇二三年三月の時点で、厨房には七人の非中国系ペルー人の調理アシスタントがおり、そのうちの二名には炒めものや揚げものといった基本的な調理を任せることができるという。

写真14-4　B氏とC氏が所有するチーファの内装（2023年）

B氏によれば、店で出しているチーファと自分たちが食べる中国料理には食材や技法、味付けなどといった点で大きな差異がある。チーファは、炒めものと揚げもの、醤油味を基本とし、各個人用にワンプレートで料理が提供されることが多い。それにたいして、中国料理は蒸しものと煮ものも多く、料理は大皿に供され、醤油は主として香りづけに用いられるという。そのため、B氏とC氏はほとんど食べることがないというが、ペルー生まれの彼らの子どもたち

写真14-5　B氏による友人をもてなす中国料理（2023年）

が望んだ際にチャーハンをつくってみると、チーファのそれとは味や見た目の色に違いがはっきりと表れる。また、リマとは異なり、まだまだ中国料理を注文する非中国系ペルー人はトルヒーヨには少なく、B氏のチーファで中国料理が提供されるのは、B氏家族の食事の際や中国系の友人や知人が来た際、あるいは中国系企業で働く中国系の人々があらかじめ注文したうえで来店するときだけである（写真14-5）。その場合、中国料理をつくるには、トルヒーヨでは入手不可能なものも多いため、リマのチャイナタウンや中国系マーケットに食材を注文する必要があるという。

ペルーにおけるチーファの行く末

B氏によると、トルヒーヨの中国系移民の大半はチーファを経営しているが、それは経営のリスクが比較的少ないためとされる。しかし、近年ではチーファ以外の仕事を選ぶ中国人移民も増えており、その理由にはチーファ以外の選択肢が増えたことや、チーファだと競合が多すぎてもうけを出すことが難しいといったことがあるようだ。B氏、C氏夫妻は、成功をおさめているようにみえる自分たちのチーファを子どもたちに継がせる気もあまりなく、子どもらはリマの大学に通っている。また、B氏らもチーファを続けるかたわら、ホテルやスーパーなど他業種の経営にも触手をのばしている。つまり、飲食業は、あくまで生活のための手段として位置づけられているのである。

それでは、チーファは今後どんどん減少していくのだろうか。ペルーの街を歩いているとどうもそのようには思えない。その理由は、非中国系のペルー人が、次々とチーファを開いているためである。例えば、これまでにB氏のチーファで調理アシスタントとして働いていた非中国系のペルー人一〇名ほどが、現在ではトルヒーヨにチーファをかまえている。それらは先述した、メニューが主に炒めものや揚げものに限定される、比較的小規模なチーファである。かれらはB氏と友好的な関係を続けており、たまに顔をだすこともあるという。つまり、B氏の弟子ともいえるような人々がチーファを増やし続けており、こうしたチーファはより一層ペルー社会にとけこんだ存在となっているのである。また、B氏によれば、このようなチーファは中国料理を出す（出せる）店とは競合相手にはならない全く別の存在である。そのため、B氏が所有するようなチーファや中国料理に特化したようなチーファも、今後またペルー社会に浸透しつづけていくであろう。近年では、ペルーで提供される中国料理にも変化が生まれはじめ、広東系以外の料理も少しずつみられるようになったといわれるが、一般的には広東や四川といったような区別はほとんどなされていない。このようにみると、チーファとは本当に多様な存在であり、それらが街に混在し、あふれながら、ペルー社会により深くとけこみ続けているのである。

こうした状況のなかで、チーファは今後どうなっていくのだろうか。B氏は、これからは中国料理がどんどん増えていき、中華料理と中国料理との差異がより顕著なものになっていくと考えている。この問いにたいして論じるためには、昨今のペルーで生じている「日本食」をめぐる動きが参考になるだろう。二〇〇〇年代に入り、ペルーでは、日本でよく食されている日本料理ではなく、また日系ペルー人が現地で獲得した素材や調理法、調味料などを巧みに活用して創造した「日本料理」（山脇 一九九六：四八）あるいは「ニッケイ料理」（柳田 二〇一七：三七―八五）でもない、新たな「日本食」が日系三世や四世を中心に生みだされ、世界的な注目を集めている。「ニッケイ・フュージョン料理（comida nikkei fusión）」とよばれる日本料理を多分に意識した新たなペルー料理が、それにあたる（柳田 一九九六：八七―一〇〇）。日本料理は、ペルーにおける日本人移民の長い歴史にもかかわらず、一九八〇年代末まで日本企業の駐在員とペルーの富裕層の一部など、ごく狭い範囲にのみ知られる存在であった（柳田 二〇一七：八）。それにたいしてチーファは、日本料理をはじめとしたアジア各地の料理が流行となる以前から、すでに現地社会にとけこみ、現地の食の体系の一つをなしていた。そのため、今後、中国料理の存在が多くの人たちにあらためて知られていくなかで、既存のチーファや中国料理とも異なる、新たなフュージョン料理が創造される可能性はある。その場合、それは単なる生活の手段としてではない、新たな位置づけをもった「チーファ」となるであろう。

おわりに

ペルーのチーファをみると、中国料理から中華料理までといった幅広さだけでなく、中華料理としてくくられるもののなかにも、現地にあわせたきわめてバリエーションに富んだ姿が認められる。また、それらは決して排他的な存在ではなく、うまくバランスをとりながら共存している。さらに、ペルー料理としてのチーファは、これまでもそうであったように、時代とともにその社会的な位置づけをも変化させつづけてきた。こうしてみると、わたしたちの前に立ちあらわれてくるペルーのチーファは、複層的かつ累積的に築かれており、今後もそれが継続されていくのであろう。このようなペルーのチーファには、現地社会にあわせて姿や味などを柔軟にかえつつも、オーセンティックな側面をも持ちつづけるなど、独自性にくわえて、他地域との共通性もみられる。そのため、チーファは、現地の歴史や社会状況だけでなく、汎地域的な視点からも論じられるべき対象であるといえよう。

ペルーと中国との関係は、政治、経済、文化といった様々な側面で近年より密接なものとなってきている。食文化に関して、「食の景観」といった、食にたいする人々のまなざしや食の物質的要素をめぐる総合的な研究（河合 二〇二〇a）が目指されるようにもなっている現在、ペルーのチーファは食について研究する最適なフィールドの一つといえるかもしれない。

参考文献

岩間一弘 二〇二一『中国料理の世界史——美食のナショナリズムをこえて』慶應義塾大学出版会。

川口幸大 二〇二三「規範なき模範——「町中華」に見る日本的中華料理店の展開」高山陽子・山口睦編『規範と模範——東北アジアの近代化とグローバル化』風響社、二七九—三〇八頁。

河合洋尚 二〇二〇a「フードスケープ——「食の景観」をめぐる動向研究」『国立民族学博物館研究報告』四五（一）：八一—一一四。

—— 二〇二〇b「ペルーの客家に関する初歩的報告」『国立民族学博物館調査報告』一五〇：三一九—三三九。

佐々木直美 二〇二一「ラテンアメリカ料理の国際化」『ラテンアメリカ文化事典』丸善出版、二四〇—二四一頁。

園田節子 二〇一七「リマのチャイナタウン」華僑華人の事典編集委員会編『華僑華人の事典』丸善出版、三八四—三八五頁。

柳田利夫 二〇一七『ペルーの和食——やわらかな多文化主義』慶應義塾大学教養研究センター選書一六、慶應義塾大学出版会。

山脇千賀子 一九九六「文化の混血とエスニシティ——ペルーにおける中華料理に関する一考察」『年報社会学論集』九：四七—五八。

—— 二〇一二「日本人移民が生まれた背景——奴隷制・クーリー・契約農園労働者」細谷広美編『ペルーを知るための六六章』第二版、明石書店、三三六—三四〇頁。

ワトソン、J 二〇〇三『マクドナルドはグローバルか——東アジアのファーストフード』前川啓治・竹内恵行・岡部曜子訳、新曜社。

Cruz Soriano, J. 2002. Palabras chinas en el diccionario de la Academia de la Lengua. *Boletín de la Academia Peruana de la Lengua* 36（36）: 191–199.

El Comercio. 2022. El primer Chifa del Perú: cuándo se inauguró y cómo nace la jerga 'taypá. https://elcomercio.pe/respuestas/cuando/el-primer-chifa-del-peru-cuando-se-inauguro-y-como-nace-la-jerga-taypa-tdex-revtli-noticia/（二〇二三年五月二二日閲覧）

—— 2023. Aeropuerto: por qué se llama así y cuál es el origen del popular plato de chifas. https://elcomercio.pe/provecho/tendencias/aeropuerto-por-que-se-llama-asi-y-cual-es-el-origen-del-popular-plato-de-chifas-noticia/?ref=ecr（二〇二三年五月二二日閲覧）

El Popular. 2022. Asociación de Restaurantes Chinos advierte incremento de casi 85% en precios de insumos para chifas. https://elpopular.pe/actualidad/2022/02/19/asociacion-restaurantes-chinos-advierte-incremento-casi-85-precios-insumos-chifas-112012（二〇二三年五月二二日閲覧）

Horeca Canal.2020. El 35% de los peruanos consume chifa a diario. https://www.peru-retail.com/el-35-de-los-peruanos-consume-chifa-a-diario/（二〇二三年五月二二日閲覧）

Vialou-Clark, C. 2022. The World's 50 Best Restaurants 2022: the list in pictures. https://www.theworlds50best.com/stories/News/the-worlds-50-best-restaurants-2022-the-list-in-pictures.html（二〇二三年五月二二日閲覧）

Rodríguez Pastor, H. 1993. Del Kon Hei Fat Choy al chifa peruano. In: Olivas Weston, R.（ed.）. *Cultura, identidad y cocina en el Perú*. Universidad de San Martín de Porres, pp.189–238.

—— 2017. *Chinos en la sociedad peruana（1850–2000）*. Universidad Nacional Mayor de San Marcos Fondo Editorial.

第15章

米国 America

多様な社会をつなぐサブスタンス

太田心平・山﨑由理・川口幸大

一、米国の食の成り立ちと中華料理

米国の食を主題とすること

米国の中華料理を論じるにあたって、確認しておきたい前提がある。それは、私たちの多くが、米国について、米国の食について、実はよく知らないのに、すっかり知ったつもりになっているのではないかということだ。例えば中華料理やイタリアンのように、「今日は米国料理を食べに行こう」とは普通ならないし、そもそも米国料理とは何なのか、米国の人々が普段何を食べているのか、即座にイメージが浮かばない。かろうじてハンバーガーは米国発の世界規模チェーン店のおかげで誰もが知るところであるが、元はヨーロッパのひき肉のステーキが新大陸においてフィンガーフードの需要に乗り、パンにはさんで食べるサンドイッチの応用形として広まったのであり、その名はドイツやスカンジナビアから新大陸への出航地であったハンブルグにちなんだものである（鈴木二〇一九：七九―八四）。

このように、米国とは、ヨーロッパからたいていは地域ごとにまとまって入植した人々と、さらにアフリカなどから彼らが連れてきた人々、そしてそれ以前から暮らす先住民、加えて今日に至るまで世界中からやってくる人々によって形づくられた国家である。ゆえにその食は、移住者たちが持ち込んだそれぞれの嗜好や慣習が、暮らし始めた地域や、出会った他のエスニックグループの食と混ざり合って形づくられ、しかも今日でも不断に新しく展開し続けている。よって、ユネスコ世界文化遺産に国としての料理や食文化が登録されたフランス、メキシコ、トルコ、韓国、そして日本などとは対照的に、米国では「これぞ国民料理」と言えるようなものが確立されていないばかりか、そもそもそんなものは存在しえないという声すら少なくない。一九世紀末から二〇世紀初めにかけては、同化主義とピューリタン的な質素・倹約といった価値観による米国の統一的な食を打ち立てようとした試みも一部でなされたのだが、ほどなく潰え、多様性とマルチエスニックがその後も優勢となっている（ガバッチア 二〇〇三：二〇八—二四八）。この国民料理としての米国料理の不在には、ヨーロッパの植民地主義と帝国主義とは異なるのだという、米国の「例外主義」による独自のアイデンティティを見て取ることができる（新田 二〇一九：五〇）。

国を構成する人々の背景があまりに多様で、かつ地域ごとの差異が際立っていることもありえるため、米国について人類学的に記述分析する作業には独特の困難がともなう。食に関する記述分析も、その例外ではない。もちろん、これは米国に限ったことではないのだが、誰にとっての何をもって記述と分析の対象とするかという点において、やはり米国の難しさ——特殊さと形容してもよいかもしれない——は、本書の最後に他章との対照のうえでより明瞭となるであろうが、かなり質を異にしていると言える。すなわち、何某かの中華料理を取り上げてみても、はたしてそこから個別事例の域を超えた意義と意味を見出すことができるのだろうかという問と向き合わねばならないのである。当然、各章ともこの問題と無縁ではなく、まがりなりにも結論には艱難辛苦の後に行き着いたのであろうが、そこにさえ達しうるのか、見通しのつかない難しさが米国には、とりわけ、本章で主たるフィールドとして着目するニューヨークにはある。ニューヨークは米国をイメージさせても代表はしないだろうが、ならばロサンゼルスならばよいのか、あるいはシカゴか、ヒューストンか、はたまたコロラド州郊外の住宅街は典型的な米国か。かろうじて言えるのは、どれもが十全には米国を代表しないし、どれもが米国だということだけであろう。米国の、ニューヨークの中華料理はこの問い抜きに考えられないし、結論で行き着くのも、これへの一つの解である。

米国の中華料理とは

このように米国の食が想像されにくく、記述も容易ではないとしても、多くの人々が食べている料理というのは確実にあり、その一つが中華料理であるのは間違いない。米国における中華料理の文化史的な研究は、モノグラフに限っても数多くなされている（e.g. Coe 2009; Chen 2014; Liu 2015; Liu 2016; Jung 2018）。その大半が中国系の著者によるものであるという状況は研究の主題と主体という点において興味深いが、著者が誰であれ、それらのモノグラフのおかげで、米国の中華料理の体系的特徴は以下のようにまとめることができる。

一九世紀半ばに西海岸でのゴールドラッシュをきっかけとして米国へとやって来た中国の人々の中には、同胞向けの簡易な、あるいは欧米人向けの食事なども出す飲食店を営む者が現れ、一九世紀末にはサンフランシスコで本格的な中華レストランが開かれるようになった。ゴールドラッシュが落ち着き、中国系の人々が他の労働現場にも進出するようになった同時期には、不況や排華法に後押しされて中国系への反感が高まり、それはしばしば暴力をもともなうようになっていった。これとともに、中国系の人々が営むレストランは東部へも広がりを見せるようになった。とりわけニューヨークでは、チャイナタウンの中華料理店が混沌たる都市の雰囲気をまといつつ、安価で営業時間が長く、来る者を拒まないという特性によって定着した。こうしてニューヨークの中華料理店は、ボヘミアンな若者、アフリカ系やユダヤ系など、アウトサイダーやマイノリティとの共益関係も相まって、二〇世紀初頭までに大いなる隆盛期を迎えた。このころまでに、チョプスイ（日本で言う八宝菜）、チョウメン（焼きそば）、エッグフーヤン（揚げ焼きにしたオムレツ）といった米国で現地化された典型的な中華料理が確立した。

この状況が大きく変わるきっかけは、一九六五年の米国移民法の改定である。これにより、台湾と香港、しばらく後に中国から中間層やプロの料理人も含む新しい移民たちが到来するようになる。そして、よりオーセンティックな中華料理の需要が高まり、提供が始まった。同時に、チェーンとフランチャイズという外食産業の新たな商法に乗り、規格統一された中華料理が米国に広まる（Coe 2009; Chen 2014; Liu 2015; Liu 2016; Jung 2018）。例えば大手のパンダエクスプレスは、香港と台湾出身のカップルが一九七三年にコーヒーショップを買い取って始めた中華料理店を起点に、一九八三年にモールへの出店誘いを受けてからチェーン化し、メインストリームのアメリカ人を主たるターゲットに一五〇〇店を展開するまでになった（Liu 2015: 135–138）。鶏の唐揚げに甘酸っぱいソースをかけた「オレンジチキン」や、チーズ入り揚げワンタンの「クリームチーズラグーン」など、斬新ではあるが、ボリュームがありアメリカナイズされた料理のラインナップは、テイクアウト中華の進化的規格化とも形容できる。こうした米国を体現するようなチェーン店に加え、現在では、二〇世紀半ばまでに定着した上記の米国版町中華も、中華系や都市住民の多くない地域では依然、健在であると同時に、それと対照的なロサンゼルス郊外など中華系が多いエスノサバーブと呼ばれる地域では、香港や中国と変わらない飲食店が軒を連ねている。

二、それぞれの中華料理

このように米国の中華料理は、米国の社会状況と移民政策に呼応、あるいは翻弄されつつもやって来た中国系の人々と現地の生活および食の環境によって展開してきた。よって中華料理について記述分析する際は、どこの誰にとっての中華料理かという「組み合わせ」によって話が大きく異なることを念頭に置かねばならない。米国の中華料理にせよ、ニューヨークの中華料理にせよ、それを記述するのなら、おそらく避けては通れないのが、特にユニークないくつかの集団だろう。

例えば、中華系の人々にとっての中華料理は、それこそ特殊な位置付けにあるはずだ。また、東アジア系の人々にとっての中華料理は、慣れ親しんだ料理に近いものであるとか、自国料理が食べられない時の代用であるなどの点で、その他の人々にとっての中華料理と位置づけが異ならざるをえない。ただ、そういった想像に難くない「組み合わせ」以外にも、避けては通れないだろう米国の、ニューヨークの中華料理の「組み合わせ」はいくつかある。

中華料理は食実践を支える

米国はイスラエルに次いでユダヤ系が多く住む国であり、統計により差が出るものの、多くの場合で全人口の二%前後がユダヤ系だといわれる。この比率は、特にボストンからワシントン特別区にいたる北東回廊で高いのだが、中でもニューヨーク市で最高値となる。二〇二二年一一月の当局の談話によると、ニューヨーク市のユダヤ系人口は一六〇万人にもおよぶとされ（City of New York 2022）、これは市全体の一八%以上と見積もられる。

そんなユダヤ系にとって中華料理は、特別な位置付けで語られることがある。誰にでもわかりやすいのは、ユダヤ系のクリスマスの話だろう。米国の二大祝日である感謝祭とクリスマスには、キリスト教徒は家族で晩餐を楽しむ習慣があるため、米国では大多数の商業施設が休業となる。ただ、ユダヤ系はクリスマスを祝わないので、いつもどおりに過ごさねばならないが、なんせ世の中は休業ばかりでいつもどおりにはいかない。そこで根付いたのが、クリスマスには中華料理店に行き、家族で夕食を囲むという習慣である。もちろん、すべてのユダヤ系がクリスマスに中華料理を食べるというわけではないが、恒例としている家族はたいへん多い。ニューヨークではユダヤ系以外にもよく知られたユダヤ系の習慣といってよい。

こうしてニューヨークのユダヤ系の多くは、家族で中華料理を外食して育つ。そうなると、大人になってからも外食先として中華料理店を選ぶことが珍しくなくなるし、各自が自分のなかでの「定番メニュー」を持つようにもなる。

例えば、ニューヨーク市で生まれ育った一九六〇年生まれのあるユダヤ系男性は、二十代で自立してから、毎月一度以上、多い時だと週一度以上、中華料理店で外食ないしテイクアウトをし、サヤインゲンのオイスターソース炒めと玄米のライスを定番としている。オイスターソースはコーシャ（米国のユダヤ系が言うところの、ユダヤ教の教義に則った食べ物）ではないのだが、「クリスマスのディナーで家族がいつも食べていた」ので、そこまで厳格なユダヤ教徒でない彼はそれを食べるのだそうで、しかもこれが自分の「コンフォートフード」（ほっとする食べ物）だとまで表現する。彼の場合には、この他にもいわゆるカリカリベーコンを、同じく幼い頃からの食習慣として日常的に食べているが、柔らかいベーコンを含めて、その他の豚肉は食べず、中華料理店に行っても豚肉が入っているメニューは避けている。これを彼は、ユダヤ系の宗教的実践ではなく、彼ないし彼の家族の個人的習慣と表現する。彼が特殊なのではない。ニューヨークのユダヤ系の大多数は、彼のように厳格なユダヤ教徒ではなく、個人で線引きをして食べるものを決めている場合が多い。

同じく個人の判断で、一九五一年生まれのユダヤ系男性は、もっとコーシャを意識してきたが、三〇年ほど前からはさらに食べるものの幅を狭めて、ビーガンとしての食生活を続けている。ただ、そんな彼にとっても中華料理店は外食の定番だという。彼は友人と外食することになると、多くの場合、地下鉄に四〇分ほど揺られてマンハッタンの南部、ビレッジ地区へ向かう。そこには彼が行きつけの中華料理店があるのだが、その店は「ビーガン・チャイニーズ」と銘打った、いわゆる「素食《スーシ》」（中華の精進料理）の店である。そこ以外でも、マンハッタンならビーガンのメニューが用意されているレストランが多く、より一般的な中華料理店に入っても、なんとかなる場合がほとんどだ。ただ、これが例えば日本料理店となると、ほとんどの料理に魚由来の出汁が使われているため、十中八九、ライスに醤油をかけて食べるだけしかできなくなる。彼は、幼い頃から食べ慣れた中華料理が、しかもビーガンにも対応していることを、たいへん嬉しく思っているという。

中華料理とユダヤ系の深い関係は、先行研究でもたびたび言及されている。例えばガバッチアは、「ニューヨークのクロスオーバーな消費者の中でも、中国料理を最も好んだのはユダヤ人」（ガパッチア 二〇〇三：一七六）とまで言っているし、リウは、この深い関係が一九二〇年代にはすでに成立していたとしている（Liu 2015: 79）。ただ、こうした事例が示唆しているのは、なにもユダヤ系だけの話ではない。ニューヨークに存在する多様な食実践に、中華料理の外食産業が比較的古くからよく対応している、ないし中華料理にはそのポテンシャルがもともとあったということである。あるいは、中華料理が外食産業として一定の店舗数をほこり、幅を利かせているからこそ、この二人のようなニューヨーカーは、彼らの個人的習慣をより難なく続けていくことができるのである。

　中華料理は、中華系やアジア系だけでなく、それ以外のニューヨーカーにとってすら、この街の多様性の一助となっていることがあるのだ。

写真15–1　テイクアウトとデリバリーを中心として営業する米国都市部の安価な中華料理店の例（ニューヨーク市マンハッタン区ヘルズキッチン地区、2023年）

中華料理は低所得者層を支える

　ニューヨーク市の暮らしの特徴の一つは、物価が高いことである。外食産業もその例外ではない。一般的に外食の最低価格は、税込で一五ドルとされ、さらに上昇中だ。ウェイターのサービスを受けた場合には、チップを添えることとなるので、最低価格は一八ドルということになる。これはランチスペシャルのような場合であり、夕食ならより高額になる。さらに、パンデミックを経て、ウクライナ戦争が始まった後の二〇二二〜二三年には、さらに二〇％ほど高騰したといわれる。

　このため、より廉価なファストフード店やフードトラックは、特に平均以下の所得の人々に愛用される。ただ、ここに含まれるのはハンバーガーやピザばかりでない。注目すべきは、同じカテゴリーのなかで中華料理店が示す存在感だ。テイクアウトやデリバリーが大半で内食用の席がほとんどないような中華料理店が、米国の都市部には必ずと言っていいほどある。多くは個人経営だが、どこに行っても似たような外見（写真15-1）であり、同じようなメニューで営業している。これらで売られているセットメニューは、ニューヨークでも、そしてランチタイムでなくても、一〇ドルほどで、しかもカウンターで受け取る形式であるため、チップを払う必要がない。上述のパンダエクスプレスのような大手も、この業態をチェーン展開したものだと言える。

こうした店で人気のメニューは、プリフィックスとかコンビネーションプラターなどと呼ばれるセットメニューである。セットメニューは、揚げ春巻、ワンタンスープ、ミニ野菜スープなどから前菜を選び、何十種類もあるなかからメインを、白飯、玄米飯、炒飯などのなかからサイドを選んで注文する。メインとして人気があるのは、ジェネラルツォズチキン（左宗棠鶏）、ブロッコリーアンドビーフ、ローメン（チョウメンと似た焼きそば）と言ったアメリカナイズされたテイクアウト中華の定番料理である。もちろん、パーティー食にする目的などから、単品で注文する人も見ることはあるのだが、三～四人までの共食ならばセットメニューを各自で頼んでシェアする方が一般的である。

注目しておきたいのがその客層だ。印象として、アフリカ系がたいへん多いのだが、アフリカ系米国人の文化の一大発信地とされるマンハッタン北部のハーレム地区で一九五六年に生まれ、現在までその周辺で住み続けているアフリカ系の男性にこの話をしたところ、これは筆者の個人的な印象に留まるものではないという。「ハーレムの暮らしにも、アフリカ系米国人の暮らしにも、中華料理店は欠かせないよ」と真剣な顔で語る彼は、まずその理由を中華料理店が（価格設定からして）低所得者層の味方だからというふうに表現し、次にアフリカ系がたどってきた歴史にも関わる問題だと指摘した。つまり、人種差別が色濃かった時代、アフリカ系と外食産業のあいだには、マンハッタンであっても、多少の軋轢があるものだったという。彼は「これはハーレムでは人によるんだけどね」と何度も付け加えながら、彼が中華料理店のテイクアウトを愛用するようになったのは、安いからとか、ウェイターにチップを払いたくないからというだけではなく、中華料理店以外の店でテーブルに座ってウェイターのサービスを受けながら食べると、（「黒人のくせに」などとケチを付ける人がいるかもしれず）落ち着かなかったためだと説明した。

彼は、この類の中華料理店の愛用者として、アフリカ系以外にももう一つ付け加えた。それがヒスパニック系である。「同じく低所得者が多いから」という背景ともに、彼が説明したのは、中南米にも中華料理店がたくさんあって、ヒスパニック系にとっても中華料理店は馴染みが深いようだということだった。

貧富の差が激しいとされる米国だが、そこではもはや貧困が栄養不足と等価でない。貧困が偏った食生活をもたらす結果、貧困と肥満が結びつく(賀茂二〇二三)。そのなかで、低所得者層の利用が多いテイクアウト中心の中華料理店、つまり中華料理版のファストフードが、貧困と肥満の正の相関とどう関係してくるのかは、注目すべき問題と言えよう。

三、「私」の中華料理

このように、レストランと飲食店に限っても多岐にわたり展開する米国の中華は、上掲の先行研究ではほとんど触れられていない家庭料理や冷凍食品、デリやスクールランチも視野に入れるなら、全体像を把握するのがより困難になる。そこに米国の特徴があるとすれば、無理な類型化や一般化ではなく、まずは個別の、「私」にとっての中華から始めるよりほかはないように思われる。ステレオタイプを打破して、新しい視座と新しい研究枠組を打ち立てようとする場合には、その事例がその社会でどれほど代表性をもつかという問題にこだわらず、その事例を深く掘り下げることが、起点として有益だからである。

以下では、二〇〇〇年代初めから二〇二三年現在に至るまで、ニューヨークで暮らしている「私」、すなわち著者の一人である山崎由理にとって現地の中華がどういうものなのか、聞き伝えではないリアリティを見てみよう。

外食の選択肢としての中華料理？

中華料理と聞いて改めて考えを巡らせてみたところ、最後に中華料理屋に食べに行ったのはいつだったか、全く思い出せない。当初はそれくらい私には馴染みのないテーマに思えた。私は、日本の大学院で知り合ったペルー人の夫とともに、留学生として二〇〇〇年代の初めにニューヨークにやってきた。好奇心旺盛で食に対する熱意もあったその頃の私たちは、この街の食のバラエティの広さに驚かされ、物珍しさから様々な国籍の留学生仲間とともにマンハッタンにある彼らのお国料理のレストランを食べ歩いたものだった。その中には台湾人留学生に教えてもらったチャイナタウンの本格的四川料理の店や、香港出身の友人家族と行った飲茶（こちらでは「ディムサム」と呼ばれ、大勢で行くことが多い）、ペルーと中華のフュージョン料理のレストランなどもあった。しかし、せっかく世界中の料理を手軽に味わえるニューヨークにいて、世界各国から集まった留学生同士で外食するのに、自分が割とよく知っている（と思い込んでいる）中華料理をわざわざ選ぶことはなかったように思う。

あれから二〇年近く経ち、相変わらずニューヨークに住んではいるものの、物珍しさも食への関心そのものも随分と薄れてしまった。外食の機会そのものが激減したパンデミックを経て、以前と全く変わらない生活が戻ってきた現在では、月に数回家族や友人と外食の機会を持つこともある。しかし、学生時代と違って、あちこち冒険をしなくなった私は、同じ店にばかり足を運ぶ傾向があり、その選択肢の中に中華料理が入ってくることはほとんどない。時々デリバリーを頼む近所の寿司屋は二軒とも中国人経営の店だということに思い当たったが、メニューにあるのはアメリカナイズされたスシロールやテンプラなどの「日本料理」が中心である。

同じ日本人でももちろん、街角のテイクアウト専門の中華料理屋をよく利用する人もいるだろうし、チャイナタウンの人気レストランに詳しい人もいるだろう。結局のところ食生活というのは個人の嗜好やライフスタイルを反映するものなので、ニューヨークのように多民族が暮らし、食の選択肢の多い大都会では、中華料理を日常的によく食べる人もいれば、私のように何となく中華とは無縁の食生活を送る人もいるということだ。本来なら話はここで終わってしまうところであるが、原稿を引き受けてしまった手前それでは困る。私と中華料理との関係は本当にその程度のものなのだろうか、もう少し粘ってみなくては。

ハイクオリティな中華冷凍食品

私個人の経験だけでは何も得るものがないと確信した私は、周囲の日本人ママ友に助けを求めてみた。「最近、中華料理を食べた?」という何気ない質問に対して、「わざわざ食べようと思わない」、「あまり好きではない」、「近所のマレーシア料理の店の中華っぽいメニューなら時々テイクアウトする」といった答えが返ってくる中、一人のママ友が発した次の一言が私にある気づきを与えてくれることになる。

「トレジョの冷食くらいしか食べないし、子どもは給食のスプリングロール(春巻)くらいかなあ」

なるほど、トレジョの冷食。「トレジョ」とは、米国全土に五六〇店舗(二〇二三年二月現在)を持つスーパーマーケットチェーン、「トレーダージョーズ」のことである。オーガニックフードやベジタリアンフードなど多くの高級食材を扱いながらも、低く抑えた価格設定や、デザイン性の高いパッケージとオリジナルグッズが人気で、日本でもそのエコバッグが転売されるほどの知名度がある。中でも幅広い品揃えのトレジョの「冷食」、すなわち冷凍食品は評判が良く、ピザやワッフルなどの米国で定番と思われる冷凍食品に並んで、インド、韓国、日本、メキシコ、イタリアなど各国の人気料理を手軽に味わえるという意味でも重宝されている。さらにそのクオリティの高さは、フードブロガーやライターによってお勧め商品のランキング記事が常時出回っていることによっても示されている。ほとんどの商品が三ドルから四ドル台という価格設定も人気の秘密である。

我が家もトレジョの冷凍食品には少なからずお世話になっている。そして実を言うと、冷凍食品の中で利用するのは

写真15-2　トレーダージョーズのマンダリンオレンジチキン（2023年）

写真15-3　マンダリンオレンジチキンを調理したもの（2023年）

もっぱら中華ばかりではないか。その理由の一つとしては、冷凍食品ラインナップの中で、中華に分類される料理が一番品揃え豊富だからということが考えられる。試しにマンハッタンにある店舗の冷凍食品売り場に行ってみると、フライドライス（炒飯）や餃子、ワンタン、焼売、小籠包、鶏肉とピーナッツの四川風炒め（宮保鶏丁《ゴンバオジーディン》）など、テイクアウト専門の中華料理屋でよく見られるようなアメリカで馴染みのある品が並ぶ。中でも我が家の食卓に登場する機会が多いのが、「マンダリンオレンジチキン」（写真15-2、3）、一口大に切った鶏肉を唐揚げにして、甘いオレンジ風味のチリソースを絡めた一品である。トレーダージョーズのそれは唐揚げとは別にソースが添付されており、唐揚げの方をフライパンやオーブンで温めたあとソースを絡ませて食べるようになっている。とにかく簡単でボリュームもあり、家族の受けも悪くはないので、忙しい時のお役立ちアイテムという感覚で、同じくトレーダージョーズの冷凍餃子とともにいつの間にか我が家の冷蔵庫に常備されるようになった。

オレンジチキンは、すでに例示したとおり、アメリカナイズされたテイクアウト中華の定番の一品でもある。甘辛いソースの味は、上にも記されているような、米国人がファーストフード感覚でデリバリーやテイクアウトによく利用する町角のチャイニーズフードの味を想起させる。こういった中華料理によくありがちな、単調な甘辛い味付けが苦手でテイクアウト中華を敬遠していたはずが、無意識のうちに日常の食生活に深く入り込み食卓に頻繁に登場する品となっていたのは、自分でも不思議だ。

もっとも、このオレンジチキンの甘辛い味付けは、日本人にとってはやはりいつも食べていると飽きがきてしまう。そんなときはいっそ添付のソースを使わなければ、お弁当用のおかずとして味の薄い唐揚げの代用品として使用できないこともないし、自分で南蛮酢を作ってチキン南蛮風に食することもできる。こうなってくると、もはや本来のアメリカン中華のオレンジチキンとは呼べなくなってしまうのだが。しかし数ある冷凍食品の中で中華料理を選んでしまうもう一つの理由は、ただ種類が豊富だからと言うわけではなく、日本人の口に合う家庭料理にアレンジしてしまえる可能性を秘めているからなのでは、という気がしないこともない。

ママ友の何気ない一言で中華料理とはほぼ縁がないという認識を持っていた我が家の食生活に、実は中華料理がしっかり溶け込んでいることに気づかされたわけである。同じように「中華料理」が日常の食の風景に入り込んでいる例として、同じママ友が口にした学校給食の例も見てみたい。

中華料理が登場する学校給食

あくまでもニューヨークで生まれ育った娘とその周辺の事情に限定されるのだが、市内の公立小学校の給食の例を見てみよう。ニューヨーク市では給食は全児童に無料で提供され、毎日同じメニューのコールドランチ（牛乳、ピーナッツバターとジェリーのサンドイッチ、プレッツェル、果物など）と別に、日替わりで提供されるメニューがある。ピザやハンバーガーやパスタといったアメリカでお馴染みのメニューの他に、インド料理やカリビアン料理などが出る日もあり、人種のるつぼニューヨークを反映したメニューであると言えるかもしれない。鶏肉、ターキーなどが登場する日もあるが、メニューのほとんどがベジタリアン食である。さらに金曜日は「ヴィーガンフライデー」と言って、ヴィーガンフードのみを提供することが義務づけられているのもニューヨーク市の学校給食の特色である。海外ドラマなどの影響でジャンクフードのイメージが強い米国の給食であるが、メニュー自体を見ている限りでは、むしろ健康や環境に配慮した内容に見受けられる（味や実際の見た目はそれなりであると思うが）。

さて、そんな給食にも中華料理らしきメニューが登場する。ベジタリアンフライドライス（素菜炒飯《スーツァイチャオファン》などと呼ばれる）がそれである。娘によると、グリーンピース、コーン、わずかに人参と赤ピーマンが見え隠れする茶色い色をしたチャーハンということだ。ご飯が固くてパラパラしており、あまり味がしない、はっきり言って「まずい」との感想だった。もっともこの感想は、ニューヨークの学校給食に出てくるすべての料理に当てはまることかもしれないが。問題は、なぜこの味がしない茶色いフライドライスを娘がチャイニーズフードとして認識したのかということであるが、どうやらクラスで行われるチャイニーズニューイヤー（春節）のパーティーにも登場するかららしい。

娘が通っている公立小学校では、毎年クラスごとに春節のお祝いがあり、中国系の保護者が協力して春節にちなんだ工作や読み聞かせなどのアクティビティをしたり、手作り餃子を皆で試食したりする。また、クラスで集めたお金で中華料理を注文し教室でシェアして食べたりもする。保護者の参加は自由なので、私も一度参加したことがある。そこでは、いわゆるテイクアウト中華の代表であるフライドライス、オレンジチキン、ローメンなどが出てきたと記憶している。ちなみに件のママ友が口にしていたスプリングロールに関しては、最近は給食ではお目にかからないそうなので、娘にとっては、このミックスベジタブル入りの茶色いフライドライスが、唯一日常でお馴染みの中華料理の一品ということになる。そしてそれは、中華圏の行事でクラスメートとシェアすることで、直接「中国」と結びつく食べ物となっているのである。

米国の中華料理研究で常に注目されてきたレストランでもテイクアウトでもない、スーパーの冷凍食品と子どもの学校給食の中華料理。これもまた、ニューヨークに暮らす幾多の「私」にとっての中華料理である。

おわりに――米国にとっての中華料理、中華料理にとっての米国

冒頭で述べたように、米国を語るときには全体をどうまとめるかという困難がともなうものである。そもそも米国は、バラバラな個人や集団が広大に散在するところであり、まとまりなどないように見えがちだ。それでも、社会として成り立っているのは、崩壊を食い止める何かがあるからと考えるべきで、その「何か」はしばしばトップダウンの国家理念や愛国教育だと語られてきた。しかし、米国の社会の統合力は、もっと具体的なモノにも見出しうるのではないか。

我々が例として注目すべきは、中華料理がけっして中華系のものではないということであり、第二節「それぞれの中華料理」で見たように、中華料理が中華系以外の人々の文化や所得の多様性をむしろ支えているということである。民族背景に関わらず汎用されるスーパーマーケットの冷食コーナーや、出自を問わず食べることとなる学校給食でも、中華料理はその存在感を示している。いわば、バラバラなパーツが組み上がり、共生しなければならない米国の社会で、パーツどうしの隙間を埋める柔軟な流体のように、こうしたモノが機能しているように見えないだろうか。こうした中華料理がもつ機能の背景には、もともと本国や華僑・華人世界で中華料理が経てきた拡散と土着化、それによる包容力の強化や多様化が無関係ではないだろう。そして、そうした抽象的な表現はさておいても、ニューヨークでこの問題を考えるならば、何より目に入ってくるのが、絶え間なくやってくる新たな移民たちと、そのたくましさや創意工夫である。彼らがいるからこそ、一部の中華料理店は安価で提供され続けているはずである。

本章では、白人アングロサクソン系プロテスタントなどという米国の歴史的な主流派でも、しばしば影のフィクサーとして描かれるユダヤ系でも、対抗文化の担い手とされるアフリカ系でもない存在、むしろそうした様々な背景の人が食する中華料理に、この社会を支える力を見た。興味深いことに、アメリカン中華のこのありようは、例えば「和食」

に見るような、想像された画一性の物語を食に描いて国民統合を期する「食のナショナリズム」（岩間二〇二一）とは対極にある。米国の中華は、様々な背景を持つ人が、様々なありようで生きていけるための重要なよすがとなっているのだ。人類学でよく使われるサブスタンスという語を、特定の人たちを結びつけるエッセンスとされるものと理解するなら、米国の中華は、ハンバーガーやピザやフライドポテトと並んで、いやそれよりもはるかにバリエーションに富んだ、多様な社会を生きる人々のサブスタンスと言えないだろうか。

以上のような、米国にとっての中華料理という論題のほかに、もう一点、ここで考えておきたいことが、中華料理にとっての米国についてである。米国でローカライズされた中華料理は、米国のなかだけで滞留し進化するものでもない。米国の中華料理は強い再帰性をもつ。どういうことかといえば、米国へやってきた中国系の人々が、あるいはユダヤ系やアフリカ系などあらゆる非中国系の人々が、さらに国境を越えて行き来することによって、米国の中華料理は他の地域に広まりやすい。あるいは、「ニューヨーカーに大人気」などという独特の影響力をもって、ファッションとして世界の中華料理に飛び火していく。はたまた、本章でみたトレーダージョーズのような巨大企業の世界展開により、商業的に移植されていく。この具体例を挙げればキリがない。例えば、早くも二〇世紀初頭の日本でも銀座アスターや祇園のハマムラなどが、米国で確立されたチャプスイを売り物としていたことや（岩間二〇二一：五〇九―五一二）、他章でも見たように、ヨーロッパやアフリカにおいて米国式のテイクアウト中華が普及していることからも、これは明らかだろう。中華料理にとっての米国は、論者泣かせのバラバラな実情のかたまりでありつつも、「次に来るもの」を示す存在感をもつのである。

それだけではない。世界のどの地域でもこのまま異種混交性が増していくのならば、また新自由主義的な貧富の格差がより広まっていくのならば、ローカルな社会の保持に寄与させるモノとして中華料理の機能は、けっして米国に限ったものとも言えなくなっていくだろう。人類学的食研究の先駆者であるミンツもまた、西洋由来のファーストフードのカウンタートレンドとして中華料理にその可能性を見出している（Mintz 2009: 27）つまり、中華料理にとっての米国は、ある種の未来実験場と考えられるかもしれないのである。

参考文献

岩間一弘 二〇二一『中国料理の世界史——美食のナショナリズムをこえて』慶應義塾大学出版会。

ガバッチア、ダナ・R 二〇〇三『アメリカ食文化——味覚の境界線を越えて』伊藤茂訳、青土社。

賀茂美則 二〇一三「アメリカ南部の「ジャンクフード」事情」『vesta』一一六：一二—一五。

鈴木透 二〇一九『食の実験場アメリカ——ファーストフード帝国のゆくえ』中央公論新社。

新田万里江 二〇一九「アメリカ料理とは——「国民料理」の輪郭と幻影」西澤治彦編『「国民料理」の形成』ドメス出版、四〇—六二頁。

Carsten, J.（ed.）2000. *Cultures of Relatedness: New Approaches to the Study of Kinship*. Cambridge University Press.

Chen, Y. 2014. *Chop Suey, USA: The Story of Chinese Food in America*. New York: Columbia University Press.

City of New York 2022. Transcript: Mayor Eric Adams Discusses Coordinated Efforts That Stopped Potential Attack on Jewish Community. https://www.nyc.gov/office-of-the-mayor/news/855-22/transcript-mayor-eric-adams-coordinated-efforts-stopped-potential-attack-jewish（二〇二三年七月一〇日参照）

Coe, A. 2009. *Chop Suey: A Cultural history of Chinese Food in the United States*. New York: Oxford University Press.

Jung, J. 2018. *Sweet and Sour: Life in Chinese Family Restaurants*. Yin & Yang Press.

Liu, H. 2015. *From Canton Restaurant to Panda Express: A History of Chinese Food in the United States*. New Brunswick, New Jersey, and London: Rutgers University Press.

Liu, X. 2016. *Foodscapes of Chinese America: The Transformation of Chinese Culinary Culture in the U.S. since 1965*. P. Lang.

Mintz, S. 2009. Core, Fringe and Legume: Agrarian Societies and the Concept of the Meal. In D. Holm（ed.）, *Regionalism and Globalism in Chinese Culinary Culture*. Taipei. Foundation of Chinese dietary Culture, Taiwan, pp. 17–29.

終章

中華の融通無碍な応用力が世界の人々の欲求を満たす

川口幸大

長い旅をした。中華料理を追いかけて、日本にはじまり、東アジア、東南・南アジア、中東・アフリカ、ヨーロッパ、そして南北アメリカをめぐり、地球の隅々までとはいかないが、かなり広範に中華料理の世界を見ることができただろう。締めくくりとなる本章では、序章で提起した本書の問いについて、改めて各章の内容を踏まえつつ、一通りの見解を提示したい。

ここで今一度、本書の問いに立ち戻れば、それは次のようなものであった。すなわち、中華料理はいかにして世界に広まり、人々の日常生活においてどのように調理され、買われ、食べられているのか、それらはどう変わり、またどの点で持続性が認められるのか。これらの具体的なありようを示すことで、中華料理という食文化について、ひいては食べるという人類の営みについての特徴を指摘すること、これが本書の問いである。以下、順次、各章の知見に基づいて明らかにしてゆく。

中華料理の広まり方

まず、本書で扱った計一五章、一七地域の事例を整理するにあたって、やはり「世界の英語」の考え方が有効な手掛かりとなる。世界で話されている英語は、その広まり方、習得のされ方、各地で果たす機能などの点から、英、米、カナダ、オーストラリア等、英語が母語または第一言語として話される「内部圏」、主に英国の植民地であったインド、シンガポール、ナイジェリアなど、英語が第二言語または公用語として使われる「外部圏」、そして、ヨーロッパやアジアや南米など、英語が外国語として主に学校教育の場で習得される「拡張圏」に分類される（田中・田中二〇一二：iii―iv）。これを中華料理に応用して、中国本土、香港、台湾を内部圏とすれば、本書で扱った地域における外部圏は、中国の植民地ではないが、地理的に近接し、歴史的に中国から大きな影響を受けてきた東アジアの日本、韓国、ベトナム、および東南アジアのマレーシア／インドネシア、タイが該当し、それ以外は拡張圏にあたるであろう。

外部圏の各地域では、食は多くの点において中国と密接にかかわっている。すなわち、米を中心とした主食とおかずから構成される「飯－菜の法則」（Chang 1977: 8）を食事のシステムとして採用しており、また中国との間で人やものが活発に往来してきたために（日本のように、あえて往来を途絶えさせた時期もあったが、それは影響の大きさの裏返しである）、素材や調理法の面においても中国の影響が大であった。ゆえに、日常の食においても中国にルーツがある様々な要素が分かち難く入り込んでいるが、日本のラーメンや韓国のチャジャンミョンのように、中国由来であることは認識されつつ、すっかり「国民食」となったものがある一方で、中国との関わりを意識的に打ち消した上で「国民食」として創出されたタイのパッタイのようなケースもある。また、中国南部と隣接するベトナムの食は、実質的には中国と文字通り地続きであるが、あえて境界線を引き、脂っこく、辛く、しょっぱく、赤く、量の多い全く別の料理として中華料理を異化している。地理的に近く関わりが深いがゆえに、互いの国どうしの関係や国内の華人政策が中華料理のイメージと実際のあり方に作用するのも、この外部圏ならではの特徴である。

続いて、拡張圏は、外部圏である東アジア・東南アジアに比べると、中国とは地理的に隔たり、相対的に言って歴史的な関わりもそれほど深くなかった地域である。それゆえに、食の体系は中国とは大きく異なっており、かつ中国の食べ物自体にもなじみが薄かった。注目すべきは、この拡張圏における中華料理の展開には米国が大きく関わっていることだ。一八世紀半ばからゴールドラッシュを契機に大挙して米国西部に押し寄せた中国からの移民、およびその後代によって確立されたアメリカンスタイルの中華料理、すなわちチャプスイ、チョウメン（焼きそば）、フライドライス等を典型として、テイクアウトに対応した使い勝手の良い店は、一つのフォーマットとして、ヨーロッパやアフリカの各地に、時間の差はあれ、一定の広まりを見せている。同時に、米国では一九六五年の移民法改正後に広まった、従来よりもオーセンティックな中華料理は、この外部圏における高級店の礎ともなっている。四川料理とされる宮保鶏丁《ゴンバオジーディン》（鶏肉のナッツ炒め）はその代表的なアイコンであり、本書で見た通り、多くの地域で定番メニューとして定着している。加えて、イギリスの旧植民地であるインド、ナイジェリア、南アフリカ等では、このアメリカからの流れも受けつつ、やはり旧植民地であった香港の広東スタイルに偏向したイギリス式の高級店が、階層差が大きく、宗教的規制がかかることの少なくない当地において、駐在員や富裕層に租界的な空間を提供していた。

また、中国はもとより、アジアそのものが相対的に遠く疎遠な存在である拡張圏の各地では、中華料理も日本食も、あるいはベトナム料理やタイ料理等も包括的に「アジア」としてカテゴライズされたうえで外食やスーパーなどで扱われる傾向があるのも大きな特徴である。例えば、日本で「アジアンフェア」とされるときには日本は決してそこには含まれないだろうことを考えると、自他のアジアイメージの違いに気が付くであろう。アジア外の地域ではアジアは汎アジアとして一括りにされるのに対して、アジアに位置しながらも、自らをアジアに含めない日本では、あたかも「脱亜」の価値観が今日でも人々を支配しているかのようである。加えるなら、拡張圏のこうした汎アジア的な店では、中華鍋の広東語音である「ウォック」を用いた簡易さとライブ感を売り物にしたスタイリッシュな形態の店が広まっていることも、アジアとは言いながら、実質的には中華料理を基軸にした料理の応用性を見ることができる。

この拡張圏における例外的な存在がオランダのシニーズとペルーのチーファであり、前者はインドネシアへの植民地支配の、後者は一九世紀半ばからの長く大きな中国人移民の流れの所産である。ただし、チーファがペルー料理の中に確固たる位置を占め、中国系だけでなく、ペルーの人々もその調理やレストラン経営に乗り出すなど、社会に深く根付いているのとは対照的に、シニーズはオランダの無形文化遺産には登録されたものの、「料理店に入ると、まるで旅に出たかのような気分になる」と謳われている通り（本書188頁）、どこまで行っても外部のものという認識は変わっていない。同じ様に、米国における中華料理は依然として外部的な他者として（Ku 2014: 50）、低価格であることが常に期待されて社会的な位置づけも高くなく（Liu 2016: 152–154）、他業種への就業が困難であった中国系の人々がレストラン業に囲い込まれたために社会的な包摂が妨げられてきたという批判もなされている（Chan 2002: 180–183; Jung 2010: 271–272, 281）。ただしこれは、米国と、加えてヨーロッパの一部に偏った見解であり、本書で見たサウジアラビアに代表されるように、中華料理がむしろ高級な外食としての位置にある地域も少なくないし、最近はローカル化した安価な形態も広まりつつあるとはいえ、インド、ドイツ、ナイジェリアでも中華は高級路線が主流であった。さらに、グアテマラでは、中華料理は豊かな北米を体現するハレの食事である。そもそも、エキゾチズムや低価格路線は国外だけでなく国内でも当事者たちが戦略として採用している面もあるので、それを一面的に窮状であるかのように批判するのは、主体性を軽視した研究者側の見方であるとのそしりも免れないだろう（cf.アブー＝ルゴド二〇一八）。

さらに、先行研究では未だ射程が及んでいなかったが、ここ十年余りを視野に入れるなら、状況は劇的に変わっていることを各章は示している。強大な国家となりつつある中国の資金力豊富なビジネスパーソンやリッチで消費力旺盛な留学生らが新たな担い手となり、各地の中華料理図を塗り替えているのである。そこでは現地の人々におもねった中華料理ではなく、提供の仕方も、消費のあり方も、中華系ネイティブたちがイニシアティブをとり、ローカルな人々も魅了しながら、麻辣旋風や火鍋／ホットポットブームの渦で各地を席巻している。興味深いことに、日本で巧みに対象化された「ガチ中華」に代表されるような、今まさに中国＝内部圏で食べられているような料理が各地で賞味されながら、同じく日本の「町中華」のように、それまで現地ではぐくまれてきたローカル化した中華料理もオールドファンを中心に健在で、外部圏と拡張圏では、あたかもそこに内部圏が折り重なったかのような、「町」と「ガチ」の共演／饗宴を見ることができる。加えて、各地では、ハラールやビーガンといった、より広いニーズにも対応してユニバーサルに展開してゆく最新の中華料理のあり方も見て取ることができる。

このように中華料理は状況に応じてローカル化したり、高級路線を保ったり、あるいはオーセンティシティ／本物さを押し出したりしながら、各地の食生活における不可欠な構成員として定着し、あるいはその一角に入り込んでいるのである。それを可能にしているのは、中華料理がいかんなく発揮している極めて高い応用力と展開力である。

中華料理はどのように調理され、買われ、食べられているのか

こうして各地に広まって親しまれている中華料理は、具体的に、どのように調理され、買われ、食べられているのか。この問いについては、各地の食の体系をまずは踏まえる必要がある。日本にいると当然のことであるからあえて意識しないが、今日はパスタ、明日は餃子、明後日は焼き魚とみそ汁とご飯といったような、外部由来のものも含めた多様な料理を外食でも家庭でも普通に消費するケースは極めてまれである。第12章「スロヴァキア／ハンガリー」ではっきりと示されているように、そもそも外食する機会自体がまれというところも珍しくない。何よりも、アジア以外の地域では総じて、外食は高くつく、かなり贅沢な行為なのである。なじみのない料理は、まずは外食から親しまれ、次いで家庭料理として調理されるようになるのが定石であるとすると、そもそも外食の機会さえ多くはない地域では、外来の食に触れるきっかけさえも必然的に少なくなってしまうのである。

そこに風穴を開けたのが米国を起点とした中華料理だった。マクドナルドがまだなかった時代、中華料理こそがファーストフードだったのであり（Jung 2010: 244）、チャプスイはビッグマックだったのである（Chen 2014: 4, 145）。中華料理店は個人経営でありながら、いやだからこそ、家族や後続の移民を安価な労働力として低価格と長時間営業を実

現し、安く、早く、気軽な外食体験とテイクアウト消費を人々に提供した。やがてファーストフードが世界を席巻するようになると、パンダエクスプレスに代表されるように、高度な規格化とシステム化がなされた中華チェーンも登場するが、従来のローカル中華に完全にとって代わるわけではなく、前者は空港やフードコートなどのやはり画一性の高い空間で、後者は都市部や、飲食店のあまりない郊外の住宅地といった、画一化を拒む場所において、それぞれのニッチを見出している。

こうしてまずはテイクアウトも含めた外食によって親しまれるようになった中華料理ではあるが、しかしそれが家庭の台所で実際に調理され食卓に並べられるまでのハードルは高い。このレストランと家庭の食卓との距離を一気に縮めることに大きく貢献したのが、インスタント食品や調理キット、さらには冷凍食品であった。こうした製品は、日本のラーメンをはじめ、麻婆豆腐の素や、韓国のジャパゲティ、米国のトレーダージョーズのオレンジチキンなど、すでに外食で定着した品を商品化するという経路をたどっている。逆に言えば、外食において中華料理がまだ十分なじみがない地域では、例えばスロヴァキア／ハンガリーにおいて、インスタントラーメンは汁を切ってパスタとして食されるというように、中華料理のパッケージが既存の食のコンテクストの枠を出ずに調理・消費されているわけである。そもそもインスタント麺については、アジアのような汁麺が優勢では決してなく、インドで示されたように、汁気がかなり少ないものか、あるいは湯切りして付帯のソースをかけて食べる地域が多く、汁麺よりも炒麺がポピュラーなアメリカン中華との親和性を想起させる。食品はパーツとしては取り入れられても、料理システムの転換は容易にはいかないのである（cf.西澤二〇一九：二一八）。

このように外食そのものの身近さには各地で差異があり、その親疎が家庭料理での調理のあり方にも及んでいると言える。しかしそれでもインドのように、浄／不浄の観念から外食が一般的ではなかった地域でも、経済発展によってレストランでの食事が広まると、そこに中華料理が確固たるポジションを占め、さらに国産中華《デーシーチャイニーズ》としての調理キットも商品化され、家庭でも大いに調理され食されるようになるというケースを見ることができる。ここにもやはり、中華料理の応用性と展開力の強さをまざまざと見せつけられる。拡張圏の中でも中華料理フロンティアである中東やアフリカでも、今後、同様の経路をたどるのかもしれない。

中華料理はどう変わり、どう変わらないか

本章で見てきたように、中華料理は各地の食の文脈に巧みに適応してかたちを変えつつ、深く親しまれている。同じような麺でも、唐辛子やディップソースを添えるという味付けの変化もあれば、スープかと見まごうばかりのつゆだくのチンジャオロースなど、料理そのものの大きな変化、あるいは日本のラーメン＋焼き餃子＋白いご飯またはチャーハンのトリプル主食という食べ方の変化、さらにはインドネシア料理と混合したオランダのシニーズに見るような、料理体系そのものの変化というように、単に多様と言うにはとどまらないほど様々に調整や変更がなされながら各地で広く食されている。

こうした変化を通して見えてくるのは、中華料理がまさに変化を全くいとわないということだ。どのような環境や社会状況にあろうとも、そこのニーズに応えるために、材料、味付け、提供の仕方を融通無碍に変えてゆく。中国の食文化の最も大きな特徴は、料理にほとんど「型」がないことだと言われる（張二〇一三：二八）。これは、日本料理が「型」の料理であり、さらにその「型」が「鎧になって、鎧と皮膚が一体化して、鎧を脱げなくなってしまう」（阿古二〇二一：二〇三）とさえ若手料理人に言わしめる状況とは極めて対照的である。この型の重視は日本の消費者にも浸透していて、例えば「海外の日本料理は日本人ではなく〇〇人が作っているから本物じゃない」といった言説やイメージは、少なからぬ人の間で共有されていることであろう。実際に海外の日本料理店では、寿司、焼き鳥、ラーメンといった特定の品を特定の形態で提供する店が大半である現状には、まさにこの「型」にはまった日本料理の特徴が現われていよう。

対照的に、中華料理の「型」のなさとは、そもそも中国における中華料理そのものが多民族の食を吸収してかたちづ

くられたものであるから、異質性を内包しており、外来のものをいっさい拒まないという特質によるところが大きい（張 二〇一三：二八、二五二―二五三）。この点を今一度、言語で例えるなら、中華料理は英語よりもむしろ中国語に似ており、内部に大きな差異を内包するからこそ、様々なあり方を包容する普遍性がある（新井 二〇〇四：四二―四四）。いわば「内」に「外」があるのであって、中華料理について言えば、文字通りの外＝海外でもその柔軟さと可変性を発揮したということである。多様な環境のもと、様々なものを取り入れながら、背景を異にする他者たちをも含めた様々なニーズに応じて融通無碍にあり様を変えていく。これは海外に限らずとも、ずっと昔から中国の人々の食に対するエトスであった。各地で様々に展開する中華料理に変わらなさがあるとすれば、まさにこの点、すなわち、型にとらわれず変わることをいとわないというところなのだろう。

中華料理という食文化、および食べるという人類の営みとは

中華料理はそれぞれの地でかくも様々なかたちで定着し、変化し、今もまた新たな潮流が押し寄せてきている。食べるという、人間の根源的な欲求が、これほど多種多様に現われ満たされている。われわれはここに、食ならではの文化としての広範さと深奥さを知ることができるだろう。

ただし、どの料理でも中華料理ほど広がり、現地に適応し、また不断に新しいかたちが登場してくるわけではない。英国の料理はその言語ほどには世界に広がっているとは言えないし、米国の料理もファーストフードを別にすれば、第15章でも述べた通り、それが何を指すのかすさえも判然としないほどだ。あるいは、中国系の人々が世界に暮らしているから中華料理も広まったのだという解釈は、例えばインド料理やユダヤ料理がその人々の広がりほど広く深くは定着していないという事実を想起してみれば、部分的な説明にはなっても、決して納得のいくものではない。また、日本には朝鮮半島出身の人々が多く暮らしているが、その料理が広く一般に食べられるようになったのはごく最近のことである。つまり、ある国の時々の国力や移住者の多さは、その料理の広まりや定着の度合いとの強い相関関係には必ずしも

ないのである。むしろ、食べるという人の営みについて中華料理から示すことができる知見、すなわち本書の最後の主題こそ、ここで考えてみるべきなのだ。

先ほど述べた通り、食べることが人類共通の営為であるのは間違いないが、食べることへの向き合い方は決してそうではない。もちろん個人のレベルでも、食にこだわる人から無頓着な人まで様々だが、とはいえ、個人の水準を超えた、その社会にある程度通ずる食への志向についての傾向は見いだせる。この点で、中国は、食への志向性が極めて強い社会である（Chang 1977: 11; ウェイリー＝コーエン 二〇〇九：九九、Tian et. al. 2018: 346）。儒家や思想家や文人たちは食についていかにあるべきかを思考して記してきたし（ウェイリー＝コーエン 二〇〇九：一〇三―一〇五、Swislocki 2013: 405–406）、むしろ知識人たるもの食に通じているものであるという価値観が醸成されてきた（Chan 2002: 179）。それに、中国において、何よりも食は喜びであって、制限は最小限だったのであり（Mote 1977: 234）、タブーはほとんど存在しない。食が生命維持と生理的欲求に直結する営為であるがゆえに、それをあからさまに語ったり賞賛したりすることには強い規制が発動されることが珍しくなかった近代以前の世界において、これは特筆すべきことである。世界に冠たるグルメ王国と目されるフランスでさえ、食を対象化して文化資源とするのは一七世紀ごろからであるから（橋本 二〇一九）、中国とは千年単位で開きがあることになる。また日本は武士が長らく支配階層にあったために食に対してストイックさが貫かれ（石毛 二〇一五：六二、一三〇）、ごく最近に至るまで食にうんちくを傾けるのははしたないという風潮があった（阿古 二〇二一：三九）から、中国とはまさに対極的である。

食オリエンテッドな中国社会においては、料理店も前漢代という早期にあらわれ、外食が世界に先駆けて発達した（石毛 二〇一五：一四三）。これは中華料理の世界的展開を考えるうえで極めて重要である。なぜなら、世界各地で中華料理のレストランやテイクアウトを広く展開することができたのは、そもそも様々な背景をもつ人たちのために飲食を提供するという営為に、中国の人々とその料理が長く豊富な経験を有し、どこよりも長けていたと考えられるからだ。加えて、調理器具、とりわけ鍋と包丁の万能性は、日本の台所にあふれるおびただしい数のものと対比させるとより際立つが（新井 二〇〇四：二一八―二二〇）、いつ何時、いかなる環境下でもその調理を可能にした。つまり、中華料理は料理として高度な普遍性と抽象性を持つがゆえに、どんな材料を使っても実力を発揮でき、容易に海を越えることができたわけである（新井 二〇〇四：四八）。この抽象性と普遍性を、上に見たような、何でも貪欲に取り込んで型にはまらない融通無碍さと合わせて考えると、あたかも、あれも中華料理、これも中華料理としてゆけるユニバーサルな応用力にたどり着く。たくさんの中国語があるように、たくさんの中華料理があるわけである。話者をネイティブか非ネイティブかに大別しがちな日本語と同様に、「あれは本物じゃない」といった排斥意識が働きがちな日本料理と比較すると、双方の特徴がいよいよ際立つであろう。

この食への意識の高さと矛盾するようで、中華料理の展開と関わっているのが、各章に登場する中華料理店の経営者が子どもには店を継がせたくないと語っている点である。飲食店は生活のための手段にすぎず（Wu 2011: 138）、子らには高等教育を受けてホワイトカラーの職に就いてもらいたいという価値観は中国系の人々に広く共有されていると言ってよい（cf. Chan 2002: 182–183）。上述のように、中国および中国系の人々が食を極めて重視してきたことからすると意外なようだが、中国において一般に料理人の位置づけは高くない（Tian 2018: 354）。儒家のテクストにも、料理は身分の低い者の職業とある（Freeman 1977: 157）。食を重視するというのは、より正確に言えば、消費者の側として享受したいということであろう。この価値観は飲食業のサイクルをかたちづくっている。飲食業に携わる中国系の人々の多くは家族・親族経営の店の従業員からスタートするが、「老板《ラオバン》（独立経営者）シンドローム」と形容されるほどの強い独立志向を持ち（Chan 2002: 179）、晴れて独立をかなえたら家族と生活のために現地のニーズに徹底的に寄り添って店を切り盛りする。やがて子どもらが手を離れ、自らの先行きにもめどが立ったら、店あるいはその権利を売るか共同経営とするかにして、一線を退く。こうした提供する側の目的および手段の明快さと一過性のビジネススタイルこそが、中華料理の合理性と普遍性と相まって融通無碍な応用力として発揮される。これが各地で中華料理が広まり定着した決定的な要因であるということができるだろう。

では最後の問い、すなわち、中華料理のこうした特徴から、食べるという人間の営みについて何が言えるだろうか。人間には雑食動物であるがゆえの、新しいものへの嫌悪と志向との間に緊張と揺れ（Fischler 1988: 278）、言い換えると、食べ慣れたものも食べたいし、珍しいものも食べてみたいという相反する二つの欲求の根深い葛藤（ガバッチア 二〇〇三：二一）がある。中華料理は、その類まれなる応用力の高さと融通無碍さをいかんなく発揮して、外来のものだが当地の人々に馴染みのある味と様式にアレンジした料理を提供することで、人間のこの矛盾する欲求に応えてきたのである。そして、今日では、食べなれたものを求める中国系ネイティブと、食べなれないが新奇でオーセンティックなものを食べたいというフーディーの双方に本格的な中華料理＝日本でいうガチ中華さえ提供しているのであるから、その展開力は驚嘆の域に達していると言っても決して言い過ぎではないだろう。

参考文献

阿古真理 二〇二一『日本外食全史』亜紀書房。
アブー＝ルゴド、ライラ 二〇一八『ムスリム女性に救援は必要か』鳥山純子・嶺崎寛子訳、書肆心水。
新井一二三 二〇〇四『中国語はおもしろい』講談社。
石毛直道 二〇一五『日本の食文化史――旧石器時代から現代まで』岩波書店。
ウェイリー＝コーエン、ジョアンナ 二〇〇九「完全な調和を求めて――中華帝国の味覚と美食学」ポール・フリードマン編『世界食事の歴史――先史から現代まで』南直人・山辺規子監訳、東洋書林、九八―一三三頁。
ガバッチア、ダナ・R 二〇〇三『アメリカ食文化――味覚の境界線を越えて』伊藤茂訳、青土社。
田中春美・田中幸子編 二〇一二『World Englishes――世界の英語への招待』昭和堂。
張競 二〇一三［一九九七］『中華料理の文化史』筑摩書房。

西澤治彦 二〇一九「「国民料理」という視座から見えてきたもの」西澤治彦編『「国民料理」の形成』ドメス出版、一九七―二二六頁。
橋本周子 二〇一九「フランス料理と国民的アイデンティティ――料理書・美食批評・歴史叙述」西澤治彦編『「国民料理」の形成』ドメス出版、二〇一―三九頁。
Chan, S. 2002. Sweet and Sour: The Chinese Experience of Food. In A.J. Kershen (ed.), *Food in the Migrant Experience*. Abingdon, Oxon: Ashgate. pp. 172–196.
Chang, K.C. 1977. Introduction. In K.C. Chang (ed.), *Food in Chinese Culture: Anthropological and Historical Perspectives*. New Haven and London: Yale University Press. pp. 1–21.
Fischler, C. 1988. Self and Identity. *Social Science Information* 27 (2): 275–292.
Freeman, M. 1977. Sung. In K.C. Chang (ed.), *Food in Chinese Culture: Anthropological and Historical Perspectives*. New Haven and London: Yale University Press. pp. 141–176.
Jung, J. 2010. *Sweet and Sour: Life in Chinese Family Restaurants*. Cypress, CA: Yin & Yang Press.
Ku, R.J.-S. 2014. *Dubious Gastronomy: The Cultural Politics of Eating Asian in the USA*. Honolulu: University of Hawai'i Press.
Liu, X. 2016. *Foodscapes of Chinese America: The Transformation of Chinese Culinary Culture in the U.S. since 1965*. Frankfurt am Main: P. Lang.
Mote, F.W. 1977. Yüan and Ming. In K.C. Chang (ed.), *Food in Chinese Culture: Anthropological and Historical Perspectives*. New Haven and London: Yale University Press. pp. 193–257.
Swislocki, M. 2013. Thinking about Food in Chinese History. In K.J. Cwiertka (ed), *Critical Readings on Food in East Asia*, pp. Leiden and Boston: Brill, pp. 403–434.
Tian, G. et al. 2018. Food Culture in China: From Social Political Perspectives. *Trames* 22 (4): 345–364.
Wu, D.Y.H. 2011. Improvising Chinese Cuisine Overseas. In D.Y.H. Wu (ed.), *Overseas March: How the Chinese Cuisine Spread?*. Taipei: Foundation of Chinese Dietary Culture, Taiwan.

おわりに

　世界の中華料理の饗宴はいかがだったでしょうか。中国も中華料理も大好きで、中国を研究のフィールドとしてきた私は、いつか中華料理の研究もしてみたいと思っていましたが、なかなかきっかけがつかめませんでした。そんな折、「世界の中華料理の本を出しません？」と、かつて「人類学の教科書を出しません？」と同じようにカジュアルかつ真剣にご提案していただいたのが昭和堂の松井久見子さんでした。実際の企画から編集は神戸真理子さんにご担当いただき、堅実なお仕事ぶりに助けられることばかりでした。素晴らしいお二人とのパートナーシップのおかげで本書は完成を見ました。どうもありがとうございました。

　本書は、多くのお店の経営者や料理人の方、スタッフ、お客さん、消費者の皆さんなど、数えきれない方々のご協力によって成り立っています。本当に数が多すぎて、お一人お一人お名前を挙げることはできませんが、深く深く感謝を申し上げます。実際の調査と執筆の過程では、公益財団法人味の素食の文化センター「食の文化研究助成」、人間文化研究機構グローバル地域研究事業「東ユーラシア研究プロジェクト」、高橋産業経済研究財団プロジェクト「文化としての食――東アジアにおける食の思想と多様性」からの援助をいただきました。関係者各位に御礼申し上げます。

　私自身、どこに行っても、まず中華料理店を探し、入って食べてみるようにしていますが、とても一人ではこれほど多くの地域の中華を食べきれませんでした。本書の趣旨に賛同して原稿を送っていただいた皆さんにも謝意を表さねばなりません。皆さんと様々な場所で料理を囲んで、あれやこれや話しながら食べたことは、胃と脳が大いに刺激される、この上ない楽しい学びの経験でした。

　本書の執筆と編集の期間、私はイギリスに滞在していました。イギリスの食は実はイメージされるほど悪くないのですが、それでもしばしば、醤油と油と香辛料のきいた中華のあの味が恋しくなります。そんな時は中華レストランに駆け込んで、麺や点心などを頬張り、「ああ〜しみる〜」と、幸福な嘆息をもらしたものでした。イギリスも例にもれず、地元の人たちが大好きなチップス山盛りのテイクアウト町中華、ニューカマーの四川系ガチ中華、それにオールドカマーの香港系高級店や留学生相手の定食屋まで、ありとあらゆる中華料理が百花繚乱の様相を呈していました。こうした中華料理を楽しみながら、本書を執筆しつつ、同時に常に気になっていたのは日本料理のことでした。イギリスの日本料理、いや、世界の日本料理は……!? どうぞ、お楽しみに!!

ミナンカバウ　65, 75-76, 78-79
ムスリム　70, 74-77, 79, 119-124, 187
ムンバイ　101, 104, 107, 109-111, 113
麺料理　47, 51-52, 68-71, 74, 77, 90-91, 124, 186, 210
ユダヤ系（−米国人）　249-253, 261-262
ユネスコ世界文化遺産　248

ら行・わ行・欧文

ラディーノ　216, 218, 221
リマ　231-233, 237-240, 242
リヤド　127-131
冷凍食品　21-23, 27, 40, 159, 176, 255, 257-260, 270
歴史　6, 9, 16, 25, 28, 30, 34-35, 40, 43, 46-49, 62, 66, 84-85, 88-89, 104, 119, 133, 145-146, 148-149, 151-152, 161-162, 166, 168-169, 178, 184-186, 202, 204, 206, 216-217, 221, 228, 230-234, 243-254, 261, 266-267
ローカル化　9, 137, 142, 145-146, 234, 268-269
World Englishes　iii, 2-3
ワイン　102, 137, 139, 169, 192
ワマチューコ　241
Ching's Secret（清密）　102, 115

234, 238, 272, 274
朝鮮族　30, 32, 36, 38, 43-44, 61
調味料　4, 20-23, 27, 57, 65, 67, 72-73, 89, 102, 115-116, 123, 145, 159, 166, 172, 174-178, 232, 239-240, 243
チョロン　48-54, 60, 62
通過儀礼　170
冷たい食べ物　221
テイクアウト　i, 31, 41, 119, 121, 141-142, 144, 152-153, 159-160, 169, 172, 176, 190-191, 206, 250, 252-258, 260, 262, 267, 270, 273, 278
Tik Tok　95, 97, 158
出稼ぎ　50-53, 62, 75, 161, 218
デリバリー　44, 102, 111, 114, 151, 159-160, 190-191, 197, 222, 253, 256, 258
唐辛子（トウガラシ）　18, 57, 61, 72-73, 79, 80, 103, 115, 129, 138, 141-142, 178-179, 225, 232, 236, 271
東南アジア大陸部　46-48, 85
豆板醤　18, 21, 27
東洋趣味　132
屠殺　121-122
トルティーヤ　218-219, 226-227
トルヒーヨ　240-242
ニューカマー　23-24, 36, 89, 96, 139, 161-162, 278
ニューヨーク　215, 248-256, 259-261

は 行

バグア　241
パダン料理　75, 78
客家　70, 83, 104, 106, 112-113, 115, 238
ハラーム　122, 124
ハラール　65, 67, 77, 81, 119, 121-124, 126, 129, 131, 269
汎アジア料理　166, 181
パンダエクスプレス　250, 254, 270
ハンバーガー　110, 143, 145, 227, 237, 247, 253, 259, 262
ビーガン　1, 179-181, 252, 269
ビール　16, 31, 38-39, 76, 123, 137, 139, 171
ビザ　36, 157, 161, 205, 232
ピザ　108, 143, 253, 257, 259, 262
ファーストフード　ii, 69, 211, 258, 262, 269-270, 272
フードコート　101, 110, 143, 165, 203, 270
フルコース　168-169
米国料理　247-248
米飯　35, 68-69, 71-72, 74, 254
ベジタリアン　1, 180, 211, 225, 257, 259-260
ベトナム　5, 9, 46-62, 112, 165, 167-168, 171, 175-176, 178, 181, 198, 203-206, 209, 212-213, 266-267
ペルー料理　230, 232-234, 236, 240-241, 243-244, 268
北米的センスによるスクリーニング　228
花椒　18, 94, 179

ま 行・や 行

麻辣　42, 65, 94-97, 141, 179, 268
マクドナルド　ii, 108, 126, 131, 145, 269
未知の文化に対する不安　222

キン人　46-51, 53-55, 57-62
近代（化）　12, 17, 71, 84, 95, 119-120, 143, 146, 217, 232, 273
クラシック　140, 152, 155, 161
グローバル　3, 6, 76, 80, 84, 93, 96, 114, 119, 130, 134, 143, 145-146, 175, 196, 217, 277
経済自由化政策　101, 108, 116
現地化　ii, 5, 25, 27, 30, 32, 43, 47, 58, 68, 74, 124, 131, 133, 147, 152, 158, 161, 228, 249
国際結婚　55, 62, 170
湖南　59-60, 137-138
コピティアム（*kopitiam*）　69, 74, 77-78, 80-81
コルカタ　65, 101, 104-107, 109, 111, 117
混淆と受容　216, 228

さ 行

サテ　74, 78, 186, 190
サルサベルデ　220, 225-226
市場経済化　48, 50, 55
上海　13, 17, 56, 110, 112, 136
職人　104, 149, 154, 156
植民地　9, 34, 37, 39, 41, 43, 47, 65, 67, 69, 76, 84, 104, 134-135, 145-146, 149, 151, 162, 165, 184, 185-186, 188, 216, 219, 231, 248, 266-268
ショッピング・モール　101, 126, 128-130, 132, 203, 205, 209-210, 223, 226, 239
庶民　11, 32-33, 42, 85, 88, 106, 131, 152, 155, 161, 206, 228, 239
新華僑　204-205
真正性　154-155, 162
スーパー　4, 41, 115, 137, 152, 165, 171-172, 174-181, 188, 197-198, 211, 219, 235, 239, 242, 257, 260-261, 267
スナックバー　198-199
セットメニュー　111, 207, 235-236, 239, 254
ソース　32-33, 72-74, 78-79, 88-89, 93, 109, 113, 115, 139, 172-174, 176-177, 180-181, 188, 209, 211, 217, 220, 224-225, 235-236, 239, 250, 252, 258-259, 270-271
租界　33-34, 36, 65, 119, 123, 139, 267

た 行・な 行

タブー　108, 273
食べ放題　179, 190-192
チェーン　ii, 16, 24, 42-43, 61, 65, 80-81, 107, 143, 145, 159, 175, 210-211, 218, 223, 227, 247, 250, 254, 257, 270
チノ　25, 216, 220-222, 224, 227-228
チャイナタウン　26, 30, 32, 36, 38, 48-49, 87-88, 93, 96, 104-107, 136, 168, 205, 231-232, 242, 249, 256
チャンプル（*campur*）　65-67, 69, 73-75, 78, 80-81
中欧　165, 202-204, 212
中華鍋（調理器具）　73, 85, 89, 175-177, 191, 210, 233, 236, 267
中国語　2, 20-21, 23, 25, 33, 39-40, 49, 59, 68, 84, 87, 92, 132, 138-140, 152-153, 156-157, 159, 179, 198, 205, 215, 230,

索　引

あ 行

アイデンティティ　1-2, 6, 93, 248, 276
アジャイ・グプタ（Ajay Gupta）　115
アフリカ系　141, 151, 153, 156, 249, 254-255, 261-262
アルコール　65, 73, 102, 106-107, 122, 139
イスラーム　73, 77, 107-122, 124-125
移民　7, 51, 53, 68, 71, 73, 80-85, 87-89, 92, 96, 119, 136, 140, 146, 148-152, 158, 161-162, 166-171, 176, 178-181, 184-187, 189, 196, 199, 202, 204-205, 212, 215, 217, 221, 228, 230-235, 241-243, 245, 250, 261, 267-269
インスタント　31, 65, 102, 114-115, 174, 211-212, 270
インドネシア　5, 65-69, 75, 78, 80, 126, 149, 165, 176, 184, 186-188, 195, 266, 268, 271
インド料理　74, 102-104, 106-107, 109, 112, 114, 116-117, 145, 165, 259, 272
インビス　170
ウォック（調理器具）　165, 171, 191, 210, 267
英語　iii, 2-3, 6, 25, 43, 114, 138-139, 141, 153, 156, 159, 211, 266, 272
エスニック料理　165, 187, 189-190, 199
オイスターソース　89, 139, 235, 239, 252
オーセンティック　65, 80, 84, 93, 95-97, 106-108, 111, 116, 130, 137, 152, 155, 161, 165, 181, 184, 191-193, 196-198, 215, 244, 250, 267, 275

か 行

階級　15, 55, 59, 145, 227
外食市場　132
回転テーブル　169-170
華僑　1, 15, 30, 33-36, 41-44, 148-150, 169, 204-205, 261
華人　9, 46, 48-54, 60, 62, 65-66, 68-71, 73-81, 83, 87, 89, 104-106, 111, 148-152, 169, 186-187, 197, 222, 261, 266
カハマルカ　241
カレー　78, 103, 143, 151, 173, 175-176, 180, 185, 206, 211
カントネス　221
広東（語）　2, 11, 17, 49, 51, 53, 56-57, 68, 76, 83, 87, 104, 119, 129, 136, 139-140, 152, 154-155, 161, 163, 165, 167, 191, 195-197, 215, 217, 221, 228, 231-236, 243, 267
給食　4, 27, 257, 259-261
魚醤　47, 51, 84, 89

143-146, 258, 260, 267
麻婆豆腐　17-21, 29, 59, 140, 179, 192, 270
マギーヌードル　113-114
町中華　i-ii, 2, 9, 16, 22-28, 43, 58, 62, 65, 123, 127, 131-132, 142, 182, 215, 239, 245, 250, 269, 278
満州風（マンチュリアン）　65, 109, 112-113, 115
マンドゥ　32, 40-41, 43
飲茶　43, 65, 81, 113, 256
ヤンコチグイ　36, 38
ラーメン　i, 1, 15-16, 22-24, 27, 29, 106, 114, 138, 159, 198, 209, 266, 270-271
ワンタン　19, 51, 139, 153, 156, 224, 235, 239, 250, 254, 258

世界の中華料理 索引

ウォック（料理）　165, 190-192, 210, 213
オレンジチキン　250, 258-260, 270
ガチ中華　i-ii, 2, 9-10, 22, 25-26, 28, 43, 56-57, 62, 81, 105, 107, 116, 123, 137, 196-197, 239, 268, 275, 278
粥　14, 69, 88-89, 97
韓国中華　9, 30, 43-44
餃子　i, 1, 14-16, 19, 22-24, 27-29, 32, 40, 86, 113, 156-157, 159, 161, 176-177, 180, 258, 260, 269, 271
グイティアオ　90-92, 94, 97
宮保鶏丁　129, 178-180, 206, 213, 258, 267
ジェネラルツォズチキン（左宗棠鶏）　141, 254
四川料理　17-18, 29, 56-57, 72, 80, 94-95, 97, 167, 178-179, 196, 256, 267
四川風（シェズワン）　65, 109-110, 112, 258
卓袱料理　11
素食　252, 277
酢豚　19, 24, 37, 107, 123, 138, 160, 187
ダック炒麺　172-173, 181
タンスユク　37, 40
チャーハン（炒飯）　14, 16, 19, 22, 47, 69, 106-107, 112, 129, 138, 143, 159, 161, 167, 170-174, 203, 206, 208-211, 222, 225, 236, 239-240, 242, 254, 258, 260, 271
チャジャンミョン　9, 30-33, 35-37, 43, 215, 266
チャムポン　9, 36-37, 42-43
中華鍋（料理）　171, 177, 211
中国料理　5, 47, 97, 106, 115, 167, 188, 215, 234, 238, 239-245, 252
チョウメン　106-107, 109, 112-113, 249, 254, 267
チョプスイ　69, 112-113, 159, 225
デーシー（国産）チャイニーズ　2, 65, 101, 117
白酒　137, 139
客家ヌードル　112-113, 115
パッタイ　91-94, 96-97, 210-211, 215, 266
ハノイ中華　9, 46, 48, 50, 54, 58, 60, 62-63
バミ　186, 188, 193, 195
春巻　19, 22, 106-107, 109-110, 112, 144-146, 153, 169, 172, 176-177, 180, 187-188, 206-207, 235, 254, 257
火鍋　54, 80, 95-97, 137, 140, 179-181, 196, 238, 268
フカヒレ　88
豚　11, 21, 32, 41, 47, 51, 54, 70, 73, 77-79, 88, 96, 106-108, 116, 121-123, 138-139, 141, 173, 179, 187-188, 206-207, 212, 217, 219, 237, 252
普茶料理　10-11
フライドライス　107, 109, 112, 115-116,

太田心平（おおた・しんぺい）　第15章（米国）

国立民族学博物館准教授、総合研究大学院大学人類文化研究コース准教授、（米国）アメリカ自然史博物館人類学部門上級研究員。主著に、『東アジアで学ぶ文化人類学』（共編、昭和堂、2017年）、『한민족 해외동포의 현주소：당사자와 일본 연구자의 목소리（韓民族海外同胞の現住所――当事者と日本の研究者の声）』（共編、學研文化社、2012年）等がある。

［ダブリンで漢族の中国人が経営する韓国料理店の韓国式中華料理。味も見た目も量も価格も名前も全部が妙なのだが、何がどうなってそうなっているのか、中国通のアイルランド人と語りながら食べるのも味わいのうち。］

山﨑由理（やまさき・ゆり）　第15章（米国）

独立研究者。主著に、"Conflicted Attitudes toward Heritage: Heritage Language Learning of Returnee Adolescents from Japan at a Nikkei School in Lima, Peru"（in *Heritage, Nationhood, and Language: Migrants with Japan Connections*. Edited by Neriko Musha Doerr. NY: Routledge. 2011）等がある。

［その昔、地元の百貨店近くの裏通りにあった「東来軒」。母と買い物帰りに寄って食べる、清湯スープのあっさりラーメンが楽しみだった。「上海軒」では、家族で回転テーブルを囲んだものだった。二軒ともいつの間にか街中から姿を消してしまったが、子どもの頃の思い出の中華料理店だ。］

艾　煜（あい・ゆう）　　第11章（オランダ）

東北大学大学院。主著に、「「他者」として「他者」にかかわる——日本社会を生きるムスリム女性に向き合うことを通して」（西川慧ほか編『多軸的な自己を生きる——交錯するポジショナリティのオートエスノグラフィ』東北大学出版会、2024年）、“Approaches to the Agency of Muslim Women in a Secular Society: A Case Study of migrant Muslim Women in Tohoku, Japan”（*Tohoku Anthropology Exchange* 19, 2020）等がある。

［パスタのような食感の麺の上に、スーパーで売っているハムと目玉焼きを丸ごとのせたオランダ中華料理（シニーズ）のバミ（焼きそば）は、中国では決して味わうことのない料理でした。］

神原ゆうこ（かんばら・ゆうこ）　　第12章（スロヴァキア／ハンガリー）

北九州市立大学基盤教育センター教授。主著に、『デモクラシーという作法——スロヴァキア村落における体制転換後の民族誌』（単著、九州大学出版会、2015年）、『スロヴァキアを知るための64章』（共編著、2023年、明石書店）等がある。

［スロヴァキア料理は外食だと1人分の量が多いので、軽くご飯を済ませたいときにアジア食堂にお世話になりました。口絵写真にも使った春巻定食は、ほどほどの量の食べ慣れた味がありがたかったです。ただ、どの店も似た味のことが多いので、輸入の冷凍食品かもしれないです。］

津川千加子（つがわ・ちかこ）　　第13章（グアテマラ）

独立研究者。東北大学大学院文学研究科博士前期課程修了。

［カップラーメン1つきりの夕食（グアテマラ アンティグア市）。ずっしりしたタマレス（とうもろこし粉の粽）が続いたクリスマス前の簡素な食事で、中庭から吹き渡る夜風のもと、熱々スープがご馳走でした。］

山本　睦（やまもと・あつし）　　第14章（ペルー）

山形大学学術研究院准教授。主著に、『アンデス文明ハンドブック』（共編、臨川書店、2022年）、『景観で考える——人類学と考古学からのアプローチ』（共編、臨川書店、2023年）等がある。

［ペルー北部カハマルカ市のチーファで食べる野菜炒め。フィールド調査中は野菜を摂取する機会が限られてしまうことが多いため、街におりたとき食べるそれは格別です。野菜を食べたいからチーファに行くといっても過言ではありません。］

高尾賢一郎（たかお・けんいちろう）　第7章（サウジアラビア）

公益財団法人中東調査会研究主幹。主著に、『イスラーム宗教警察』（亜紀書房、2018年）、『サウジアラビア――「イスラーム世界の盟主」の正体』（中公新書、2021年）等がある。

［アラブ料理は美味い。調査中、あえて中華を食べようと思うことは少ないが、それでも「行こう！」と思う時がある。つまり、豚目当てである。やるべき調査をした後、酢豚を想いながら向かう足取りはとても軽い。］

松本尚之（まつもと・ひさし）　第8章（ナイジェリア）

横浜国立大学大学院都市イノベーション研究院教授。主著に、『アフリカで学ぶ文化人類学――民族誌がひらく世界』（共編著、昭和堂、2019年）、『モビリティーズの社会学』（共著、有斐閣、2024）等がある。

［本著の執筆のため、編者の川口氏とともに大都市ラゴスで食べた中華料理の数々。その多様性に驚いた。およそ20年にわたってナイジェリアで調査をしてきたが、まだまだ自分が知らないことが沢山あると実感した。］

シ　ゲンギン（し・げんぎん）　第9章（南アフリカ）

立教大学異文化コミュニケーション学部助教。主著に、*Iron Sharpens Iron: Social Interactions at China Shops in Botswana*（Cameroon: Langaa Research & Publishing Common Initiative Group, 2017）, Shaping Botswana's Economy: Chinese Counterfeits as Catalysts of Globalization and Local Development（*Journal of Southern African Studies* 49 (5/6), 2023）等がある。

［南アフリカは「グルメの先進国」と呼ばれ、牛肉、鶏肉、羊肉、どれも美味しいです！ しかし、調査中に食生活のバランスが崩れ、新鮮な炒め野菜が食べたくなることがあります。そんなときには中華料理店を探し、チンゲン菜の炒め物だけを注文して、植物繊維を補充することがよくありました。］

陳　玨勳（たん・かっふん Tan, Kak-Hun）　第10章（ドイツ）

国立台湾大学博士独立研究員。主著に「弔旗、花圈、三板橋――日治時期日人之葬儀與他界観」（『臺灣文獻』第74巻1期、2023年、国史館台灣文獻館）、「人と神輿の移動にみる植民地期台湾における日本神社の祭り――台湾神社の「祭七王」を事例として」（『東北人類学論壇』第21号、2022年、東北大学）等がある。

［印象的だったのは「ダック炒麺」だ。ドイツ中華料理は、中国系だけでなく様々なアジア系移民の歴史的背景が反映された汎アジア料理。さらにそれがドイツ料理のソース文化と融合して誕生したのがダック炒麺である。］

等がある。

［飄香魷魚沙爹（ピャオシャンジーオーサテー）というマレーシアの中華料理。リング状に成形したヤム芋ペーストをサクッと揚げて、そこに甘いサテソースをかけたイカをたっぷり乗せて食べるご馳走。老いも若きもテンションが上がる団円飯（大晦日のご馳走）の定番料理です。］

西川　慧（にしかわ・けい）　　第4章（マレーシア／インドネシア）

石巻専修大学人間学部准教授。主著に、「供犠の価値は計り得るか？——インドネシア西スマトラ州における家畜の商品的価値と供犠」（『文化人類学』88（1）、2023年）、「親族と家族——家族にとって血のつながりは欠かせないものか」）箕曲在弘・二文字屋脩・吉田ゆか子編『東南アジアで学ぶ文化人類学』昭和堂、2024年）等がある。

［クウェティアオ・クア（Kwetiaw Kuah）。米粉の麺をとろみのついたスープと炒めた料理。国内各地でよく見られる料理だが、美食の街パダンで食べるものは格別（インドネシア・西スマトラ州）。］

プッティダ キッダヌーン　　第5章（タイ）

การต่อรองเรืองเล่าและอัตลักษณ์ทางชาติพันธุ์ของจีนเปอรานากันในรัฐกลันตันประเทศมาเลเซีย [Negotiating Self-Narratives and Ethnic Identity of Kelantan Peranakan Chinese in Northeastern Malaysia]. (*Journal of Social Sciences, Faculty of Social Sciences, Chiang Mai University* 33 (1), 2021), การสร้างความทรงจำผ่านอาหาร: การศึกษาความทรงจำ,พืนทีและผัสสะ [The Construction of Memory Through Food: The Studies of Memory, Space, and Senses]. (*Journal of Social Sciences Naresuan University* 20 (1), 2024) 等がある。

［私の思い出深く大好きな食べ物は、肉のつみれ、豚肉の薄切り、水餃子、もやし、あさがおの葉が入った卵麺だ。母は仕事で遅くなった時はいつも、私を麺屋に連れて行ってくれた。栄養のある食事を手軽に提供してくれるこうした店はどこにでもあって、長い一日の終わりには非常に便利だった。中国に起源のある麺は、切れ目なくタイの文化と一体になっているのだ。］

小磯千尋（こいそ・ちひろ）　　第6章（インド）

亜細亜大学国際関係学部教授。主著に『世界の食文化8　インド』（共著、農文協、2006年）、『インド文化読本』（共編著、丸善、2022年）等がある。

［インド、デリーのレストラン Ginza（中華料理レストラン）の Rice soup（お粥）。ザーサイとともに食べたお粥はインド料理に疲れた胃袋に沁みた。ちなみに、このレストランでは、Special ice tea の名で冷えたビールが中国の急須と湯呑で提供されていた。］

執筆者紹介

（執筆順、＊は編者、［　］は研究のなかで印象に残った中華料理）

＊川口幸大（かわぐち・ゆきひろ）
はじめに、序章、第１章（日本）、第８章（ナイジェリア）、第 15 章（米国）、終章、おわりに

東北大学大学院文学研究科教授。主著に、『ようこそ文化人類学へ――異文化をフィールドワークする君たちに』（単著、昭和堂、2017 年）、『宗教性の人類学――近代の果てに、人はなにを願うのか』（共編著、法蔵館、2021 年）等がある。

［子どもの頃、駅前の中華屋の出前でよくとった天津飯。白いご飯にとろりとした餡がかかった優しい味。友だちのおじさんがやっていたその店は、今でいうなら、これぞ町中華。もうなくなって久しいが、昭和末期の幼き私の記憶とともに思い出される味……。］

中村八重（なかむら・やえ）　第２章（韓国）

韓国外国語大学日本学部教授。主著に、『東アジアで学ぶ文化人類学』（共著、昭和堂、2017 年）、『日本で学ぶ文化人類学』（共編著、昭和堂、2021 年）等がある。

［韓国では肉料理を食べる機会が多い。定番のプルゴギ、サムギョプサル、チキンに飽きたら、ヤンコチグイを食べに。スパイスが羊肉の独特の匂いを隠して旨さを引き出していると思う。電動でぐるぐる回る串を眺めるのも楽しい。ビールも欠かせない。］

伊藤まり子（いとう・まりこ）　第３章（ベトナム）

東亜大学人間科学部准教授。主著に、「女性たちが創りだす多様な『菜食』――ベトナムのカオダイ教コミュニティにおける女性信者たちの『親密性』と協働」（櫻田涼子ほか編『食をめぐる人類学――飲食実践が紡ぐ社会関係』昭和堂、2017 年）等がある。

［留学したハノイで、知人に紹介されて食べた「ワンタン麺」が記憶に残る。当時はそれが中華料理という意識はなかったが、若干フォーに飽きていた私にとって、日本のラーメンに近い口触りと味付けに癒された。］

櫻田涼子（さくらだ・りょうこ）　第４章（マレーシア／インドネシア）

育英短期大学現代コミュニケーション学科准教授。主著に「食――つなぐもの、越えていくもの」（河合洋尚・奈良雅史・韓敏編『中国民族誌学』風響社、2024 年）、『食をめぐる人類学――飲食実践が紡ぐ社会関係』（共編、昭和堂、2017 年）

世界の中華料理
——World Chinese Dishes の文化人類学

2024 年 11 月 15 日　初版第 1 刷発行

編　者　川　口　幸　大

発行者　杉　田　啓　三

〒 607-8494　京都市山科区日ノ岡堤谷町 3-1
発行所　株式会社　昭和堂
TEL（075）502-7500 ／ FAX（075）502-7501
ホームページ　http://www.showado-kyoto.jp

印刷　亜細亜印刷

ISBN978-4-8122-2322-2

＊乱丁・落丁本はお取り替えいたします。

Printed in Japan

ようこそ文化人類学へ
——異文化をフィールドワークする君たちに

川口幸大 編

文化人類学の主要テーマについて、古今東西の研究成果をバランスよく盛り込み解説。あたりまえを疑うセンスを磨く初学者向きテキスト。

二四二〇円

東アジアで学ぶ文化人類学

上水流久彦・太田心平・尾崎孝宏・川口幸大 編

中国、韓国そして日本など東アジアでフィールドワークを行う研究者達が現地で出会った事例をもとに文化人類学の主要テーマを解説。

二四二〇円

日本で学ぶ文化人類学

宮岡真央子・渋谷努・中村八重・兼城糸絵 編

文化人類学といえば海外でフィールドワークするものと思っていませんか？そんな常識を打ち破る異色の入門書。

二五三〇円